SANTA CLARA
DE ASSIS

Dados Internacionais de Catalogação na Publicação (CIP)
(Câmara Brasileira do Livro, SP, Brasil)

Pereira, José António Correia
   Santa Clara de Assis : época, carisma e espiritualidade / José António Correia Pereira – Petrópolis, RJ : Vozes, 2019 ; Brasília, DF : Conferência da Família Franciscana do Brasil, 2019.

   Bibliografia.

   3ª reimpressão, 2025.

   ISBN 978-85-326-6226-2

   1. Clara de Assis, Santa, 1193 ou 4-1253 I. Título.

19-27732   CDD-282.092

Índices para catálogo sistemático:
1. Santas : Igreja Católica : Biografia e obra
282.092

Cibele Maria Dias – Bibliotecária – CRB-8/9427

Fr. José António Correia Pereira

SANTA CLARA DE ASSIS

Época, carisma e espiritualidade

Petrópolis

Conferência da
Família Franciscana do Brasil

EDITORIAL
FRANCISCANA

© 2019, Editora Vozes Ltda.
Rua Frei Luís, 100
25689-900 Petrópolis, RJ
www.vozes.com.br
Brasil

Em coedição com:
CFFB – Conferência da Família
Franciscana do Brasil
SCLRN, Bloco B, Entrada 11
70750-512 Brasília, DF

Editorial Franciscana
Casa Editora
Rua Areal de Cima, 90
4711-856 Braga
edfranciscana@editorialfranciscana.org
www.editorialfranciscana.org

Todos os direitos reservados. Nenhuma parte desta obra poderá ser reproduzida ou transmitida por qualquer forma e/ou quaisquer meios (eletrônico ou mecânico, incluindo fotocópia e gravação) ou arquivada em qualquer sistema ou banco de dados sem permissão escrita da editora.

CONSELHO EDITORIAL
Diretor
Volney J. Berkenbrock

Editores
Aline dos Santos Carneiro
Edrian Josué Pasini
Marilac Loraine Oleniki
Welder Lancieri Marchini

Conselheiros
Elói Dionísio Piva
Francisco Morás
Teobaldo Heidemann
Thiago Alexandre Hayakawa

Secretário executivo
Leonardo A.R.T. dos Santos

PRODUÇÃO EDITORIAL
Anna Catharina Miranda
Eric Parrot
Jailson Scota
Marcelo Telles
Mirela de Oliveira
Natália França
Priscilla A.F. Alves
Rafael de Oliveira
Samuel Rezende
Verônica M. Guedes

Editoração: Fernando Sergio Olivetti da Rocha
Diagramação: Sheilandre Desenv. Gráfico
Revisão gráfica: Alessandra Karl
Capa: WM design
Ilustração de capa: Santa Clara, 1608. Andrés López Polanco.
Madrid, Convento de Santa Clara; Museo de la Trinidad.

ISBN 978-85-326-6226-2

Este livro foi composto e impresso pela Editora Vozes Ltda.

Dedicatória

A Raul e Maria, meus pais, que sempre souberam ultrapassar com sabedoria os obstáculos que a vida lhes apresentava.

Aos meus irmãos Sérgio, Serafim e José Alberto; às suas esposas Manuela, Arlete e Cristina, e seus filhos e netos, que me acompanharam, quase sempre a distância, mas com interesse.

Ao meu tio Pe. Manuel Joaquim de Sousa e aos franciscanos de Gaifar, Fr. Manuel Taveira da Silva, Fr. Joaquim Cerqueira Gonçalves e Fr. Manuel da Silva Pereira, os meus pontos de referência nesta caminhada de mais de 50 anos.

Aos muitos franciscanos portugueses e alemães, mestres e modelos que me moldaram e formaram.

Sumário

Apresentação, 9

Prólogo, 13

Siglas e abreviaturas, 17

Introdução, 21

Parte I – Época, 25
I – O feudalismo, 27
II – Decadência do sistema feudal, 40
III – Movimento pauperístico, 48
IV – A mulher nos movimentos penitenciais, 55
V – O movimento franciscano, 62

Parte II – Carisma, 75
Introdução, 77
I – As etapas de um carisma, 79
II – Na casa materna (1193-1211), 84
III – Uma nova comunidade em São Damião (1211-1226), 105
IV – São Damião, a defesa de um carisma (1227-1241), 126
V – Fidelidade ao carisma comum (1241-1247), 143
VI – Uma Forma de Vida reconhecida pela Igreja (1247-1253), 153

Parte III – Espiritualidade, 165
Introdução, 167
I – Pensamento teológico de Santa Clara, 170
II – A intuição fundamental, 172

III – Nova espiritualidade, 181
IV – Alguns aspetos da espiritualidade de Santa Clara, 195
V – Dimensão mariana da espiritualidade de Santa Clara, 208

Nova cronologia da vida de Santa Clara, 219

Referências, 229

Índice, 243

Apresentação

Quem conhece Santa Clara de Assis apenas através de respigadas biografias de São Francisco de Assis, como de alguém que só tivesse vida e movimento na órbita do Santo de Assis, ficará surpreendido ao encontrar neste livro o retrato de uma mulher de forte personalidade, pensamento autônomo e vontade própria que, pela sua vida e obra, marcou o seu tempo e se projetou na história.

Os resultados da investigação histórica mais recente e os numerosos estudos publicados sobre Santa Clara revelam a coragem e determinação de uma mulher que sempre soube lutar pelos seus ideais, e mostram claramente que ela é não apenas a fundadora de uma nova comunidade religiosa, mas a iniciadora de uma nova forma de pensar e viver a vida religiosa feminina, prenunciando, com muita antecedência, a problemática contemporânea sobre a importância e o lugar da mulher na Igreja e na sociedade.

A nova biografia de Santa Clara, que agora apresentamos, baseia-se nos dados mais recentes da investigação histórica, pondo à disposição do público a mais vasta informação disponível sobre esta importante figura da Idade Média, oferecendo ao leitor interessado novas perspectivas de conhecimento e abrindo novos horizontes de pesquisa que o levarão a aprofundar sempre mais o seu saber através da exploração de temas relacionados com o mundo medieval, o movimento franciscano na sua gênese e no seu desenvolvimento; a influência do franciscanismo na história e na cultura, o carisma franciscano nas suas diversas formas; a vida religiosa feminina e suas manifestações, a importância e o papel da mulher na Igreja e na sociedade, e muitos outros.

Neste campo do saber, como em tantos outros, se move, muito à vontade, o autor do livro que temos nas mãos. A sua preparação intelectual, a sua vocação franciscana, o seu interesse e profundo conhecimento da vida e obra de Santa Clara, a sua atividade apostólica na exposição da espiritualidade franciscana, e particularmente da espiritualidade clariana, em retiros, encontros de formação e sessões de estudo; a sua atividade editorial centrada na divulgação da cultura franciscana nas suas diversas manifestações são créditos que honram o autor e justificam a atenção e o interesse do leitor pela obra que agora é apresentada ao público. Concretamente, o Fr. José António Correia Pereira foi o responsável, em 1985, pela primeira edição dos *Escritos* de Santa Clara que constituem o segundo volume das Fontes Franciscanas, cuja segunda edição ampliada é publicada em 1996, no âmbito do centenário do nascimento de Santa Clara. De 1992 a 1995, como diretor do Centro de Franciscanismo, é responsável, em nível nacional, pela organização e dinamização das celebrações do centenário do nascimento de Santa Clara. Ainda no âmbito das atividades do Centro de Franciscanismo iniciou a publicação dos *Cadernos de Espiritualidade Franciscana*, dando a conhecer ao público de língua portuguesa artigos e estudos relevantes sobre a espiritualidade franciscana, sendo o primeiro número totalmente dedicado a Santa Clara. Colaborou nos primeiros encontros de formação para as Irmãs Clarissas de todos os mosteiros de Portugal. Orientou retiros sobre a espiritualidade de Santa Clara em todos os mosteiros de clarissas de Portugal, Angola e Moçambique. Como diretor da Editorial Franciscana foi responsável pela publicação da terceira edição melhorada das Fontes Franciscanas, em 2005, e promoveu a publicação de inúmeras obras sobre teologia, filosofia e espiritualidade franciscana, e particularmente sobre a espiritualidade de Santa Clara.

Estruturalmente, a obra é constituída por três partes fundamentais. Na primeira, o autor descreve longamente a época em que viveu Santa Clara, caracterizando, clara e pormenorizadamente, o regime feudal, nas suas várias dimensões. Na segunda parte o autor expõe a vida de Santa Clara com base nos mais recentes resultados da investigação científica, relevando aspectos que por vezes não são devidamente valorizados, como o seu papel de referência na sobrevivência do carisma franciscano após a morte de São Francisco, e as suas relações, nem sempre serenas e consensuais, com o papa e com a Ordem dos Frades Menores. E na terceira parte apresenta uma análise aprofundada da espiritualidade de Santa Clara, referindo as suas fundamentações teológicas e as suas incidências práticas.

Nesta breve apresentação encontrará o leitor razões mais do que suficientes para se dedicar com muito prazer e proveito à leitura desta preciosa obra. O seu bom acolhimento e proveitosa leitura serão, para o autor, a quem apresentamos os nossos sinceros parabéns, o reconhecimento do mérito do seu trabalho e o estímulo para novos empreendimentos.

Para honra e louvor de Santa Clara.

Fr. José Marques Costa

Prólogo

O texto agora publicado – *Santa Clara de Assis – Época, carisma e espiritualidade* – bem pode considerar-se uma participativa resposta aos apelos do Papa Francisco, em carta apostólica dirigida, em 2014, "Às pessoas consagradas para Proclamação do Ano da Vida Consagrada".

O papa refere, nesse documento, que a vida consagrada deve olhar com gratidão o passado, viver com paixão o presente e voltar-se para o futuro, transmitindo-nos, desse modo, a ideia de um dinâmico organismo, o qual tem na metáfora do desenvolvimento da árvore, evocada pelo pontífice, a sua plástica expressão. Dada a rarefação, felizmente em diversos graus, vocacional da vida consagrada, nos nossos dias, poderia concluir-se que se eclipsou essa referida paixão. Importa, todavia, não esquecer que o fator *crise*, que tem, neste domínio, uma pertinente aplicação – *crise de vocações* –, é sinal de tentativa de agarrar apaixonadamente, por vezes em dolorosas interrogações, a vida, abrindo-se a novas e porventura arriscadas formas dela. Porque se trata de um organismo, o novo não é uma sobreposição ao passado, mas a transformação de todo o processo, o que, na metáfora da árvore, equivale a ir ao encontro das virtualidades da seiva do raizame, as quais têm agora, no dom da presente época, o momento propício para se desenvolverem em imprevistas florações.

É neste movimento hermenêutico, muito grato à terminologia teológica e filosófica, que se deve situar a investigação dos últimos decénios sobre a *forma de vida* proposta por Clara de Assis, significando esse estudo que não se está perante uma mera curiosidade acadêmica, temas possíveis para dissertações de mestrado, mas, sim, de trepidações provocadas pelo sopro do Espírito, não já circunscrito à "escuridão" das clausuras, adejando, pelo contrário, sobre o espaço público das academias de vários países, também às portuguesas, sendo, também, resposta de estudiosos cristãos, embora não comprometidos com o estilo de vida consagrada, ao expresso apelo do papa a eles dirigido na mencionada carta.

Sabe-se que essa dinâmica de interpretação, de hermenêutica, terminologia muito grata à teologia e à filosofia, que não pode confundir-se com mera renovação ou, em pior hipótese, de atualização do exercício da vida consagrada é o cerne desta, também, obviamente, da vida das Irmãs Clarissas; todavia, o fato de estas porventura se sentirem excedidas por agentes e programas de investigação que lhes são exteriores, além de representar, para elas, um "santo desafio" ou uma "salutar competição", deve estimular-lhes, por isso mesmo, o reconhecimento da necessidade de promover, dentro das suas próprias comunidades, a preparação científica de membros seus que participem dessa investigação, da experiência da vida dos quais os estudiosos exteriores beneficiarão, surpreendidos por interrogações, cuja proveniência só pode ser o exercício quotidiano de vida.

É verdade que uma larga parte dessa recente investigação tem sido realizada e promovida por elementos ligados à Ordem Franciscana. Mas nem os trabalhos dos franciscanos podem ou devem substituir estudos que partam de outros horizontes de vida, designadamente os das próprias clarissas, nem, por outro lado, a ação deles tem sido suficiente, porque é geralmente exercida, até por respeito pela autonomia das clarissas, em regime de simples assistência, para não dizer de pura manutenção espiritual. Ora a Ordem Franciscana tem sido marcada, no decurso da sua história, pela "questão franciscana" (expressão de cunho moderno, dos fins do século XIX, a partir dos estudos de Paul Sabatier, estudioso protestante da personalidade e dos ideais de São Francisco); por sua vez, a investigação que vai se intensificando, em torno de Clara, concretamente sobre a natureza da *forma de vida* por ela proposta, suscita-nos, por diversas razões, também por vantagens de simetria terminológica, a expressão "questão clareana". Esta duplicação de questões, porém, talvez aponte mais para a unidade do mesmo processo global do que para ramificações diferenciadas ou mesmo contrastadas: a "questão da vocação franciscana", moldada por Francisco-Clara/Clara-Francisco. É por isso que os estudos sobre a vocação franciscana, sobretudo se forem manifestação consequente de exercício de vida, são prioritariamente da responsabilidade de todos os membros da/s Ordem/ens Franciscana/s. Além disso, se essa vocação é genuinamente religiosa, não apenas flor de uma específica época, a Idade Média, o estudo da cultura e da sociedade, contexto em geral pouco aprofundado pelos investigadores de referências carismáticas, no caso São Francisco e Santa Clara, deve dispensar-lhes ampla atenção, porque, sendo ambos tipicamente medievais, fazem parte, por isso mesmo, dos profetas realizadores dos novos tempos, aos quais pertencemos e, por essa razão, se nos pede que a outros nos abramos.

Regressando, uma vez mais, à aludida carta do Papa Francisco e associando-a à terminologia que o seu ministério papal vai cunhando, a nova investigação sobre Clara deve inserir-se no movimento de *ir para fora*, que não atraiçoa a "sagrada" clausura; antes a vivifica, descentrando-a, no constitutivo *encontro com o outro*, também esta categoria estruturante repisada pelo Papa Francisco, diretamente haurida no Evangelho. Não é certamente artifício de expressão o afirmar que no mesmo batismo do Espírito se purificaram Francisco, Clara e o atual pontífice.

O texto de José António Correia Pereira, não dissociando a tarefa de interpretação dos conteúdos doutrinais do que poderemos designar de *espiritualidade clareana*, tem a sua prioritária intencionalidade na apresentação do *estado da questão* dos estudos atuais sobre o *fato Clara de Assis*, referência bem mais densa de importância do que a condensação das doutrinas pela santa supostamente inspiradas e ininterruptamente repetidas.

As novas aquisições, pistas e interrogações que o texto de José António veicula, além de constituírem a disponibilização de uma oferta de um labor que merece ser agradecido, são também uma interpelação para os atuais desafios ao franciscanismo, os quais estão privilegiadamente polarizados na carta encíclica, também do Papa

Francisco, *Laudato si'*, na qual, hoje como nunca, o carisma franciscano se sente impetuosamente relançado, em atitude de humilde menoridade, mas também de jovial vocação.

Fr. Joaquim Cerqueira Gonçalves
Professor catedrático de Filosofia na
Faculdade de Letras da Universidade Clássica de Lisboa

Siglas e abreviaturas

Escritos de Santa Clara (FFII)[1]
1 CCL – Primeira Carta de Santa Clara a Inês de Praga
2 CCL – Segunda Carta de Santa Clara a Inês de Praga
3 CCL – Terceira Carta de Santa Clara a Inês de Praga
4 CCL – Quarta Carta de Santa Clara a Inês de Praga
5 CCL – Carta de Santa Clara a Ermentrudis
BCL – Bênção de Santa Clara
RCL – Regra de Santa Clara
TCL – Testamento de Santa Clara

Outros documentos referentes a Santa Clara
B.B. – Testemunho de Bernardo de Besse
BLC – Bula de Canonização
C.A.a.n. – Carta de Gregório IX *Ad audientiam nostram* aos bispos e arcebispos (1241)
C.A.g. – Carta de Gregório IX *Angelis gaudium* a Inês de Praga (1238)
CBv – Carta de São Boaventura às Clarissas
C.C.q.t. – Carta *Celestia quaerentibus terrenis* de Gregório IX às irmãs de São Damião (1234)
C.E.o.i. – Carta *Etsi omnium illa* de Gregório IX a todos os fiéis (1236)

---

[1] As abreviaturas das Fontes Franciscanas correspondem às das edições da Editorial Franciscana, Braga: FONTES FRANCISCANAS II (FFII). *Santa Clara, escritos--biografias-documentos*. Trad., introduções e notas de Fr. José António Correia Pereira; introdução às Cartas de Victoria Triviño. 2. ed. Braga: Editorial Franciscana, 1996.
• FONTES FRANCISCANAS I (FFI). *São Francisco de Assis, escritos-biografias--documentos*. 4. ed. Braga: Editorial Franciscana, 2017.

CGr – Carta de Gregório IX às clarissas
CHg – Carta do Cardeal Hugolino a Santa Clara
CHn – Carta de Honório III ao Cardeal Hugolino
CIn – Carta de Inês a Santa Clara
Circ. – Circular sobre a morte de Santa Clara
C.L.v.i. – Carta *Licet velut ignis* de Gregório IX às irmãs de São Damião
C.P.c.t. – Carta de Gregório IX *Pia credulitate tenentes* a Inês de Praga (1238)
C.P.m.p. – Carta de Gregório IX *Pia meditatione pensantes* a Inês de Praga (1238)
C.Q.c. – Carta *Quoties Cordis* de Gregório IX ao ministro geral dos Frades Menores (1227)
C Rn – Carta do Cardeal Reinaldo
C.S.r.e. – *Carta Sacrossanta Romana Ecclesia* à abadessa de Monticelli (1219)
C.V.p.s. – Carta de Gregório IX *Vestris piis suplicationibus* às irmãs de São Damião (1241)
ExAu. – Exortação *Audite*
LCL – Legenda de Santa Clara
LV – Legenda Versificata
Oport. – Documentos de Venda
PC – Processo de Canonização
PP – Privilégio da Pobreza
PV – *De Perfectione vitae ad Sorores*
QE – Bula *Quo Elongati* (1230)
RB – Regra de São Bento
RH – Regra de Hugolino
RI – Regra de Inocêncio
RU – Regra de Urbano
TV – Testemunho de Visconti
1 Vitry – Testemunho de Tiago de Vitry

Escritos de São Francisco (FF I)
BB – Bênção a Fr. Bernardo
BL – Bênção a Fr. Leão

CA – Carta a Santo Antônio
CC – Cântico das Criaturas (ou do Irmão Sol)
CCl – Carta aos Clérigos
1CCt – Primeira Carta aos Custódios
2CCt – Segunda Carta aos Custódios
1CF – Primeira Carta aos Fiéis
2CF – Segunda Carta aos Fiéis
CGP – Carta aos Governantes dos Povos
CJ – Carta a Jacoba
CL – Carta ao Fr. Leão
CM – Carta a um Ministro
CO – Carta a toda a Ordem
ECCL – Exortação Cantada a Santa Clara e suas irmãs
ELD – Exortação ao Louvor de Deus
Ex – Exortações
FVC – Forma de Vida para Santa Clara
LD – Louvores a Deus
LH – Louvores para todas as Horas Canônicas
NJC – Normas sobre o Jejum, a Santa Clara
OCD – Oração diante do Crucifixo de São Damião
OP – Ofício da Paixão do Senhor
PPN – Paráfrase do Pai-nosso
1R – Primeira Regra (Regra não Bulada)
2R – Segunda Regra RE – Regra para os eremitérios
SV – Saudação às Virtudes
SVM – Saudação à Bem-aventurada Virgem Maria
T – Testamento
TS – Testamento de Sena
UVC – Última Vontade a Santa Clara
VPA – A verdadeira e perfeita alegria

Biografias de São Francisco
AP – Legenda do Anônimo Perusino
LM – São Boaventura, Legenda Maior
Lm – São Boaventura, Legenda Menor
Lmil – Capítulo suplementar da Legenda Maior

LP – Legenda Perusina
LU – Legenda da Úmbria
TC – Legenda dos Três Companheiros
1C – Tomás de Celano, Vida Primeira
2C – Tomás de Celano, Vida Segunda
3C – Tomás de Celano, Tratado dos Milagres
CE – Carta de Fr. Elias
EP – Espelho de Perfeição

Textos espirituais
Ch – Considerações sobre as Chagas de São Francisco
Fl – Florinhas de São Francisco
MA – Mística Aliança (*Sacrum Commercium*)
VJ – Vida de Fr. Junípero

Testemunhos estranhos à Ordem
TE – Testemunhos Estranhos à Ordem

Introdução

A imagem de Santa Clara que a história nos transmitiu ganhou, nos últimos anos, uma outra dimensão. Durante muito tempo ela foi valorizada, quase sempre como figura de segunda grandeza, mantendo-se um pouco na penumbra, ofuscada pela figura maior de São Francisco de Assis.

O interesse pela figura e obra de Santa Clara tem ocupado vários investigadores. Por um lado, há cada vez mais irmãs da Ordem das Irmãs Pobres, que aprofundam a espiritualidade da sua fundadora. Mas o interesse vai muito além do âmbito religioso.

Não é por acaso que dois dos maiores especialistas em Santa Clara sejam leigos casados, professores em várias academias. Dentre eles, destacamos a professora de Teologia em Osnabrück, Alemanha, Martina Kreidler-Kos, casada e mãe de quatro filhos, e Marco Bartoli, casado, grande medievalista e professor em várias faculdades. Os seus trabalhos são, hoje, obras de referência para todos os que se interessam por Santa Clara. É destes últimos trabalhos que nos vamos socorrer para compreender melhor o carisma de Clara.

A investigação que se fez por ocasião do sétimo centenário da sua morte, e nos anos seguintes, sobretudo na Itália e na Alemanha, identificou sua personalidade autônoma, com percurso próprio, e com uma espiritualidade inspiradora. Não esqueçamos que a sua figura se destacou, sobretudo, depois da morte de Francisco, entre 1226 e 1253.

Não se nega a sua relação com Francisco e com o movimento franciscano, ao qual ela sempre fez questão de pertencer. Mas a investigação dos últimos anos mostrou seu lado pessoal, aquele que imprimiu na relação que teve com Francisco e com o movimento franciscano, sobretudo depois da morte de São Francisco, na forma como defendeu a sua intuição carismática perante a autoridade eclesiástica e na espiritualidade vivida em São Damião.

Para nos aproximarmos do pensamento e personalidade de Santa Clara de Assis, importa enquadrá-la nos contornos históricos da época em que viveu, uma época de transformações a todos os níveis: político, social e religioso. Por mais original que tenha sido a sua opção de vida, ela quis ser, sobretudo, uma resposta evangélica ao seu tempo, mormente ao mundo da mulher do seu tempo.

Ligada às estruturas do regime feudal, filha da alta nobreza de Assis, ela, apesar de isolada no seu castelo, como qualquer mulher nobre de então, é também contagiada pelo ambiente da comuna, envolvida nas lutas por mais direitos e mais autonomia, mais liberdade e mais participação, por relações sociais mais democráticas e fraternas.

É neste ambiente de mudança de paradigma que ela se consagra em São Damião, procurando instituir ali uma nova forma de vida religiosa, diferente da tradição beneditina, muito mais identificada com as estruturas feudais. Ali, ela iniciou uma vida simples, aberta ao essencial; uma vida retirada, para estar mais presente; uma vida enraizada no povo de Deus; uma vida unificada no amor; uma vida em que é preciso ganhar o pão, como todos os seres humanos.

Cada época tem de encontrar a forma adequada para escutar, ler e responder aos apelos e desafios que a história coloca. Também a Igreja, realidade encarnada na história, tem de encontrar a gramática certa para testemunhar a mensagem de sempre, de tal forma que esta seja entendida e vivida pelo ser humano concreto. Só assim pode ser fiel ao essencial da sua missão: dar valor cristão às formas novas da existência que vão surgindo na história, sobretudo em épocas de grandes transformações sociais.

Francisco e Clara, totalmente inseridos no dinamismo de uma época, encontraram as palavras e as atitudes certas para proclamar o regresso ao Evangelho, como força renovadora e salvadora do mundo. Neles, o Evangelho encontrou-se com a vida e com as circunstâncias de uma época em transformação.

As opções de vida que tomaram, coerentes com o Evangelho, se, por um lado, davam resposta à sede de fraternidade que vinha da comuna, por outro, mostravam também os perigos que a nova sociedade em gestação, fundada no poder do dinheiro e nas desigualdades sociais, trazia consigo.

Ligada a Francisco de Assis e à sua fraternidade, Clara também foi tocada pelos movimentos pauperísticos do século XII e XIII, que sonhavam com uma Igreja mais pobre e mais despojada, mais livre em relação ao poder militar e econômico, uma Igreja mais próxima das periferias sociais, mais ligada às origens da primeira comunidade apostólica, mais fraterna e participativa, mais conforme a Jesus Cristo, o pobre e o crucificado que, para ela, se tornou simplesmente o caminho, como dirá no seu Testamento.

O presente trabalho procura, à luz da mais recente investigação, dar uma imagem fiel de Clara de Assis e de todo o seu percurso. Vamos apresentar a obra em três partes, que se completam.

Na primeira, daremos uma visão, necessariamente resumida, da época histórica em que Clara viveu, de como se passou do feudalismo para a realidade das comunas, e como isso alterou o paradigma da sociedade e da Igreja.

A segunda parte é dedicada a Clara, sua personalidade, sua intuição carismática e a forma como a defendeu perante as autoridades eclesiásticas e a Ordem Franciscana.

Na última parte debruçamo-nos sobre a espiritualidade que emana dos seus *Escritos* e que continua a ser atual.

Dedico este trabalho às Irmãs Clarissas de Portugal, Angola e Moçambique. Foram elas que, ao longo de mais de 30 anos, me desafiaram e me ajudaram a descobrir a riqueza espiritual da sua fundadora.

Parte I

Época

I
O feudalismo

1 As estruturas do sistema feudal

Nos fins do século XII, quando Santa Clara veio ao mundo, o sistema feudal começava a dar sinais de franca decadência.

A partir do século VII, no ocidente europeu se começou a afirmar uma ordem social, que se consolidava tanto mais quanto mais a Europa Ocidental se fechava e se isolava dentro das suas fronteiras. Esse isolamento aprofundou-se devido a dois fatores, que alteraram o modelo social, político e religioso:

- o primeiro fator foi a separação que se deu entre a Igreja de Roma e a Igreja de Bizâncio, que pôs fim à unidade do Império Romano fundado por Constantino;
- o segundo fator foi a conquista árabe, que transformou o Mar Mediterrâneo num mar muçulmano, acabando com as comunicações entre o Oriente e o Ocidente.

Separada do Oriente, que havia de seguir o seu próprio caminho, a Europa Ocidental, unificada política e religiosamente, mesmo sem ser um estado unitário, mas uma unidade de povos autônomos, com relações diferentes de soberania, frente ao imperador e ao papa, tornou-se um espaço geopolítico, de certa maneira autônomo. É neste espaço que se desenvolve a sociedade feudal, que marcou toda a Idade Média.

Com Carlos Magno, essa unidade tornou-se visível, até na economia. A ele se deve a unificação de pesos e medidas, e a proibição de exportações. A economia devia estar ao serviço da população do respectivo feudo. Cada feudo procurava ser autônomo, econômica e comercialmente. Sem relações comerciais, até entre os próprios feudos, a sociedade fechava-se em torno da autoridade feudal.

A autonomia e a liberdade dos comerciantes, artesãos e industriais foi desaparecendo, e com ela o comércio livre entre os vários feudos. Todos trabalhavam em função das necessidades básicas da respectiva população. Tratava-se de uma economia direta e fechada. É através dos mercados semanais que os alimentos chegam às cidades, que deixaram de ser centros comerciais para se tornarem residências administrativas de bispos e nobres[2].

Tudo contribuiu para a formação de uma sociedade rigidamente hierarquizada, agrária e com estabilidade[3].

A riqueza era a terra do soberano, que muitas vezes delegava os seus poderes, contribuindo para que se constituíssem pequenos espaços de poder, onde os nobres e alto clero (príncipes, condes e viscondes, marqueses e duques, todos submetidos ao rei ou imperador, e bispos e abades, submetidos ao papa) faziam valer a sua autoridade, prestando vassalagem ao respectivo senhor.

Quais as características dessa sociedade, que a história consagrou como feudalismo:

- Era uma sociedade hierarquicamente organizada. No cimo da pirâmide estava o imperador, ou o papa, e depois vinham os senhores da nobreza, os bispos e os abades, por quem os feudos eram repartidos e, na base, o povo. Terra e povo pertenciam ao senhor feudal.
- No feudo viviam três classes que mutuamente se serviam e sustentavam: os *oratores*, os *bellatores* e os *laboratores*, o clero, a nobreza e o povo. Na harmonia destas três classes se via a fórmula ideal da sociedade, aliás, considerada de origem divina, que refletia, de certa forma, a harmonia da cidade celeste.

---

2 Cf. HANZ, H.H. & HANNES, P. *História universal comparada V*. Trad. de Ana Rabaça e Franco de Sousa. Resomnia Ed., 1987. Citaremos como HUC V., p. 48.

3 Sobre o feudalismo na época de Francisco e Clara, cf. LECLERK, E. *Retorno ao Evangelho, a gesta de Francisco de Assis*. Braga: Editorial Franciscana, 2002, p. 11s.
• FELD, H. *Franziskus von Assisi und seine Bewegung*. Darmstadt: Primus, p. 67s.
• CREMASCHI, C.G. *Clara de Assis, um silêncio que grita* – Biografia histórica. Braga: Editorial Franciscana, 2013, p. 15s. • BRUNELLI, D. *O seguimento de Jesus Cristo em Clara de Assis*. Petrópolis: Vozes, 1998, p. 26-30.

Nesta estrutura social o servo tinha como única segurança a subordinação ao seu senhor; eram servos da gleba, presos à terra, sem direito de mudar ou de abandoná-la. A *mansão* (de *manere* = permanecer) era a casa do senhor onde todos estavam ligados, o que transmitia a ideia de uma sociedade rural, estável, sem mudanças. O castelo, habitação do soberano, garantia segurança e estabilidade. Era-se tanto mais livre quanto mais proteção e privilégios se conseguia do senhor.

É neste contexto social que nasce a cultura cortesã, a primeira cultura laica do Ocidente, cujo momento essencial era o *fino amor*[4]. A cultura laica, que cantava o amor à dama dos seus sonhos, teve a sua origem na Aquitânia, em torno dos feitos épicos do Rei Artur e dos heróis da Távola Redonda, de Carlos Magno e do amor. Foi o Conde de Poitiers, Duque da Aquitânia, que compôs as primeiras canções de amor que se conhece, que cantava, adaptando as melodias gregorianas, para encantar a sua dama.

Sintetizando, podemos dizer que o sistema feudal assentava em valores bem definidos:
• na economia, o valor principal era a propriedade da terra. Rico era quem tinha mais propriedades. A agricultura era a base da economia;
• na organização política, o poder fundamentava-se na origem divina e na sucessão familiar;
• a sociedade estava hierarquicamente organizada, em relações de obediência vertical. A liberdade era recebida em forma de privilégios. Cada vassalo era tanto mais rico quanto mais terra recebia, comprava ou conquistava seu senhor.

Era uma sociedade dividida em pequenos estados, em feudos com fronteiras, e às vezes até moeda própria, o que contribuía para que a estabilidade fosse um dos alicerces desta sociedade. O orgulho (dos senhores), por um lado, e a humildade e obediência (dos servos) pelo outro, constituíam os defeitos e as virtudes próprias da sociedade feudal[5].

---

[4] Sobre a cultura feudal e sua relação com a religião, cf. DUBY, G. *O tempo das catedrais e a sociedade*, 980-1420. Lisboa: Estampa, 1993, p. 41s. • BARTOLI, M. *Clara de Asís*. Oñate: Aránzazu, 1992, p. 31s.

[5] Cf. BARTOLI, M. *Clara de Asís*. Op. cit., p. 26.

A unidade da *civitas cristiana* do Ocidente tinha dois pilares, o imperador e o pontífice romano, que eram os pontos de referência, visíveis e sólidos. A paz dependia do estado das relações entre os dois poderes, o político e o religioso.

2 Império cristão do Ocidente

O sistema feudal desenvolve-se a partir de alicerces lançados nos séculos anteriores. Limitamo-nos a enunciar, levemente, os aspectos dos séculos anteriores que mais marcaram os séculos seguintes:
- a partilha do *Imperium romanum Christianum* de Constantino;
- a teologia de Agostinho (354-430)[6];
- as políticas dos papas romanos do século IV e V[7].

São estes os dados a considerar, para melhor entender o novo paradigma medieval que se foi formando no Ocidente.

Por outro lado, também devemos ter em conta mudanças relevantes que se deram na sociedade ocidental:
- as migrações dos povos germânicos nos séculos V e VI e a queda do *Império Romano do Ocidente*, em 476;
- o batismo de Clóvis, rei dos francos, em 498 ou 499;
- o novo *Imperium christianum* de Carlos Magno († 814)[8].

De grande relevância foi a entrada em cena de Maomé (622 da era cristã) e a conquista dos territórios a leste e a sul do Mediterrâneo, que fez com que o Mar Mediterrâneo, antes uma autoestrada comercial entre os povos do Oriente e do Ocidente, depressa se transformasse em fronteira de reinos inimigos, que se digladiavam. O poder muçulmano dominava as rotas comerciais não só no Mediterrâneo, mas também no Índico, onde se manteria até ao século XV[9].

Vale a pena, num relance rápido, relembrar algumas das figuras do Império e da Igreja, que mais contribuíram para o crescimento e desagregação do sistema feudal, entre os séculos VIII e XIII.

---

[6] Sobre a influência de Agostinho, cf. KÜNG, H. *O cristianismo*: essência e história. Trad. do francês por Geminiano Cascais Franco. Lisboa: Círculo de Leitores, 2012, p. 278-296.

[7] Ibid., p. 296-308.

[8] Cf. ibid., p. 274s.

[9] Cf. HUC V. Op. cit., p. 38.

Geralmente o início da Idade Média, o sistema feudal, está, politicamente, relacionado com o domínio da geração dos Hohenstaufen, que teve em Carlos Martel (690-741) uma das figuras que mais contribuiu para a consolidação do sistema político, social e económico, que marcou a sociedade ocidental durante muitos séculos.

Ao vencer a batalha de Poitiers, em 732, travou os invasores muçulmanos, que já dominavam a Península Ibérica. Venerado como o salvador da Cristandade, deu o primeiro passo para a criação do Império cristão do Ocidente, que depois dividiu pelos seus dois filhos Carlomano (741-757) e Pepino (741-768)[10].

O Império Carolíngio, fundado por Carlos Martel, tinha, por volta de 800, 1.112.000km² quadrados e era habitado por 10 e 20 milhões de pessoas. Pela maneira como dominou a nobreza, Carlos Martel é considerado o catalisador do sistema feudal.

Recebeu do Papa Gregório III o título de Herói da Cristandade. Foi sob a proteção do seu filho, Pepino, que se reconheceram, pela primeira vez, os Estados Pontifícios, formados a partir de várias terras e regiões, que iam de Roma até à fronteira com a República de Veneza.

A saga do Império cristão do Ocidente começada com Carlos Martel, continuada pelos seus dois filhos Carlomano e Pepino, culminou com Carlos Magno (768-814). Filho mais velho de Pepino, conseguiu, com as suas campanhas, reunir os povos germânicos e românicos e criar o Império Romano do Ocidente.

Com a coroação, a 25 de dezembro de 800, na Igreja de São Pedro, em Roma, pelo Papa Leão III, deu-se o passo decisivo para a formação do Império cristão do Ocidente, totalmente ligado a Roma.

Carlos Magno passou a ostentar, desde então, o título de "Augusto": *"Serenissimus augustus a Deo coronatus magnus pacificus imperator. Romanum gubernans imperium et per misericordiam Dei rex Francorum et Longobardiorum"*.

Carlos Magno assumiu, como verdadeira missão, a de ser guia espiritual da Cristandade. Muito influenciado por Alcuíno, seu principal assessor eclesiástico, que na revisão dos livros litúrgicos, rea-

---

10 Cf. *Esquema genealógico dos carolíngios*. HUC V. Op. cit., p. 42.

lizada a serviço do rei, empregou pela primeira vez a expressão "império cristão"[11]. Com Carlos Magno o regime feudal chegava ao seu apogeu.

Frederico I, Barba-Roxa (1122-1190), já nas vésperas do tempo de Francisco e Clara de Assis, promoveu a canonização de Carlos Magno em Aachen, realizada pelo antipapa Pascoal III.

Esse gesto evidencia a vontade de Frederico de se afirmar como continuador do espírito de Carlos Magno, fazendo todos os esforços para restaurar a grandeza do Sacro Império. Coroado rei da Alemanha em 1152, depois rei da Itália em 1155, foi coroado como monarca supremo do Império Romano-germânico pelo Papa Alexandre IV, a 18 de junho de 1155. A designação de *Sacrum Imperium* aparece em 1157, e a de *Sacrum Romanum Imperium*, em 1184[12].

A estabilidade do sistema sociopolítico, defendido por Frederico I, começou a desmoronar-se na última fase do seu reinado. Não foram só as questões com o papa que contribuíram para esse declínio. A partir de 1176, com a Paz de Veneza, e, mais tarde, com a Paz de Constança, o poder de Frederico I sai enfraquecido perante a Igreja e a sociedade civil.

Por um lado, reconheceu o Papa Alexandre III como papa legítimo e deu-lhe poder sobre os territórios da Itália; por outro, deu mais poder às comunas da Liga Lombarda, como o direito de construírem muralhas nas suas cidades, de eleger os seus magistrados e de terem governos autônomos, embora tivessem de ser confirmados a cada 5 anos.

A autonomia progressiva das cidades, que então começou, alterou as relações de poder na sociedade feudal e veio trazer grandes alterações socioeconômicas.

Como diz Gemelli, "depois da morte de Frederico Barba-Roxa, o Império é considerado mais um inimigo a combater do que uma au-

---

[11] Sobre Carlos Magno e a sua relação com a Igreja, cf. KÜNG. *O cristianismo...* Op. cit., p. 331-341. • HUC V. Op. cit., p. 41-49.

[12] PETER MORAW, F. Heiliges Reich. In: *Lexikon des Mittelalters*. 4 vol. Munique/Zurique: Artemis 1977-1999, p. 2.025-2.028.

toridade a respeitar: desagregam-no, na Alemanha, os grandes feudatários e as cidades livres e, na Itália, as comunas"[13].

À morte de Frederico, em 1190, Francisco tinha 9 anos e Clara nasceria dali a 3 anos. Vão viver no tempo pós-Frederico, um tempo que anunciava já grandes transformações sociais, políticas e religiosas.

3 As estruturas da Igreja do Ocidente

Temos, pois, a partir de Carlos Magno, um segundo "imperador dos romanos", um que reinava em Bizâncio, "imperador romano do Oriente" e outro, coroado em Roma, "imperador romano do Ocidente".

A esta separação no campo político, correspondeu também uma separação, cada vez mais visível e sentida, no campo eclesiástico. Teremos, a partir de então, duas Igrejas: a Igreja de Bizâncio, que vai crescer para o Oriente, e a Igreja de Roma, separadas, e muitas vezes antagônicas, não só no campo político, mas sobretudo no campo disciplinar, jurídico, litúrgico e até moral.

A nova ordem política teria a sua correspondência na nova ordem de uma Igreja cada vez mais romana, mais centralizada e mais poderosa. Entre 1049 e 1059, a Igreja foi governada por três papas: Leão IX (1049-1054), Estêvão IX (1057-1058) e Nicolau II (1058-1061).

Durante esse tempo o poder papal centralizou-se cada vez mais, muito sob a influência do Cardeal Humberto *Silvae Candida*, antigo oblato beneditino, jurista e teólogo eminente e principal conselheiro dos três papas. Foi delegado de Leão IX às conversações com o Patriarca Miguel Corolário de Constantinopla, que terminaram com a excomunhão mútua, o que deu início ao Grande Cisma do Ocidente.

Deve-se a Humberto o desenvolvimento da ideia do princípio romano[14]:
- o papado, primeira sé e sé apostólica, é a fonte e a norma de todo o direito eclesiástico;
- o papa está para a Igreja, como a nascente para o rio;

---

13 GEMELLI, A. *O franciscanismo*. Petrópolis: Vozes, 1944, p. 29.
14 Cf. KÜNG, H. *O cristianismo...* Op. cit., p. 358.

- a Igreja está para o Estado, como a alma para o corpo.

Em nome desta doutrina, é reivindicada a liberdade da Igreja: livre-escolha de bispos, abolição das Igrejas locais germânicas, proibição da simonia e do casamento dos padres.

Foi sob a influência do Cardeal Humberto e do Cardeal Hildebrando (futuro Gregório VII), também beneditino, que se reuniu o Sínodo de Latrão, de 1059, onde se tomaram decisões que marcaram a disciplina da Igreja até aos nossos dias:

Criou-se o colégio cardinalício, a quem se encarrega a administração dos assuntos papais; definiu-se, também, que compete ao colégio cardinalício, sem qualquer influência da nobreza, a eleição do papa. Liberta das amarras imperiais, a Igreja tornou-se cada vez mais romana e a instância mais poderosa do Império do Ocidente.

Se Nicolau II foi o primeiro papa a fazer-se coroar como os reis e imperadores, Gregório VII, beneditino, papa entre (1073-1085), marcou duplamente a sua época e influenciou os tempos que se lhe seguiram:

- primeiro, através da Reforma Gregoriana, muito influenciada pela espiritualidade monacal, tentou fazer regressar a Igreja aos tempos primitivos de Cristo e dos apóstolos;
- depois, lutou pela afirmação do poder papal, face ao poder feudal.

Do ponto de vista moral, a reforma gregoriana levou à condenação de práticas heréticas, como a simonia (compra de cargos eclesiásticos), o nicolaísmo (concubinato dos padres católicos, que foi gradualmente desaconselhado, até se tornar formalmente proibido).

A reforma foi continuada e consolidada pelos monges da Abadia de Cluny, que durante o tempo das reformas (950 a 1130) se tornou uma das mais importantes forças religiosas da Europa, com cerca de mil mosteiros.

Apoiavam a Paz de Deus, promoviam as peregrinações à Terra Santa, o regresso às Escrituras, deram relevo à dimensão humana de Jesus (celebrava-se uma missa "em memória da humanidade do Filho de Deus") e um maior compromisso social para com os mais pobres.

O movimento de Cluny foi aprofundado pela Reforma de Cister, levada a cabo por Roberto de Moslesme, com o desejo de um regresso à vida de pobreza mais rigorosa. São Bernardo de Claraval é a figura mais proeminente de Cister. Os seus escritos tiveram grande influência na espiritualidade dos séculos XII e XIII[15].

De certa forma, a Reforma Gregoriana, apesar de influenciada pela espiritualidade monacal, criou o ambiente para os grupos de leigos, que mais tarde haviam de buscar um caminho novo do seguimento de Cristo, valorizando alguns aspectos dessa espiritualidade, mas procurando formas alternativas aos mosteiros de inspiração beneditina.

Na afirmação do poder papal, Gregório VII pretendeu, de certa maneira, submeter a Igreja à "mística da obediência" professada nos mosteiros, como dizia Congar[16]:

- "Obedecer a Deus é obedecer à Igreja, e é obedecer ao papa, e reciprocamente." Uma frase que marca a mentalidade da Igreja do Ocidente, que só o Concílio Vaticano II obrigou a repensar.

Gregório VII foi autor e mandou publicar o *Dictatus Papae*, em 1075, que continha as três ideias fundamentais, supostamente conferidas por Deus ao papa, enquanto sucessor de Pedro:

- o papa é senhor absoluto da Igreja, estando acima dos fiéis, dos clérigos e dos bispos, e acima das Igrejas locais, regionais e nacionais, e acima dos concílios;
- o papa é senhor único e supremo do mundo, todos lhe devem submissão, incluindo os príncipes, reis e o imperador;
- o papa torna-se indubitavelmente santo, mal entra em funções (por causa dos méritos de Pedro); a Igreja romana, fundada por Deus, nunca errou e nunca errará[17].

Foi com Gregório VII e o Imperador Henrique IV que o conflito entre o Império e a Igreja se agudizou, acabando o imperador por se submeter ao papa, em Canossa, em 1077. No entanto, Gregório VII

---

15 Sobre as reformas beneditinas, cf. ZAVALLONI, R. *La personalità di Chiara d'Assisi*. Assis: Porziuncola, 1993, p. 12-34. • KÜNG, H. *O cristianismo...* Op. cit., p. 352-355.

16 Apud KÜNG, H. *O cristianismo...* Op. cit., p. 358.

17 Sobre os 27 princípios do *Dictatus*, cf. KÜNG, H. *O cristianismo...* Op. cit., p. 361-362.

seria deposto e Henrique IV acabaria coroado por Clemente III, o papa que ele escolheu para ocupar o lugar de Gregório.

Apesar de acabar derrotado, "Gregório VII... representava a concepção tipicamente romana e latina da Igreja, a de uma hierarquia monárquica instituída por Deus, cujos alicerces haviam sido lançados pelos bispos romanos desde o século V, e que Gregório VII recordava uma vez mais, sob a forma mais concisa, no seu *Dictatus Papae*: uma nova ordem do mundo baseada na justiça e orientada por Roma..."[18]. A concentração do poder universal no papa, considerado o único representante de Pedro e dos apóstolos, significou o fim da colegialidade episcopal.

O reforço do poder do papa, que se afirmava cada vez mais como concorrente ao poder do imperador, também contribuiu para o aparecimento de grupos de leigos, que sonhavam com uma Igreja mais pobre e mais despida de poder, mais conforme a Jesus Cristo, o modelo e mestre da vida cristã.

Inocêncio III (papa de 1198 a 1216), usa o título de "representante de Cristo" (*vicarius Christi*). Inocêncio IV (1243 a 1254) prefere o ser "representante de Deus" (*vicarius Deus*). Estas expressões revelam até que ponto chegou a centralização da Igreja feudal: "É uma centralização da Igreja fixada num monarca absoluto, o único a quem pertence a supremacia da Igreja, uma supremacia de que não encontramos sinal nas fontes neotestamentárias tal como as conhecemos"[19].

A romanização da Igreja significou também uma crescente clericalização, que adquire tais dimensões, e aos poucos o clero se identifica com a Igreja, sentimento que veio até os nossos dias.

Com Inocêncio III cresceu cada vez mais a importância do clero, mesmo dentro do monaquismo, relegando-se os irmãos leigos para os serviços do clero monacal, ao contrário do que acontecia com São Bento, onde o número de clérigos era escasso.

---

[18] Ibid., p. 366.
[19] Ibid. p. 370.

4 Apogeu e decadência

No apogeu da Idade Média, que culmina com Inocêncio III, papa entre 1198 e 1216, a Igreja parecia sair reforçada na luta contra o poder do imperador. Depois da morte de Frederico II, o Império Alemão desmembra-se numa série de territórios independentes, o que veio afirmar a autonomia do poder papal em relação ao poder imperial, contribuindo, no entanto, para o aparecimento dos pequenos estados nacionais modernos, cada vez mais fortes e autônomos em relação ao papa.

A separação entre o poder do Estado e da Igreja acentua-se cada vez mais, com consequências políticas, que haviam de influenciar o futuro da Europa, como afirma Küng: "O quadro do paradigma católico romano permitiu uma autonomia da Igreja perante o Estado, e a da esfera espiritual face aos outros setores da vida, autonomia impensável no paradigma "sinfônico" ortodoxo da Roma do Oriente, desde Bizâncio a Moscovo.

Esta independência é que possibilitará mais tarde o processo de secularização da política, do direito, da economia e da cultura, que há de surgir, não por acaso, no norte da Europa Ocidental"[20].

No campo espiritual, a Igreja possuía uma *acies ordinata*, um "exército pronto para a batalha", um alto clero secular cada vez mais alinhado com a política de Roma, e mosteiros cada vez mais ricos e poderosos[21]. O papado constitui-se, assim, em poder absoluto dentro da Igreja, impondo-se frente aos bispos e às estruturas sinodais da Igreja antiga.

Tornava-se também uma força militar poderosa e temida. Tão poderosa, que é a força militar do papa, que põe em marcha o movimento das Cruzadas, a guerra santa (porque aprovada pelo papa, porta-voz de Cristo), não só para libertar os lugares santos dos muçulmanos, mas também para combater a Igreja de Constantinopla, por exemplo na IV Cruzada (1202-1204)[22].

---

20 Ibid., p. 380.
21 Cf. ibid., p. 378-380.
22 Cf. ibid., p. 374-375

O mundo hierárquico do feudalismo tinha a sua correspondência na Igreja. "Nos princípios do século XIII a Igreja, dirigida por Inocêncio III, atingiu o fascínio do poder. Transformou-se numa autêntica potência temporal. A Europa encontrava-se inundada de bispados e mosteiros, solidamente instalados em latifúndios. Bispos e abades são autênticos senhores feudais"[23]. A Igreja do feudalismo refletia o mundo hierárquico da sociedade civil.

5 Vida religiosa no feudalismo

A vida religiosa apareceu na Igreja do tempo de Constantino[24]. Os fundadores foram os *anacoretas*. Santo Antão foi o modelo, que levou muitos cristãos ao deserto. A sua *Vita* foi a primeira regra para os que o seguiam no deserto. A vida de solidão dos anacoretas não surgiu como projeto pastoral, ou de transformação da sociedade, mas como ruptura com o modelo de sociedade vigente.

Não pretendiam mudar, mas sair da sociedade, preocupados mais com o ser do que com o fazer. "Os primeiros monges não pretenderam *fazer* um mundo diferente ou uma Igreja distinta. Quiseram *ser diferentes e distintos*"[25]. Esta forma diferente de viver evoluiu, no começo do século IV, para outra forma de monaquismo, o *cenobismo*, organizado em torno da Regra de São Pacômio, escrita para grupos de cenobitas, que viviam em comunidade.

Esta primeira fase da vida religiosa culminou com a Regra de São Basílio, que parte da afirmação de que o ser humano é um "ser comunitário", e que, por isso, quem procura Deus não deve levar uma vida solitária, mesmo reconhecendo, não obstante, que a solidão é indispensável para quem queira sentir a intimidade com Deus[26]. Esta primeira fase da vida religiosa na Igreja, culminou com a vida monástica iniciada por São Bento.

---

23 LECLERC, E. *Retorno ao Evangelho...* Op. cit., p. 71.
24 Sobre o passado e futuro da vida religiosa, cf. CASTILLO, J.M. *O futuro da vida religiosa, das origens à crise atual.* São Paulo: Paulus, 2018. • KUNG, H. *O cristianismo...* Op. cit., p. 214-219.
25 Cf. CASTILLO, J.M. *O futuro da vida religiosa...* Op. cit., p. 37-38.
26 Cf. ibid., p. 41.

A nova ordem instaurada na Igreja do Ocidente, surgida depois da separação dos impérios, teve no monaquismo a sua grande força mobilizadora. Enquanto o monaquismo oriental focava quase que exclusivamente na oração e na ascese, o monaquismo ocidental, iniciado por São Bento (480-547), juntou à oração e ascese, o trabalho, tornando-se força mobilizadora da Igreja e da cultura feudal, com grandes centros de evangelização, de educação e de cultura[27].

As abadias foram a resposta da Igreja à nova ordem do Ocidente, totalmente identificadas com as estruturas feudais. Situadas próximas dos castelos, as abadias constituíam autênticas aldeias de lavradores, subordinados ao abade e seus monges. Nas suas bibliotecas e escolas, os povos bárbaros recebiam instrução e catequese, mas aprendiam também a drenar as terras e a trabalhar os campos.

Enviados por Gregório Magno, os beneditinos foram os primeiros missionários. Santo Agostinho de Cantuária, com os seus 40 monges, converteu a Inglaterra, São Bonifácio a Alemanha, Santo Adalberto a Hungria e a Boêmia.

A Regra de São Bento originou novos ramos, que se adaptaram aos tempos e à evangelização. Foram monges destes ramos, como Cluny e Cister, que conquistaram para a Igreja povos das regiões da Alemanha, da Escócia e da Irlanda. São Bernardo, dinamizador da reforma de Cister, tornou-se grande animador das Cruzadas[28]. E foi o monaquismo que influenciou a teologia, a piedade popular, a liturgia e a espiritualidade do cristianismo ocidental.

---

[27] Cf. GEMELLI, A. *O franciscanismo*. Op. cit., p. 67.
[28] Ibid., p. 29-31.

II
Decadência do sistema feudal

O feudalismo atingiu o seu apogeu no século XII. Não obstante, é precisamente nesse século que entram em cena novas forças, que vão originar novas relações sociais, e um novo modelo social, econômico e político.

E vão originar também um novo tipo de crente, mais voltado para a Palavra de Deus e a vida de Jesus, do que para as orientações de Roma. Esta viragem, que será protagonizada em grande parte por grupos de leigos, dará origem a um novo tipo de vida religiosa, marcada pela passagem do monge (*monacus*), ao irmão (*frater*).

1 Do feudo à comuna

A estabilidade do sistema feudal foi posta em causa por duas ordens de fatores, complementares entre si: a valorização das cidades e o aparecimento das comunas.

1.1 As cidades e os mercadores

Devido a um grande incremento demográfico no século X, muita gente da gleba, sem trabalho na agricultura dos feudos, procurou centros maiores. Daí o incremento da urbanização e o fortalecimento das cidades. Estas deixaram de ser meros centros militares e administrativos, como eram na Idade Média. Assim, o dinamismo da vida econômica, política, social e cultural deixou de estar, cada vez menos, centrado no feudo e passou a estar, cada vez mais, centrado nas cidades. Vários fatores contribuíram para estas mudanças:

- A revolução comercial que se deu em toda a Europa, sobretudo em duas zonas europeias: no Mediterrâneo e no Mar do Norte. Este surto comercial, que abrangia sobretudo a indústria têxtil, facilitou a mobilidade das pessoas e as trocas comerciais.
- Esta abertura comercial fez aparecer uma nova classe, a dos *mercadores*, que aos poucos tomavam conta do mundo. Não produziam nada, mas transportavam tudo. Eram os *pedes polveri*, pés do pó da estrada. Ao contrário das outras classes, não dependiam do feudo, nem da agricultura. Aos poucos foram aparecendo locais mais propícios para o comércio, e para as grandes feiras. Depois apareceram as associações de defesa desta classe (guildas e hansas), favorecendo a criação de entrepostos comerciais.

Essa concentração favoreceu o nascimento e o renascimento das cidades. Ao longo das rotas comerciais, esses novos centros de comércio e indústria ajudaram à concentração do povo e à criação do mundo urbano.

O aparecimento desses centros, dominados pelos mercadores, geralmente fora das fortificações, fora dos castelos, abalava as estruturas rurais da sociedade feudal e fazia crescer as cidades. Milão tinha 60.000 habitantes nos fins do século XI, e mais de 90.000 em meados do século XIII. Florença passou, de fins do século XI até fins do século XII, de 30.000 para 70.000 habitantes. Em 1232, Assis contava com 2.255 casas, onde viviam entre 11.000 a 15.000 pessoas[29].

As cidades transformam-se em centros de todo o gênero de artesanato (construção, tecidos, curtidos), onde se desenvolve uma pré-industrialização e um pré-proletariado, ainda mais desamparado do que os servos da gleba, que habitavam nos feudos, onde, ao menos, lhes era garantia o alimento. Na comuna os mais pobres não tinham qualquer proteção.

As cidades transformam-se, também, em lugares de transações e intercâmbios, onde se realizam as feiras e os mercados. O dinheiro torna-se meio de troca e sinal de riqueza, e as cidades, em espaços de cambistas e banqueiros.

---

[29] Sobre o crescimento das cidades, cf. FELD, H. *Franziskus von Assisi und seine Bewegung*. Op. cit., p. 77-78. • BRUNELLI, D. *O seguimento...* Op. cit., p. 25-30.

Começaram a mudar os padrões da riqueza. A terra deixa de ser o sinal de riqueza, como era no feudalismo. O ouro e o dinheiro tornam-se os novos símbolos do poder. Aparecem as primeiras moedas, casas de câmbio e juros, riqueza produzida pelo próprio dinheiro. Alguns comerciantes começaram a comprar imóveis a uma nobreza muito fragilizada economicamente. Os sinais de riqueza ostentada pelos mercadores exigiam, também, mais poder social e político.

À medida que a classe dos comerciantes, dos cidadãos, ou burgueses vão conquistando mais liberdades e privilégios, tornam-se cada vez mais fortes, pondo em causa o poder constituído pelos senhores feudais e pelos bispos.

A população das cidades era composta pela classe alta (*maiores, boni homines, milites*) e pelo povo simples (*minores, homines populi*). Na passagem ao século XII, a classe mais forte (*maiores*) já não era composta pelos nobres, mas pelos mercadores burgueses, considerados pelos nobres como (*minores*), mas que se sentiam senhores e donos da cidade[30].

1.2 As comunas

Situadas nos feudos, as cidades eram propriedade de algum senhor, bispo ou abade. Pelo direito, os habitantes dos novos burgos (burgueses), eram vassalos do senhor. Mas, para a nova burguesia, as estruturas feudais eram um entrave para a livre-circulação, para o vender e o comprar, para as suas iniciativas empresariais.

Não demorou muito, até que o burguês começasse a exigir estruturas próprias para defender os seus interesses e autonomia política em relação ao feudo. "Nasceu assim o movimento comunal, que em breve se estenderia a toda a Europa, tendente a libertar as cidades do poder dos senhores feudais"[31].

O movimento comunal teve um grande desenvolvimento entre 1125 e 1152, entre a morte de Henrique V e a coroação de Frederico

---

[30] Sobre as mudanças sociais, que levaram às comunas, cf. BRUNELLI, D. *O seguimento...* Op. cit., p. 26-30.

[31] LECLERC, E. *Retorno ao Evangelho...* Op. cit., p. 25. Sobre o ambiente sociopolítico no século XII, cf. TRIVIÑO, M.V. *São Francisco e Santa Clara de Assis*. Braga: Editorial Franciscana, 2010, p. 11-19.

Barba-Roxa, quando se sentiu uma prolongada ausência de autoridade no império. Foram as cidades italianas as primeiras a aproveitar o vazio de poder para conquistar mais liberdade. A liberdade conquistada assumia várias formas:
- umas vezes são privilégios negociados com os senhores;
- outras são governos partilhados;
- em alguns casos, como em grandes cidades do norte da Itália e da Alemanha, foram constituídas verdadeiras repúblicas independentes. Veneza é talvez o caso mais emblemático.

Foi neste contexto de lutas entre as cidades e os senhores, que Frederico Barba-Roxa, em 1193, ano do nascimento de Santa Clara, conquista Assis, estabelecendo na Roca Maior o seu representante, Conrado de Reslingen.

Na economia rural do feudalismo, o homem estava vinculado a um território e a um senhor (abade, bispo ou conde), a quem pertencia tudo o que acontecia no feudo. A estabilidade era característica desta sociedade.

Esta organização social era um obstáculo ao desenvolvimento da classe nova da burguesia. Estes, para se defenderem e protegerem, agrupam-se e associam-se. Assim, nasceram as comunas, que vão lutar por uma emancipação cada vez maior, e exigir uma organização social menos hierarquizada, mais horizontal e mais partilhada.

Assim, as comunas substituíram, aos poucos, as relações verticais de dependência, pelas relações horizontais de solidariedade, onde não se prestava juramento a nenhum senhor. Os burgueses prestavam juramento uns aos outros, baseado na fidelidade à palavra dada.

"Não restam dúvidas de que, com o aparecimento das comunas, começou a pairar a ideia de fraternidade. A palavra latina *fraternitas*, bem como as derivadas e afins, andavam em voga: foi a idade de ouro das 'confrarias', 'irmandades', 'comunidades'; ...tais designações denunciavam uma aspiração fundamental, que emergia e procurava restaurar o tecido social"[32].

---

[32] LECLERC, E. *Retorno ao Evangelho...* Op. cit., p. 30.

É uma época de transição, cheia de luzes e de sombras, que dará origem a um novo tipo de homem, fruto de um modelo social, política e economicamente diferente; dará origem a um novo tipo de crente, com uma viragem que será protagonizada, em grande parte, pelos leigos; e dará origem a um novo tipo de "religioso", marcado pela ideia de fraternidade.

> Este povo, organizado em municípios, escapava à autoridade feudal, escapava também à benéfica influência de uma das mais importantes forças da Igreja: o monaquismo[33].

2 Os perigos da nova sociedade

A nova ordem social, para muitos a realização de uma utopia, trazia em si o gérmen de perigos graves. Os sonhos de liberdade e fraternidade tinham o dinheiro como alicerce. Foram os interesses dos mercadores, que mais contribuíram para o aparecimento das comunas. A verdade é que o interesse principal do movimento comunal estava nos maiores lucros. A sociedade nova teve, desde o princípio, a moeda como valor fundamental.

> O desenvolvimento econômico não trouxe só benefícios. Cresceu também a mentalidade do lucro, e a injustiça social ganhou novas formas. Aumentou muito o número de pobres, e a pobreza assumiu outras características. Até aquele momento, os pobres eram aqueles que não tinham defesa diante dos poderosos. Agora, a pobreza passa a ser percebida como inferioridade econômica e sinal de decadência social. Os pobres são aqueles que não conseguem o próprio sustento, a quem faltam as condições de trabalho[34].

Muito rapidamente, os senhores do feudo foram substituídos por aqueles que, aos poucos, concentravam em si toda a riqueza e poder. Paulatinamente, as cidades começaram a ser dominadas por oligarquias, onde só certas famílias tinham direito a governar.

Nesta nova sociedade, quem manda é o dinheiro. É por causa dos interesses econômicos, que as cidades começam a guerrear-se mutuamente. Logo que uma cidade adquire o estatuto de autonomia, trata de

---

33 GEMELLI, A. *O franciscanismo*. Op. cit., p. 30.
34 BRUNELLI, D. *O seguimento...* Op. cit., p. 29.

construir uma muralha para se defender. Foi assim em Assis. Usando as pedras da fortaleza feudal, que foi destruída, construíram, em 1199, uma nova muralha para se defenderem das cidades vizinhas, que procuravam apoio no imperador, ou no papa.

Resumindo, podemos dizer que se deu, com as comunas, uma revolução social:
- passou-se da ruralidade ao urbanismo;
- passou-se de uma vida fixa e estável, a uma vida movimentada, sem fronteiras;
- passou-se de uma atitude de subordinação e vassalagem a uma atitude de associação.

Mas tudo isso tinha o dinheiro como fundamento e objetivo, e por isso trazia em si a semente de desigualdades e divisões.

A Igreja teve dificuldade em responder aos novos desafios de uma sociedade cada vez menos rural e estável, e mais citadina e itinerante: "O baixo clero era incapaz, devido à sua pouca formação, de travar diálogo com o mundo novo que se abria. Os monges, especialmente beneditinos, em seus diversos ramos, brindaram a Igreja e a sociedade com incalculáveis serviços, mas, por sua mentalidade feudal, oposta à revolução burguesa, e seu estilo de vida, propenso à solidão do campo, já não podiam responder aos novos desafios"[35].

3 Consequências para a Igreja

Tais mudanças sociais vieram pôr em causa muitas estruturas eclesiais. Até finais do século XI, o monaquismo constituía a grande força da Igreja no Ocidente, sobretudo depois da Reforma de Cluny, à qual aderiram numerosos mosteiros, e com a Reforma de Cister, que, à morte de Bernardo, em 1153, contava com trezentos e cinquenta mosteiros[36].

---

[35] THAI-HOP, Fr. P. *Domingos de Gusmão e a opção pelos pobres*, p. 6 [Disponível em http://www.dominicanos.org.br].

[36] Sobre a renovação da vida religiosa nos séculos XI-XII, cf. ibid., p. 35. • cf. KÜNG, H. *O cristianismo...* Op. cit., p. 352-355.

Mas essas reformas não tiveram o êxito desejado. No geral, a opulência voltava depressa aos mosteiros e bispados. Na realidade, a Igreja não encontrou facilmente a resposta para as mudanças sociais e culturais que aconteceram. O movimento comunal afastou os fiéis das catedrais e dos mosteiros, que durante muito tempo foram os focos da evangelização e da cultura.

Depois, a catequese das abadias começou a não chegar ao povo, que trabalhava e sofria nas comunas; nem aos mercadores, que cavalgavam por essa Europa carregados de panos. Numa sociedade em movimento, em ação, as abadias e outras estruturas eclesiais perdiam cada vez mais peso.

A Igreja instituída, em vez de procurar o diálogo com a nova realidade, opôs-se e tentou combatê-la. Um sermão de Tiago de Vitry a um grupo de burgueses resume todo o medo que a hierarquia tinha da nova ordem: "Não passam de centros de confusão essas comunidades... que não se coíbem de espezinhar os nobres da vizinhança, que usurpam os direitos da Igreja, e com legislação iníqua limitam e destroem a liberdade eclesiástica... o estatuto característico dos leigos é o dever de obedecer, nunca o direito de mandar"[37].

A Igreja que continuava feudal e não se adaptava às aspirações de liberdade e do novo relacionamento social, baseado não na subordinação, mas na associação livre, teve dificuldade em dar valor cristão às novas formas de existência. Não percebeu os sinais dos tempos. Gemelli resume bem a amplitude da mudança e as dificuldades que a Igreja teve em se adaptar ao novo paradigma social:

> A Idade Média teve, em certo sentido, a *stabilitas loci*; a terra prende, estabiliza, e a estabilidade conduz à contemplação. A comuna, ao contrário, pressupõe movimento, e movimento é ação. Daí dois estados de alma diferentes. A Igreja havia dado satisfação ao primeiro com grandes instituições monásticas, domadoras dos bárbaros, educadoras de cavaleiros e de servos da gleba, consoladoras dos oprimidos e de opressores contritos. Mas aos novos burgueses, que não queriam saber latim, que se impacientavam com a demora dos cânticos litúrgicos, que não achavam mais tempo para ir procurar a paz em alguma

---

[37] VIVET, J.P. *Les mémoires de l'Europe*. T. 1. Paris, 1970, p. 176. Apud LECLERC, E. *Retorno ao Evangelho...* Op. cit., p. 75.

abadia maternalmente acolhedora, que começavam a ler e a escrever por necessidade e por gosto, que lhes dava a Igreja?

O trabalho dos sacerdotes, ótimo algumas vezes, algumas vezes imperfeito, não acudia a todos. As heresias infiltravam-se nas massas populares... No fim do século XII uma dupla exigência se nota nos povos cristãos: conformar de modo mais exato a vida com o Evangelho, a dar um valor cristão às novas formas de existência, sobretudo à que caracteriza a civilização moderna: a ação[38].

---

38 GEMELLI, A. *O franciscanismo*. Op. cit., p. 32-33.

III
Movimento pauperístico

É neste ambiente que surgiram novos movimentos de leigos, pequenos grupos, comunidades de base, que, de maneira bastante anárquica, procuravam restaurar a simplicidade e a pobreza evangélica.

Tinham por ideal as primeiras comunidades cristãs. "Sendo contestatárias, tais movimentos não provinham da classe elevada e dirigente, mas do povo humilde das novas camadas sociais... Todos anseiam por uma comunidade cristã fraterna e missionária. Uma comunidade, ao mesmo tempo, conforme às origens e adaptada às novas exigências sociais"[39].

Esses grupos, conhecidos como fazendo parte do *movimento pauperístico*, provinham do povo humilde, de operários e negociantes, e depressa alastraram a toda a Europa Central.

A resposta aos problemas espirituais, que era dada até agora pelos monges e outras estruturas da Igreja, passava agora a ser dada por esses movimentos. Para os anseios do homem, sempre em movimento e em ação, os mosteiros estavam longe geograficamente, mas sobretudo distantes dos problemas da nova sociedade.

E trazem em si uma enorme novidade, que, como vimos no sermão de Tiago de Vitry, amedrontava as estruturas eclesiásticas: a participação ativa dos leigos. "Os leigos foram assim os mais eficazes promotores da *vita apostolica*..."[40]. "Face a um cristianismo enquistado no seu direito, face a mosteiros abarrotados de riqueza e a um alto

---

[39] LECLERC, E. *Retorno ao Evangelho*... Op. cit., p. 77.
[40] ZAVALLONI, R. *La personalità*... Op. cit., p. 22. Já nas p. 22-44, onde o autor descreve o ambiente sociorreligioso que deu origem ao movimento de leigos, em geral, salientando o perigo das heresias e a novidade do movimento franciscano.

clero vivendo no meio do luxo, que descurava o dever da prédica, eles fizeram do seu programa um *slogan*: 'pregação itinerante e pobreza evangélica'"[41].

1 Perigo de heresias

Não obstante o movimento pauperístico estivesse, no princípio, em consonância com a hierarquia romana, a grande maioria dos pregadores ambulantes atuava à margem da hierarquia, caindo facilmente na heresia. Alguns pregadores acabaram mesmo na heresia, e foram perseguidos pela autoridade eclesiástica.

Há quem considere que foram os monges da Abadia de Hirsau, da Floresta Negra, os inspiradores do movimento. Os monges desse mosteiro, e de outros a ele associados, tornaram-se, nos princípios do século XII, pregadores ambulantes, que se colocaram ao lado de Gregório VII, contra o Imperador Henrique IV, na questão das investiduras[42]. Vários desses pregadores caíram na heresia, levando consigo grupos de fiéis, que mereceram a condenação da Igreja[43]:

• *Pedro de Bruys* (1117-c. 1135) foi um sacerdote católico que pregava doutrinas que iam contra as crenças da Igreja Católica; apesar disso ganhou adeptos em Narbona, Toulouse e na Gasconha. Pregava uma leitura literal dos evangelhos, onde excluía o batismo de crianças, a Eucaristia, orações pelos defuntos e as igrejas como lugares de culto. O seu desprezo pela Igreja estendia-se também ao clero.

• *Arnaldo de Bréscia* (1090 ou 1105?-1155), monge católico, pregava que a Igreja devia renunciar a administrar propriedades. Participou da fracassada Comuna de Roma. Exilado, acabou enforcado por ordem do papa. Apesar de ter falhado como reformador e líder político, a sua pregação sobre a pobreza apostólica

---

[41] KÜNG, H. *O cristianismo...* Op. cit., p. 380.

[42] Cf. FELD, H. *Franziskus von Assisi und seine Bewegung*. Op. cit., p. 80s. Nas p. 67-98 o autor analisa com bastante profundidade o contexto social e político que deu origem aos novos grupos de leigos.

[43] Sobre as heresias no século XII, cf. ZAVALLONI, R. *La personalità...* Op. cit., p. 22-35. • KÜNG, H. *O cristianismo...* Op. cit., p. 380-384.

ganhou seguidores após sua morte entre os "arnoldistas", e também entre os valdenses e os *"fraticellis"*.

• Os *albigenses*, com origem na cidade de Albi, também conhecidos por cátaros (do grego *"katharoi"*: "puros"), foram o primeiro grupo que alcançou notoriedade. Propagaram-se na Europa a partir dos Bálcãs, no século XII, através da pregação itinerante. Tinham uma doutrina de estrutura maniqueísta. Com o tempo transformaram-se numa anti-igreja, com hierarquia própria e dogmas específicos.

• Os *valdenses* nasceram em torno do pregador popular de Lião, Pedro Valdo, que se converteu ao ler a tradução da Bíblia na língua materna. Tornaram-se pregadores populares, proclamando a Sagrada Escritura na língua vernácula. Depois da morte do fundador, constitui-se em igreja de leigos, com liturgia própria, com Eucaristia celebrada por leigos, incluindo mulheres.

Outros grupos apareceram e espalharam-se por toda a Europa. Esses grupos que provinham do povo humilde, de operários e negociantes, rapidamente se alastraram por toda a Europa: humiliatas, pobres da lombardia, pobres católicos e outros.

A estes devem-se juntar o movimento de Joaquim de Fiore (†1202), que proclamava uma nova divisão da história, anunciando a chegada do tempo do espírito, e que teve alguma influência no movimento franciscano, ainda no tempo de São Francisco[44].

Em resposta, a Igreja não procurou uma aproximação a esses movimentos de leigos. O IV Concílio de Latrão, realizado em 1215, podia ter representado um momento de acolhimento de novas formas de vida evangélica. Mas isso não aconteceu.

O concílio renovou as normas anteriores a Inocêncio III, em relação às heresias, sem levar em conta as novas experiências. A pregação dos leigos voltou a ser condenada, como já tinha sido por Lúcio III, em 1184. Além disso, o concílio proibiu a fundação de novas Ordens,

---

[44] Sobre Joaquim de Fiore e sua influência no movimento franciscano, cf. MERLO, G.G. *Francisco de Asís* – Historia de los hermanos Menores y del franciscanismo hasta los comienzos del siglo XVI. Arantzazu, 2005, p. 182-185. Sobre a doutrina de Joaquim de Fiore e a relação com o pensamento franciscano, cf. RATZINGER, J. [BENTO XVI]. *A teologia da história de São Boaventura*. Trad. de Maria Manuela Brito Martins. Braga: Editorial Franciscana, 2017, p. 168-191.

para que a "excessiva variedade" não causasse "confusão" aos fiéis. Quem se sentisse chamado à vida religiosa, deveria ingressar numa comunidade já existente, ou adotar uma das regras antigas[45].

Inocêncio III impôs ao poder secular o combate das heresias e combateu os albigenses com uma cruzada. "O Imperador Frederico II exerceu indubitavelmente uma influência decisiva no estabelecimento da Inquisição na Idade Média: nos seus éditos da coroação (1220), condenava os heréticos à morte na fogueira"[46]. Começava o tempo da inquisição.

2 Aspectos positivos do movimento pauperístico

Apesar de todos os excessos e do perigo de heresias, também se evidenciam alguns valores muito positivos, que anunciavam *uma nova espiritualidade*:

• *Regresso às origens:* o apelo mais ouvido era o regresso à Igreja primitiva. A *vita apostolica* era um modelo para as estruturas eclesiásticas e também para esses movimentos de leigos mais radicais.

• *A vida comunitária:* voltar à primitiva Igreja era descobrir a vida em fraternidade, o que não só ia ao encontro do Evangelho, mas também do sentir da sociedade do século XII e XIII (confrarias e toda a espécie de associações foram criadas para defesa dos grupos). Esta corrente da fraternidade vai influenciar as novas formas de vida religiosa e a nova espiritualidade.

• *A pobreza:* era uma das notas mais evidentes dos grupos reformadores, e que deu origem a expressões radicais de pauperismo. Na crítica à Igreja rica, havia duas inspirações: o seguimento de Jesus pobre e a imitação da Igreja primitiva.

• *O evangelismo:* todos os grupos reformadores, tanto ortodoxos como hereges, tinham o Evangelho como denominador comum. Em todos se nota uma sede de conhecer os textos bíblicos, que

---

[45] Cf. BRUNELLI, D. *O seguimento...* Op. cit., p. 40-43. No livro de Brunelli temos um excelente resumo sobre os movimentos de leigos, mormente sobre os movimentos religiosos femininos do século XII. Cf. p. 25-86.

[46] KÜNG, H. *O cristianismo...* Op. cit., p. 382.

se liam na língua vernácula e quase sempre eram interpretados de forma literal.

• *A pregação:* nos finais do século XIII, a pregação de clérigos e leigos ambulantes obteve grande ressonância. Muitos ouvintes seguiam os pregadores, formando grupos de penitentes. Estes leigos, convidados a pregar com a vida, desejavam também pregar com a palavra. Os leigos ortodoxos procuravam ter sempre a licença do bispo; nisso distinguiam-se dos hereges. Mas às vezes eram tão violentos contra os clérigos ricos como os pregadores heréticos.

Ao final do século XII e início do século XIII, a expressão "vida apostólica" ou regra apostólica recebeu novo sentido, oposto aos anteriores.

3 Nova Forma de Vida apostólica

Lembramos que a reforma de Gregório VII se evidenciou em três aspectos: a renovação do clero, na afirmação da autonomia da Igreja perante o Estado, e a renovação da vida religiosa, que aconteceu nos vários ramos da tradição beneditina, a que já fizemos referência.

Isso fez com que vários setores da Igreja se tornassem mais críticos, exigindo ao clero e aos religiosos uma vida mais evangelicamente reconhecível. Muitos leigos, ao longo dos séculos XI e XII, sentiram-se impelidos para a pregação, mesmo sem ser ordenados, como aconteceu em todos os grupos pauperísticos.

Era uma nova forma de vida religiosa que se anunciava, mais centrada na pobreza e na itinerância, contrária à realidade da vida religiosa vivida nos grandes mosteiros. Só no século XIII, com as Ordens mendicantes, surgiu essa nova forma de vida.

De certa forma, as comunidades de cônegos regulares, que viviam em comunidade e colocavam os bens em comum, nunca deixando a pregação, foi uma primeira tentativa de ultrapassar a vida estritamente monacal. Muitos mosteiros combatiam essa nova forma de vida, considerando a vida nos mosteiros como a única que representava o ideal da vida consagrada.

Foi o Papa Urbano II (1088-1099) quem declarou que, tanto a vida nos mosteiros como as comunidades de cônegos regulares eram formas de vida apostólica, ambas obra do Espírito[47]. Tanto os mosteiros como as comunidades de cônegos regulares tinham a comunidade de Jerusalém, a *"forma ecclesiae primitivae"*, como ponto de referência.

Dentro do movimento de leigos, a partir do século XI, vamos encontrar uma terceira via de consagração religiosa, que aparece dentro dos grupos de penitentes e eremitas, que tomam como ponto de referência a *"forma Sancti Evangelii"*.

O modelo que seguem não é o da comunidade apostólica dos Atos dos Apóstolos, mas Jesus Cristo pobre e itinerante. Sem deixar o apostolado, é a pobreza de Jesus que inspira muitos cristãos. Para eles, a pobreza e a pregação são uma proposta válida para todos os cristãos, e não só para os religiosos.

"Com efeito, tanto cátaros e valdenses como pregadores itinerantes da França, no início do século XII, pobres católicos e frades mendicantes, deram ao termo "imitação dos apóstolos" um significado muito diferente do que entenderam anteriormente os cônegos e os monges. Referiam-se explicitamente à itinerância apostólica e à pobreza evangélica, que se encontravam no envio dos apóstolos à missão:

> *Vão proclamar que o Reino dos Céus está perto. Curem os enfermos, ressuscitem os mortos, purifiquem os leprosos, expulsem os demônios.*
>
> *Deem gratuitamente o que de graça receberam. Não levem ouro ou prata ou moedas no cinto, nem alforje para o caminho, nem duas túnicas, nem sandálias, nem bastão, porque o trabalhador merece o seu sustento* (Mt 10,7-10)[48].

Encontramos este ideal de pobreza já em alguns eremitas do século XI. O mais antigo parece ter sido João Gualberti, que, em 1036, fundou a Abadia de Vallombrosa, já sob o signo da *vita evangelica* e *apostolica*.

Estêvão de Thiers († 1124) fundou uma comunidade de eremitas, de onde saiu a Ordem de Grandmont. Estêvão recusou as regras de Basílio, Agostinho e Bento. E recomendava aos seus seguidores que,

---

47 Cf. BRUNELLI, D. *O seguimento...* Op. cit., p. 31, nota 16.
48 Cf. THAI-HOP, Fr. P. *Domingos de Gusmão e a opção pelos pobres.* Op. cit., p. 8-9.

"se lhes perguntarem a que Ordem pertencem, digam que pertencem à Ordem do Evangelho, que está na base de todas as regras"[49].

Também Bernardo de Tiron († 1117), Vitalis de Savigny († 1122), Girado de Sales (1120) e as fundações de Roberto de Arbrissel († 1116) implementaram novas comunidades, que tinham a pobreza evangélica como forma de vida[50].

Feld chama a atenção de que "o apotegma": *"Nudum Christum nudus sequi"*, que já aparece em São Jerônimo em várias situações, tornou-se muitas vezes nos séculos XI e XII o ideal de vida dos pobres de Cristo e dos pregadores ambulantes.

Com razão, afirma que "o movimento franciscano, apesar de reivindicar a originalidade, especificidade e novidade, que Francisco conquistou para si, está na linha de continuação de outros movimentos pauperísticos, que se deram sobretudo na França e Itália, um século antes. Muitas ideias radicais relacionadas com a exigência do seguimento da vida de Cristo e da primitiva Igreja, que estiveram na raiz de reformas da Igreja, eram conhecidas na Cristandade, muito antes das Ordens mendicantes"[51].

O movimento franciscano, centrado em Francisco e Clara de Assis, não pode ser considerado isoladamente, mas integrado no grande movimento pauperístico do seu tempo. Assim considerado, poderemos mais facilmente valorizá-lo, tanto nas semelhanças que tem com outros grupos como na especificidade que vai afirmar, frente a esses mesmos grupos.

---

49 CHENU, M.D. *La teologia nel medioevo*. Milão: Jaca Book, 1972. Apud BRUNELLI, D. *O seguimento...* Op. cit., p. 32, nota 16.

50 Sobre as novas comunidades religiosas no século XI, cf. FELD, H. *Franziskus von Assisi und seine Bewegung*. Op. cit., p. 80-84.

51 Ibid., p. 80-81

IV
A mulher nos movimentos penitenciais

No geral podemos dizer que a cultura feudal ignorou a mulher. A cavalaria era uma sociedade masculina, onde as maiores virtudes são: coragem, força, atrevimento e a agressividade[52]. Mesmo quando a cultura cortesã cultivava o tema da mulher, era na perspectiva do homem: "O amor cortesão constrói-se essencialmente a partir da perspectiva do homem"[53]. A Idade Média olha para a mulher "numa perspectiva fundamentalmente patriarcal, avalia as mulheres pela bitola dos homens (o sexo fraco), mesmo quando lhes tece louvores"[54].

A mulher medieval não era interveniente. Dela se requeriam as virtudes da prudência, da modéstia, da humildade. Estas virtudes "faziam a mulher gentil, isto é, filha de boa gente (*gens*), da boa família aristocrática"[55].

A vida da mulher decorria no recato do castelo da família. Ali crescia, ali se formava, às vezes com o apoio de alguns mestres convidados, lendo a literatura cavaleiresca. O seu futuro era programado

---

[52] Sobre o lugar da mulher na sociedade medieval, cf. *Studi Franciscani*, 83 (3-4), p. 385. • BARTOLLI, M. *Movimento Religioso Femminile e Franciscanesimo nel Secolo XIII – Acti del VII Congresso Internazionale*, 11-13/10/1979. Assis, 1980, p. 40-42 [Trad. do autor]. • MONTES, J.S. *Clara de Asís, herencia y tarea*. Madri: Publicacions Claretianas, 1993, p. 190-193. • MANSELLI, R. *Franziskus, der solidarische Bruder*. Benzinger, 1984, p. 27-29.

[53] BARTOLLI, M. *Movimento Religioso Femminile e Franciscanesimo nel Secolo XIII...* Op. cit., nota 33.

[54] KÜNG, H. *O cristianismo...* Op. cit., p. 410.

[55] Ibid., p. 42.

pelos familiares, tendo em vista bons casamentos, que aumentassem a teia de relações, que podiam enriquecer o patrimônio do clã.

As que não casavam entravam em algum mosteiro. Muitas vezes os mosteiros eram fundados por famílias nobres, para receber as damas da família, que não encontraram marido.

É dentro do grande movimento laical, que vamos encontrar aquilo que Hubert Grundmann apelidou de "movimento religioso feminino", bem visível na segunda metade do século XII e por todo o século XIII[56].

Até ao século XI, a vida monástica era a única experiência religiosa ao alcance da mulher. Agora a mulher, cada vez mais integrada nos negócios da família, encontra novas formas de religiosidade, bem integrada na cidade.

> ...nas comunas italianas, um certo modelo de família aristocrática vivia em contato estreito com o novo modelo e família burguesa-comercial, na qual a mulher tinha um papel muito mais relevante... É neste contexto novo que as mulheres dos círculos aristocráticos promovem e aderem e se integram no novo movimento religioso[57].

Na família burguesa, a mulher estava integrada nos negócios da família, não vivia fechada no castelo, usava o dinheiro e tudo o que ele podia proporcionar.

Em todos os movimentos de ortodoxia discutível era grande o número de mulheres ativas, quase todas vindas das classes mais humildes (ao contrário do monaquismo, onde as mulheres pobres só entravam como serviçais). Uma das primeiras acusações que fazem aos valdenses, num processo de 1192, é a de que admitiam não só pregadores leigos, mas mulheres pregadoras[58].

Uma das acusações contra os pobres da Lombardia dizia que "têm a presunção de deixar oficiar o venerando corpo do Senhor não só a leigos, mas até a mulheres"[59]. Quando em 1208 alguns valden-

---

56 Cf. GRUNDMAN, H. *Religiöse Bewegung im Mittelalter.* Darmstadt, 1961.

57 BARTOLLI, M. *Movimento Religioso Femminile e Franciscanesimo nel Secolo XIII.* Op. cit., p. 31 [Trad. do autor].

58 GONNET, G. *La donna nel Movimenti Pauperístico-Evangelici.* In: *Movimento Religioso Femminile e Franciscanesimo nel Secolo XIII* – Acti del VII Congresso Internazionale. Assisi, 1980, p. 110.

59 Ibid., p. 112 [Trad. do autor].

ses voltaram à Igreja, como pobres católicos reconciliados, uma das heresias a que tinham de renunciar era a de que fosse lícito *"mulieres Evangelium in eclesia... docere"*.

Anselmo de Alexandria ao catalogar as diferenças e semelhanças entre os pobres de Lião e os pobres da Lombardia, anota que em ambos os casos as mulheres tinham a faculdade de pregar, mas não eram ordenadas como no passado, o que dá a entender que o problema da ordenação das mulheres não é de agora.

Os pobres de Lião eram contra a ordenação das mulheres e os da Lombardia eram a favor, como se notou num frente a frente em 1218[60].

Dentro do movimento pauperístico, tanto herético como ortodoxo, encontramos comunidades de tipo conventual, umas vezes mistas, de homens e mulheres, e outras em separado, como no caso dos humiliatos.

Entre os valdenses eram célebres os hospícios, ao mesmo tempo hospedarias para pregadores itinerantes e hospitais de doentes, assim como escola de preparação para os ministérios. Aí se ensinava sobretudo a Bíblia.

Koch observa que, quando São Domingos fundou as primeiras comunidades femininas, o primeiro convento, em Prouville, tomou como modelo os valdenses, para melhor os combater. Fundou depois em Toulouse, em 1215. Mas Koch anota que São Domingos não teve grande êxito com a iniciativa, uma vez que o movimento feminino herético mobilizava a maior parte das mulheres[61].

Ao mesmo tempo, assistimos ao aparecimento do movimento feminino ortodoxo, já nos começos do século XII. Nesse movimento, a mulher medieval vai encontrar duas formas novas de consagração: como *beguina* num beguinato, ou como *eremita*, reclusa nas cidades.

Em qualquer caso, são experiências religiosas femininas à margem das estruturas tradicionais. Muitas vezes os novos movimentos ortodoxos femininos foram uma barreira contra as heresias, como na Bélgica, no norte da França e na Alemanha: Hildegard von Bingen,

---

[60] Cf. ibid., p. 116-117.

[61] KOCH, G. *Die Frau im mittelalterlichen Katharismus und Valdensertum.* Apud GONNET, G. *La donna nel Movimenti Pauperístico-Evangelici.* Op. cit., p. 116.

Elisabeth von Schönau, que primeiro pertenceram ao movimento das beguinas, tiveram grande influência no combate às heresias.

1 O movimento das beguinas

Dentro do movimento feminino há que realçar o grupo das beguinas[62] (de *bega*, princesa carolíngia, falecida em 695; ou de *bege*, a cor da vestimenta das beguinas e cátaros)[63].

O grande incremento das beguinas foi entre 1170 e 1200. Os grupos, mais ou menos organizados, de *"mulieres religiosae"* nasceram e cresceram à margem das estruturas eclesiais (as mulheres eram conhecidas por beguinas, os homens por begardi, mas também irmãs da penitência, bizocas, pizocaros e mantelatas).

O movimento teve grande incremento no norte da Itália e, sobretudo, na Bélgica e na Alemanha. Cada beguinato era autônomo. As beguinas não emitiam votos. Faziam votos privados de obediência e castidade pelo tempo que vivessem no beguinato.

Todas podiam ter bens, mas comprometiam-se a uma vida sóbria. A primeira organização de beguinas, de que temos notícia, deve-se ao zeloso sacerdote Lambert, falecido em 1177. Várias vezes foi acusado de herege, porque se dedicava à assistência de grupos de mulheres (*mulieres religiosae*) empenhadas na reforma dos costumes (uma das lutas travadas também pelos hereges).

Muitas vezes, tais mulheres começaram a viver na própria casa como "consagradas", mas cedo formaram comunidades quase sempre perto de hospitais e leprosarias. Aí viviam, sem professar qualquer regra, e sem ligação a qualquer ordem monástica, à margem das estruturas tradicionais.

Um beguinato, tal como existiu sobretudo na Bélgica, podia ser considerado uma cidade religiosa dentro da cidade: com igreja, ce-

---

[62] Sobre o movimento das beguinas, cf. LECLERCQ, J. *Movimento Religioso Femminile e Franciscanesimo nel Secolo XIII* – Acti del VII Congresso Internazionale, 11-13/10/1979. Assis: Societá Internazionale di Studi Francescani, 1980, p. 61-99.
• ZAVALLONI, R. *La personalità...* Op. cit., p. 35-38.

[63] Há também quem interprete o nome beguinas como uma deformação e "albigenses", o que as podia considerar heréticas. Cf. KÜNG, H. *O cristianismo...* Op. cit., p. 415.

mitério e sacerdotes que assistiam espiritualmente. Alguns eram cercados, com várias habitações pequenas, casa comunitária, casa de beneficência, às vezes com empregadas e crianças para instruir. A sua população era exclusivamente feminina. Cada beguinato era autônomo, com estatutos próprios. As beguinas não emitiam votos públicos. Faziam votos privados de obediência aos estatutos e de castidade. Cada beguina vivia do seu trabalho e havia uma bolsa comum.

O movimento das beguinas teve autorização papal em 1216, um ano depois do Concílio de Latrão, que em 1215 tinha proibido novas fundações. Foi Tiago de Vitry que antes de seguir para o Acre, como bispo, pediu ao papa para oficializar as beguinas de Liège. Ali, Tiago de Vitry tinha acompanhado o movimento e sobretudo a beguina reclusa Maria d'Oignies. O primeiro beguinato oficial foi constituído em 1233, mas o movimento é muito anterior.

No século XIII o movimento cresceu muito. Nos Países Baixos e Bélgica chegou a haver 90 beguinatos, com a média de 200 beguinas em cada um. Mas havia alguns com 800. Há estatísticas que dizem que na Bélgica, quase 6% da população vivia em beguinatos. Em Colônia, no século XIII, havia 1.200 beguinas para uma população de 20.000 habitantes. Não obstante o grande desenvolvimento, as beguinas chegaram a ser condenadas pelo Concílio de Viena, em 1311[64].

Algumas ordens religiosas, sobretudo os cistercienses, os dominicanos e franciscanos, deram grande apoio espiritual aos beguinatos. Segundo Grundman, por volta de 1300, as comunidades assistidas pelos dominicanos e franciscanos congregavam cerca de 7.000 mulheres[65]. A partir do século XIV os beguinatos entraram em decadência, tendo novo incremento no século XVII, quando, em Bruxelas, chegou a haver 100 beguinas. Hoje, há na Bélgica o circuito turístico dos beguinatos.

Foram em parte as beguinas que, após a Revolução Francesa, continuaram o trabalho apostólico e social, depois da proibição das Ordens religiosas. E foi destes grupos que nasceram muitas das no-

---

[64] Ibid.
[65] Apud LECLERCQ, J. *Movimento religioso...* Op. cit., p. 120.

vas congregações fundadas no século XIX. Em 1968 havia um beguinato em Bruxelas, com duas beguinas.

Para além do papel social que esses movimentos tiveram, outro grande contributo dado pelo movimento das beguinas, refere-se ao lugar da mulher na Igreja e à mudança que o seu estatuto trouxe nas estruturas eclesiásticas. Como escreve Manselli, "...a atividade da mulher que não se limita ao espaço de quatro paredes, mas que se manifesta publicamente com muita energia e vitalidade, é uma das características mais marcantes da época"[66].

Enquanto a aristocracia usava os conventos como refúgios para as filhas e as viúvas, começamos a verificar que "durante o período de despertar dos séculos XII e XIII, algumas mulheres entravam no convento de livre-vontade, com o único fito de seguirem Cristo"[67]. Outras escolhem a itinerância, como modelo de vivência evangélica.

Exemplos como Ilda de Nivelles que, entre 1208 e 1215, percorreu os caminhos da Bélgica, vivendo e pregando a pobreza evangélica. Ou Maria de Oignies, que se decidiu a andar a pedir esmola de porta em porta, "recordando-se da pobreza de Cristo". Tiago de Vitry na *Vita* que escreveu sobre ela, em 1215, trata-a como *"poverella di Cristo"*, que se propôs a seguir, despida de tudo, como "Cristo pobre"[68]. Linguagem semelhante vamos encontrar nas cartas de Santa Clara.

Por detrás do movimento está o ideal da pobreza evangélica e da castidade voluntária, fatores espirituais e místicos, que constituem uma parte notável da corrente mística europeia, que deu origem às ordens mendicantes, onde se notava uma forte aspiração à reforma eclesiástica, um retorno à disciplina da Igreja primitiva, à pobreza evangélica e à vida apostólica e uma intensa veneração da Eucaristia, que se intensificou depois do IV Concílio de Latrão.

---

[66] MANSELLI, R. *Franziskus, der solidarische Bruder.* Op. cit., p. 105 [Trad. do autor].

[67] ENNEN, E. *Frauen im Mittelalter.* Munique, 1991, p. 245. Apud KÜNG. *O cristianismo...* Op. cit., p. 415. Sobre o lugar da mulher na mística medieval, mormente na Alemanha, cf. KÜNG, H. *O cristianismo...* Op. cit., p. 416-427.

[68] Cf. LECLERCQ, J. *Movimento religioso...* Op. cit., p. 120. Sobre algumas destas mulheres penitentes, cf. BENTO XVI, *Santas da Idade Média.* Braga: Editorial Franciscana, 1213.

Vamos encontrar este espírito de renovação, também, em algumas reclusas ermitãs, que muitas vezes procuravam a proximidade dos mosteiros. Umas vezes viviam sós, outras formavam comunidades de duas ou três. Este anacoretismo urbano é também a expressão da nova espiritualidade.

O eremitismo feminino e o movimento das mulheres reclusas também se tornaram espaços de consagração para a mulher medieval. O desejo de se evadir do mundo levou alguns leigos, sobretudo mulheres, a este estilo de vida extremamente rigoroso: fechar-se numa cela, para sempre ou temporariamente, perto de uma igreja, de forma que lhe fosse permitido assistir aos ofícios divinos.

A sua espiritualidade tem alguns rasgos comuns:
- busca de uma vida só com Deus, ligada a uma pobreza como sinal de despojamento interior;
- o caminho é a solidão, permanente ou não, como exigência de silêncio para estar com Deus;
- muitas faziam de diretores espirituais dos cristãos, e até de clérigos;
- solidão não é fuga. Elas sentem-se no coração da Igreja, numa adoração permanente a Deus em espírito e verdade, que é a atividade essencial de toda a Igreja.

Como escreve Bartoli: "As novas cidades, ou a nova consciência citadina, têm necessidade de novos santos e de novas proteções celestes, que legitimaram a sua identidade, não só social, mas também espiritual. É uma reclusão integrada no tecido da cidade, um sinal eficaz aos olhos dos citadinos, da sua intercessão e testemunho"[69].

---

69 BARTOLI, M. *Clara de Asís*. Op. cit., p. 117-118 [Trad. do autor].

V
O movimento franciscano

Foi nesse contexto humano e social, nesse *background* histórico, que apareceu Francisco de Assis e o seu movimento. Oriundo do mundo das comunas, partilhou o ideal de liberdade e associação defendido pelas novas classes das cidades.

> No caráter do filho de Pedro Bernardone se encontram os contrastes da sua época; e aí se encontram exatamente para que na sua personalidade de santo eles possam ser conciliados, ajustados e orientados, de acordo com as novas diretrizes que se anunciam.
> Século de transição entre o feudalismo e o municipalismo, entre a desarticulação e a organização das nações modernas, entre a tradição do latim e o início da língua vulgar, entre o ascetismo e a dissolução dos costumes, o seu tempo lhe infundiu o seu espírito, que é ao mesmo tempo de ordem social e de independência individual, de fantasia cavalheiresca e de energia construtora, de desejo de renúncia e de frêmito de vida[70].

Esta ânsia de renovação da sociedade e da Igreja levou Joaquim de Fiore a construir uma visão histórica da humanidade carregada de esperança. No seu esquema, estávamos próximos do fim da história com a chegada do reinado do Espírito Santo. Fiori era um monge solitário, retirado do mundo, por isso a sua visão utópica da história não era mais que uma fuga das realidades históricas, uma evasão da história[71].

Tal como Joaquim de Fiore, também Francisco de Assis sentiu o apelo para a renovação da história. Mas ao contrário de Fiore, Fran-

---

70 GEMELLI, A. *O franciscanismo*. Op. cit., p. 34.

71 Cf. LECLERC, E. *Retorno ao Evangelho...* Op. cit., p. 79-81. Sobre Joaquim de Fiore e o franciscanismo, cf. nota 44.

cisco era filho de mercador e cidadão da comuna, sentia as ânsias da sua época e foi capaz de entender que a verdadeira renovação da Igreja e da sociedade só poderia resultar "de um enlace do Evangelho com a história real dos homens". E só homens em ligação direta com o mundo seriam capazes de realizar tal enlace. Numa capela abandonada na planura de Assis, estava em oração um homem chamado Francisco.

Tal como Joaquim de Fiore, era uma pessoa delicada e pacífica. Mas, por ser filho de mercador e cidadão de comuna, trazia no coração o fervilhar da sua época, todas as esperanças e todas as angústias de um mundo em gestação. Ora esse homem ouviu o Evangelho falar-lhe, e a linguagem evangélica era a linguagem da história[72].

No princípio da sua conversão Francisco vagueava e sonhava. Lentamente o Espírito o conduz: primeiro são os sonhos de grandeza, palácios e armas e senhores guerreiros para servir; depois o sonho de Espoleto, que o faz descobrir outro Senhor e outras grandezas capazes de lhe encher o coração[73]; em seguida, o momento de êxtase nas ruas de Assis, depois do banquete com os amigos.

Tinha descoberto a "noiva mais nobre e mais rica..."; e o encontro com o leproso transformou em doçura tudo o que era amargo[74]. Foi este o momento que o colocou no seguimento de Cristo pobre e crucificado. Foi este o momento em que Francisco mudou de vida e deixou o mundo dos valores, que até então defendia e pelos quais lutava.

Como acentua Manseli na biografia que escreveu sobre Francisco, "...a pobreza não foi o fator decisivo da sua conversão. Com isso não se quer afirmar que a pobreza não tenha tido significado e peso na conversão de Francisco. O que se quer é sublinhar que a mudança que se deu no encontro com o leproso não brotou de um ideal ascético e cristão de pobreza, mas de uma fonte humana e cristã muito mais significativa"[75].

Foi o encontro com o leproso que o interpelou e que o despertou para a fé, que o fez mudar de vida, "...*perfeitamente despreocupado*

---

[72] Cf. ibid, p. 80-81.
[73] Cf. 3C 6.
[74] Cf. 2C 5-11.
[75] MANSELLI, R. *Franziskus, der solidarische Bruder.* Op. cit., p. 45 [Trad. do autor].

de si mesmo, prestava-lhes todos os serviços possíveis, com extrema humildade e delicadeza, por amor de Cristo crucificado, que, segundo a expressão do Profeta, foi considerado desprezível como um leproso"[76]. No crescimento vocacional de Francisco primeiro veio o contato com a realidade e depois o crescimento na fé. E o discernimento vocacional.

Foi o contato com as realidades dramáticas da sociedade do seu tempo e com o homem sofredor, vítima dessa sociedade, que o fez descobrir o tesouro mais precioso.

> *Transformado pelas visitas aos leprosos, levou a um lugar solitário um dos seus bons companheiros que muito amava. Confiou-lhe que descobriu um tesouro precioso e de grande valor...; orava ao Pai em segredo, desejando que ninguém soubesse o que fazia nesta gruta, exceto apenas Deus, que consultava sem descanso sobre os meios de adquirir o tesouro celeste*[77].

Nas profundezas obscuras dessa comunhão humana, Francisco sentia-se em perfeita concordância com o mistério de Deus... O altíssimo Filho de Deus mergulhou na nossa pobre e desgraçada humanidade. Em vista disso, a comunhão com os seres humanos mais desprezados e esmagados equivalia a um encontro com o próprio Deus[78].

Escutar os apelos desse Deus, seguir na identificação cada vez mais autêntica com Jesus Cristo pobre e crucificado era o caminho de Francisco. Na voz do Cristo de São Damião: *"Vai e repara a minha Igreja"*[79]; na escuta da Palavra de Deus numa manhã de fevereiro de 1208, *"Eis o que eu procurava, eis o que eu pretendo"*[80], Francisco descobre a sua missão na Igreja e a forma de concretizá-la.

Nessa leitura do Evangelho ele descobre três coisas, que naquela altura soavam a revolução: o envio em missão; a exigência da pobreza; a mensagem de paz. Era o encontro do Evangelho com o

---

[76] LM 1.6,2.
[77] 3C 12.
[78] LECLERC, E. *Retorno ao Evangelho...* Op. cit., p. 118.
[79] 1C 10,4; cf. TC 13,7.
[80] TC 25,3.

mundo novo das comunas. Era isso que Francisco queria, e foi isso que realizou:
- Numa Cristandade solidamente instalada e comprometida com o imobilismo feudal, Francisco sente o apelo à mobilidade e à vida itinerante: o nosso convento é o mundo... Ao descobrir o sentido da missão, Francisco liberta-se, é o Evangelho como movimento de Deus ao encontro dos homens.
- Não leveis ouro e prata. ...numa sociedade onde o dinheiro era cada vez mais o critério dos valores, ele descobre a exigência da pobreza como caminho de fraternidade. Onde reina o ouro e a prata não há fraternidade.
- E dizei, a paz esteja nesta casa... levar o Evangelho aos homens é anunciar a paz, a mensagem de reconciliação messiânica.

E quando o Senhor lhe deu irmãos, não procurou inserir-se em nenhuma das antigas ordens que, sendo boas e inspiradas por Deus, eram de outros tempos.

É natural que a vida evangélica que o inspirava esteja conotada com as aspirações sociais da época. E é deste abraço do Evangelho com a história que vai nascer um novo estilo de vida religiosa, em fraternidade. Quais são as características dessa vida religiosa diferente:
- *Mobilidade apostólica.* O que fez dos primeiros franciscanos os andarilhos do Evangelho por toda a Europa. Quando chegaram a Erfurt, os burgueses quiseram construir-lhe um claustro. O Fr. Jordão respondeu: "Não faço ideia do que seja um claustro... Mas podeis construir-me uma casota ao pé do rio, a fim de mais à vontade irmos lavar os pés"[81].
- *Sejam pobres.* Não recebam dinheiro nem benefícios. Numa sociedade onde o dinheiro é como o bicho da fruta, que se mete e estraga os melhores ideais, Francisco vive a pobreza de Nosso Senhor Jesus Cristo.
- *Sejam irmãos.* A forma de relacionamento humano dentro do próprio grupo é outra das características. Nenhum irmão tem qualquer poder ou domínio sobre o outro. Não é uma ordem conotada com a

---

[81] Crónica de Jordão de Giano, 34. In: *Cadernos de Espiritualidade Franciscana*, n. 43.

sociedade antiga, mas uma fraternidade com relações diferentes, que responde também aos anseios da nova sociedade.

• *E chamem-se menores.* A menoridade como atitude evangélica tem também uma clara identificação social. Os menores eram todos os que na sociedade urbana não ocupavam os primeiros lugares, destinados aos maiores. A humildade que queria ver nos seus frades não se limitava a uma atitude interior, mas tinha também uma dimensão social.

Refere Celano que *"os irmãos eram realmente menores, porque a todos submetidos, buscando sempre os últimos lugares e os ofícios mais humildes"*[82], unicamente submissos à santa Igreja. Menores também em relação à Igreja. Francisco não se arma em censor ou reformador, sente-se pequeno demais para isso.

Embora o movimento franciscano tenha muito de comum com os movimentos pauperísticos da época, perseguindo também um ideal de pobreza e vida apostólica, o movimento iniciado por Francisco tem aspectos que o distinguem de todos os outros movimentos. "A pobreza de Francisco, uma marca específica, não é considerada de forma isolada, como santa em si, mas colocada sempre em conexão estreita com a *vita Christi*. Francisco não queria ser simplesmente pobre, mas *cristiforme*"[83].

Ao contrário de outros movimentos, a sua pregação não era sobre a pobreza da Igreja primitiva, e que quase sempre resvalava para a crítica aos costumes do tempo. Sobretudo contra o clero e as estruturas eclesiais. Efetivamente, para Francisco, a pobreza é o anúncio da pobreza, que é Nosso Senhor Jesus Cristo. Por isso a sua vida era uma pregação contínua e coerente, e uma chamada à conversão da própria Igreja; era evangélica e evangelizadora.

A missão primitiva de Francisco e da sua comunidade era dirigida a mulheres e homens cristãos de países cristãos. Pela sua forma de vida, Francisco e a sua fraternidade chamavam a atenção para o essencial: ser cristão é aceitar o Evangelho como forma de vida, é seguir as pegadas de Jesus, cantando com a vida a gratuidade do amor de Deus revelado em Jesus Cristo.

---

[82] 1C 38,4.

[83] ZAVALLONI, R. *La personalità...* Op. cit., p. 42.

Talvez esteja aqui um ponto de partida importante para a nova evangelização, hoje, numa Europa em que a fé, como se afirma, está em reconfiguração.

1 Quando o Senhor lhe deu irmãs

Ao contrário de São Domingos, que se constitui em reformador de alguns mosteiros femininos com o fim de combater as heresias, Francisco de Assis não estabelece nenhuma relação com grupos femininos existentes. Os estudiosos são unânimes em afirmar que nos primeiros 6 anos da sua conversão, nenhuma mulher se juntou a Francisco, com o fim de se integrar na sua comunidade[84].

Mas quando Clara de Assis bateu à porta de Santa Maria dos Anjos, no Domingo de Ramos, a 27 de março de 1211, criou-se uma situação nova, que os dois enfrentam com coragem e coerência. Para os dois era como o concretizar de uma profecia que Francisco proclamou quando restaurava a Capela de São Damião: que *"ali mesmo ao lado, se há de erguer um mosteiro de virgens consagradas a Cristo*[85].

Clara, não obstante a diferença social que os separava, seguiu o trajeto de Francisco. Nasceu em Assis, em 1193[86]. Cresceu no ambiente feudal, no castelo dos pais, cujo clã pertencia às vinte famílias mais nobres de Assis. Aos poucos foi tomando conhecimento dos passos dados pelo conterrâneo. Talvez o tenha ouvido a pregar em São Jorge ou São Rufino, e depressa compreendeu a originalidade do caminho de Francisco, e sentiu-se desafiada.

"O que mais a seduzia era a pobreza, vivida à imitação de Cristo, como caminho para uma verdadeira fraternidade"[87]. Foi através de Francisco que descobriu que *"O Filho de Deus se fez nosso caminho;*

---

[84] 1C 18. Cf. MANSELLI, R. *Franziskus, der solidarische Bruder.* Op. cit., p. 171.

[85] Cf. 2C 18,7; TCL 14.

[86] Seguimos a nova cronologia, de acordo com as últimas investigações. Sobre o assunto, cf. KUSTER, N. & KLEIDER-KOS, M. Neue Chronologie zu Clara von Assisi. In: *Franziskanische Forschung, Klara von Assisi, zwischen Bettearmut und Beziehungsreichtum* – Beiträge zur neueren deutschsprachigen Klara-Forschung. Münster: Aschendorff-Verlag, 2011, p. 287-326 [Bernd Schmies, vol. 51]. O texto foi publicado a primeira vez em 2007 em *Wissenschaft und Weisheit*, n. 7, p. 3-61. Ao longo do texto citaremos como *Neue Chronologie...*

[87] LECLERC, E. *Retorno ao Evangelho...* Op. cit., p. 171.

e nesse caminho fui esclarecida e orientada, por palavras e exemplos, pelo bem-aventurado Pai Francisco, que tanto amava e procurava imitar o Senhor"[88], como diz no seu Testamento.

Pouco tempo depois, influenciada também pela entrada na fraternidade do seu primo Rufino, dá o passo decisivo da sua consagração[89].

Em Clara e Francisco, é o mundo feudal em crise que se encontra, a nobre e o burguês. Juntos vão lutar, e lutar muito, por encontrar um caminho novo de consagração.

2 O caminho de Clara

Para a mulher daquele tempo, o único caminho de consagração reconhecido era a clausura das monjas de tradição beneditina. Até o século XI, os mosteiros femininos no Ocidente eram pouco numerosos e com poucos membros.

A partir do século XI, notam-se algumas tentativas de renovação no monaquismo tradicional. O Movimento de Cluny teve influência no surgimento do monaquismo feminino no século XII, com alguma originalidade; a fundação de Fontvrault de Robert d'Abrissel, que em 1100 fundou um mosteiro múltiplo, onde viviam, em edifícios separados, uma comunidade de virgens, uma de viúvas, uma de prostitutas convertidas, uma de leprosos e uma de monges. Todos viviam sob a autoridade de uma abadessa, de preferência uma viúva, por causa de maior experiência na administração. Houve várias comunidades femininas na França e na Inglaterra[90]:

• a congregação de Paracleto, fundada por Abelardo, sendo Abadessa Eloísa, em 1129, e confirmada por Inocêncio II, em 1131. A congregação durou até 1793;

• mosteiros duplos, com os religiosos vivendo a Regra de São Bento e as religiosas vivendo a Regra de Santo Agostinho, nas-

---

[88] TCL 5.
[89] Cf. LCL 5.
[90] Sobe as várias formas de monaquismo feminino nos séculos XII e XIII; cf. LECLERCQ, J. *Movimento religioso...* Op. cit., p. 61-99. • MANSELLI, R. *Franziskus, der solidarische Bruder.* Op. cit., p. 155-158.

ceram na Inglaterra em 1171, fundados por São Gilberto. No século XII chegaram a ser 12 comunidades.

Em 1147, a Ordem de Cister começou a aceitar mosteiros femininos filiados. Mosteiros duplos foram fundados por São Norberto, fundador dos premonstratenses.

Não obstante estas tentativas de renovação, podemos dizer que no século XIII o monaquismo feminino estava em decadência. As instituições tradicionais não estavam em condições de responder ao desafio de novas experiências religiosas, pedidas pelas mutações sociais que estavam acontecendo.

Em grande parte, eram mosteiros familiares, fundados por uma determinada família nobre, onde entravam as jovens da família, umas até ao casamento, e outras até à profissão. Havia três tipos de monjas:
- as monjas propriamente ditas, que professavam uma regra aprovada;
- as canónicas que, tal como os canónicos, viviam em comum e conservavam os seus bens;
- as reclusas, que viviam na solidão de uma cela, próximas de uma capela ou mosteiro.

O grande perigo dos mosteiros clássicos era a grande influência que neles tinha a nobreza. A nobreza escolhia as abadessas e marcava o ritmo de vida, muitas vezes nada evangélica. Muitas mulheres entravam forçadas pelo contexto familiar sem se colocar sequer o problema da vocação.

Daí uma alteração grande na compreensão da clausura. Na tradição beneditina saía-se da clausura sempre que necessário. Nesta nova situação, a clausura foi cada vez mais reforçada e rígida (a estrita clausura), não por razões místicas, mas por razões de segurança. Mesmo que muitas vezes se apresentassem razões de ordem mística, a razão principal desta rigidez era preventiva, para evitar a fuga de muitas monjas, que entravam sem vocação e contra a própria vontade.

Alexandre III, papa entre 1159 e 1181, foi o primeiro papa a intervir na questão da clausura dos monges, a propósito dos gilbertinos. Em 1298 Bonifácio VIII promulgou legislação universal sobre o assunto. A bula de Bonifácio VIII começava com as palavras *"Pericoloso ac detestabili quorundam monialium statui"* (conduta detestável e perigosa de certas monjas)[91]. É esta conduta detestável que obrigou a regras de clausura mais rigorosas, que a Santa Sé, mais tarde, quis impor também às novas comunidades saídas do movimento pauperístico.

Quando Clara se converteu, isto é, quando deixou o mundo e se consagrou em São Damião, não procurou nenhum dos mosteiros existentes nas proximidades de Assis, nem procurou nenhuma das comunidades das beguinas, que também existiam em Assis. Foi ter a Santa Maria dos Anjos, significando assim que se queria integrar na nova comunidade iniciada por Francisco.

Era o culminar de um tempo de discernimento. Entre 1206 e 1211, Clara conhece Francisco e encanta-se com a novidade da vida evangélica e no dizer de Celano *"devido aos estimulantes conselhos de Francisco, se tornou causa e modelo de progresso espiritual para incontáveis almas"*[92].

A entrada de Clara em Santa Maria dos Anjos foi um passo decisivo na busca de algo novo na Igreja, que só terminou no fim da sua vida. Tudo começou sob o signo da novidade.

No Domingo de Ramos de 1211, a 27 de março, pela calada da noite, deixa a sua casa sem avisar a família e foge para Santa Maria dos Anjos. Nessa fuga, Clara imita o gesto mais espetacular de Francisco, de despojamento perante o bispo de Assis[93]. Depois de ter vendido todo o seu dote familiar e dado aos pobres, naquela noite também ela se desfaz de tudo, para seguir o seu Senhor.

Ao sair da casa paterna, Clara segue o mesmo caminho dos irmãos, renuncia a toda a riqueza familiar e escolhe o caminho da pobreza voluntária. Qualquer atitude semelhante ainda hoje seria escandalosa.

Em São Damião recebe novas vestes e são-lhe cortados os cabelos, sinal de consagração. Indo contra todos os cânones, Francisco recebe a consagração dessa mulher, algo que só aos bispos era permitido fazer[94]. Francisco era um simples leigo.

---

[91] Cf. LECLERCQ, J. *Movimento religioso...* Op. cit., p. 85.

[92] 1C 18.

[93] LCL 7.

[94] BLC 8; PCL VII, 5. Celano, na *Legenda de Clara*, não dá a notícia de que Francisco lhe tivesse cortado os cabelos, pensando talvez que esse gesto ia contra as normas da Igreja. É de salientar que o papa, na *Bula de Canonização* (8), tivesse recordado esse fato.

"Clara não era uma das jovens, cujos progenitores dirigiam as filhas para a vida monástica: era uma jovem donzela que fugia de casa, arrastando consigo o desprezo e a reprovação de todas. Francisco não era um bispo – a quem normalmente estava reservada a consagração das virgens –, nem sequer era sacerdote; quer dizer que ele, simples leigo, se arrogou no direito de consagrar Clara ao Senhor"[95], inventando um rito próprio de consagração.

Esses gestos, pouco comuns, significam que algo de totalmente novo estava nascendo. Clara irá defender esta novidade até o fim dos seus dias, não aceitando ser incluída em nenhuma das tradições monásticas da época, nem em grupos criados por Roma para as mulheres dos movimentos penitenciais.

Seguiu-se um tempo de busca, como que um noviciado que teve dois momentos contraditórios: "o monaquismo tradicional da Ordem Beneditina (São Paulo), e a reclusão urbana do movimento penitencial das "bizocas" de Santo Ângelo. A comunidade que Clara ia fundar, era a superação destes dois contrários"[96].

Santa Clara, na hora de escolher um caminho de consagração, tem à sua frente algumas opções seguidas no seu tempo, umas vindas da tradição monástica, outras que se iam afirmando dentro do movimento pauperístico de leigos e leigas cristãs.

O fato de se fixar em São Damião, local situado nos arredores de Assis, próximo dos excluídos da cidade, bem perto dos leprosos que ela visitava enquanto vivia em casa, significa também algo importante para a nova forma de vida. Escolhe uma fraternidade de vida simples, aberta aos mais pobres, uma fraternidade que resplandece para o exterior e se abre a todos os necessitados.

Qual era o grande segredo desta novidade? "O segredo reside no fato de ela ter sabido dar à contemplação uma característica e uma cor tipicamente evangélica. Nota-se que tanto o substantivo 'contemplação' como o verbo 'contemplar' têm uso muito restrito no vocabulário espiritual de Francisco e de Clara.

---

95 BARTOLI, M. *Clara de Asís*. Op. cit., p. 75.
96 ZAVALLONI, R. *La personalità...* Op. cit., p. 105.

Para eles a contemplação não consistia numa atividade mística extraordinária, reservada a uma elite que usufruísse dos privilégios de cultura e lazer. Pelo contrário, era algo que se misturava com a vida quotidiana e banal, que se confundia com a humilde realidade das coisas familiares e das tarefas diárias. Era um bem ao alcance dos pobres, dos humildes e dos necessitados, aos quais, em virtude da sua situação, é mais fácil descobrir o rosto humano e humilde do próprio Deus"[97]. Citando o Papa Francisco, é *"a santidade ao pé da porta"* que mais interessa à Igreja[98]. É pela vida minúscula de todos os dias, é nos gestos simples, que o Espírito de Deus se revela e se torna presente no mundo.

Depois do Concílio de Latrão (1215) ter definido que qualquer nova ordem religiosa devia optar por uma das Regras já existentes, "para Hugolino, a opção pela vida religiosa tinha de ser opção pela reclusão, a mortificação e renúncia às próprias funções vitais, como o ver e o ouvir. Para Clara, a vida religiosa é exatamente o contrário; é plenitude de vida de um homem ou de uma mulher; a sua reclusão é abertura ao mundo; o seu isolamento é plenitude de comunhão espiritual"[99].

Por isso ela rompe este esquema e cria uma nova forma de vida religiosa feminina, baseada no mesmo projeto de Francisco. A Santa Sé, e até alguns setores da fraternidade franciscana, quiseram submeter Clara à autoridade de outros mosteiros, tentando convencê-la a aceitar a forma de vida monacal. Mas Clara escolheu o seu próprio caminho, dentro da fraternidade de Francisco.

Em 1209, Francisco desloca-se a Roma com os primeiros irmãos, para obter de Inocêncio III autorização para seguir o caminho da pobreza de Nosso Senhor Jesus Cristo. Perante o poderoso Inocêncio III, o humilde Francisco como que representa todos os grupos de leigos, que, por toda a Europa, exigem caminhos novos do seguimento de Cristo pobre, e novas formas de anunciar o Evangelho

---

[97] LECLERC, E. *Retorno ao Evangelho...* Op. cit., p. 173-174.
[98] PAPA FRANCISCO. *Alegrai-vos e exultai*, n. 5.
[99] BARTOLI, M. *Clara de Asís*. Op. cit., p. 144.

numa sociedade em transformação. Inocêncio III, apesar de muitas pressões, soube acolher esta forma nova de consagração[100].

Quando, em 1253, o poderoso Papa Inocêncio IV sai dos seus aposentos papais, da recém-consagrada Basílica de São Francisco, em Assis, e vai ao encontro de Clara, em São Damião, na véspera da sua morte, e aprova a primeira Regra para a vida religiosa feminina escrita por uma mulher, é a Igreja que se rende ao caminho de Clara, aprovando uma forma nova do seguimento de Jesus Cristo, pela qual ela lutou durante mais de 40 anos.

Na segunda parte vamos acompanhar Clara na forma como soube afirmar o seu caminho específico perante a Igreja e a Ordem dos Frades Menores, na fidelidade à intuição do Espírito Santo.

---

[100] Cf. 1C 32-33. • ALVAREZ GÓMEZ, J. La pobreza contestatária en torno de Pedro Valdés y Francisco de Asís. In: *Selecciones de Franciscanismo*, 47, 1987, p. 268: "Quando em 1209 e 1215, Francisco e Domingos de Gusmão pedem a aprovação as suas Ordens religiosas, significava o reconhecimento oficial na Igreja do valor da vida pobre em comunidade, da pregação itinerante e mendicante, que tantos sofrimentos custaram a muitos cristãos despertos, vítimas da incompreensão... da Igreja" [Trad. do autor].

Parte II

Carisma

ABCD# Introdução

Passados 800 anos, o interesse pela figura de Clara de Assis e pelo papel que teve na renovação da vida religiosa do seu tempo continua a mobilizar os investigadores.

Efetivamente, passados oito séculos, ela ainda consegue surpreender os estudiosos, que continuam a publicar coleções de estudos, com milhares de páginas, novas biografias e estudos temáticos, que abordam novas questões sobre o carisma e a espiritualidade de Santa Clara de Assis?

Alguém dizia que Clara de Assis é mais amada do que conhecida e que, muitas vezes, ficou na sombra do grande irmão, Francisco de Assis. Será que ainda tem muito para nos revelar?

Todos estamos de acordo de que se iniciou com Francisco de Assis uma nova forma de vida religiosa masculina, muito diferente da tradição beneditina, que durante séculos marcou a Igreja ocidental.

Mas, quando falamos de Santa Clara, detemo-nos, às vezes, mais em aspectos do floreado hagiográfico, sem nos darmos conta da real importância que teve a comunidade das *Irmãs Pobres de São Damião*, por ela fundada, para a vida religiosa feminina na Igreja ocidental.

Mas se nos concentramos nos textos que temos disponíveis, poucos, mas de grande importância histórica e profundidade espiritual, começamos a descobrir o papel importante que Clara teve na Igreja e dentro do movimento franciscano, em particular, e na vida religiosa em geral. Ela foi das poucas mulheres, do seu tempo, que nos deixou escritos: uma *Regra*, um *Testamento*, cinco *cartas a Inês* de Praga e uma *bênção* final.

Mas temos outros textos de grande relevância, como o *Processo de Canonização*[101], com os depoimentos de vinte pessoas, a maior parte Irmãs de São Damião, que testemunharam sobre juramento, perante a autoridade eclesiástica, em vista à canonização de Clara, e que nos ajuda a conhecer o trajeto que Clara percorreu, para ver reconhecido seu carisma.

Percorrendo o *Processo de Canonização e a Legenda* à qual deu origem, descobrimos a imagem de uma mulher corajosa, com um pensamento autônomo, sem deixar de estar em comunhão com Francisco de Assis.

Estamos perante uma mulher decidida a percorrer o seu próprio caminho, mesmo quando todos, à sua volta, lhe colocavam barreiras difíceis de ultrapassar. Uma lutadora, que nunca desistiu de ver reconhecida a *Forma de Vida* legada por Francisco, que culminou com a aprovação da primeira Regra para a vida religiosa feminina, escrita por uma mulher.

Ela não é só a fundadora de uma comunidade religiosa; ela é a fundadora de uma forma nova de vida religiosa feminina na Igreja ocidental, tal como Francisco o foi para a vida religiosa masculina.

---

[101] Versão portuguesa do Processo de Canonização em CORREIA PEREIRA, J.A. *Fontes Franciscanas II...* Op. cit., p. 133-216. Sobre a autenticidade, valor teológico e histórico do Processo de Canonização, cf. GUIDA, M. "Se non per laude tantum Sancta Madre" – El Processo de Canonización de Clara de Assis I. In: *Seleccones de Franciscanismo* I, n. 127, 2014, p. 109-150. • GUIDA, M. "Se non per laude tantum Sancta Madre" – Las hermanas menores en Processo de Canonización de Clara de Assis II. In: *Selecciones de Franciscanismo*, n. 128, 2014, p. 247-328. Estudos que se completam, o primeiro mais dedicado aos fundamentos históricos e o segundo que se debruça mais sobre o sentido teológico do *Processo*.

I
As etapas de um carisma

1 Uma cidade brilhante

"A velocidade perfeita é estar", percebeu Fernando Capelo Gaivota. O santo é alguém que vive à velocidade perfeita, bem misturado com a vida concreta, sempre com capacidade de escuta, bem encarnado na realidade histórica, sempre atento aos sinais dos tempos, olhando os acontecimentos com os instrumentos da fé: a Palavra que ilumina, a oração que centra no essencial e cria espaço para a escuta. Os santos só se evadem dos acontecimentos, para procurar respostas mais profundas. Por isso, eles são as criaturas mais ousadas e inovadoras da história.

Clara e Francisco são cristãos de Assis, num momento de profunda transformação. Perante os desafios com que a história e a fé os confrontaram, não fugiram da cidade, só se afastaram para a periferia para, dali, buscarem respostas evangélicas para situações novas e desafiadoras. Sem conhecer um pouco da cidade de Assis, não conheceremos bem Clara de Favarone.

Assis fica situada numa elevação, a 280m acima da planície do Valle Umbra, lá onde o Rio Topino se encontra com o Chiascio, enquadramento natural evocado por Dante na *Divina comédia*, como lembra Vauchez na sua biografia de Francisco: "Entre Tupino e a água que desce da colina... Quem falar deste lugar não se contente de chamar-lhe Assis, que diria pouco, mas Oriente, se quer dar-lhe o verdadeiro nome"[102].

---

[102] Entre Tupino e a água que desce da colina / querida do bem-aventurado Ubaldo, / uma fértil costa do alto monte pende, / que faz sentir o frio e o calor a Perúgia / pela Porta do Sol; do outro lado gemem / sob um tirânico jugo Nocera com Gualdo. // *Desta*

No tempo de Clara, Assis era uma cidade pequena, com dois a três mil habitantes, onde quase todos se conheciam. Fazia parte de uma diocese que, no século XIII, teria quinze mil crentes[103]. As muralhas que atualmente contornam a cidade são da Idade Média e cobrem o dobro da área da povoação dos inícios do século XIII.

Dentro das muralhas medievais ficava a Igreja de Santa Maria Maior, a primeira catedral, cuja fundação se atribuía a São Sabino (século IV), o palácio do bispo, e a catedral atual de São Rufino, cuja construção se iniciou em 1140 e terminou em 1210, com dinheiro da comuna. No século XII, os dois principais centros religiosos de Assis eram São Rufino, a catedral, que segundo a tradição tinha recebido as relíquias do santo, martirizado por volta de 238, e a grande Abadia de São Pedro, símbolo do poder monacal.

A Igreja de São Jorge, onde Francisco recebeu as primeiras letras, e que foi demolida em 1259, para dar lugar à Igreja de Santa Clara, ficava fora das muralhas primitivas. No século XII tínhamos a Piazza del Mercato, rodeada por torres fortificadas, pertencentes às famílias nobres. Estas fortificações foram arrasadas pela sublevação popular, em 1197.

Na Idade Média, contornando a montanha, fora da cidade, ficava a Via Francigena, rota comercial que unia a região com Roma, a sul, e as regiões da Toscana e Lombardia, a norte. Situada a meio do caminho entre as cidades maiores da região, Perúgia, a noroeste, e Foligno, a sudeste, que levava a Espoleto, na antiga via Flamínia, que se dirigia para a costa do Adriático, e o Vale do Tibre, Assis, a cidade de Clara, era também, no século XIII, uma etapa para os peregrinos que se dirigiam a Roma e à Terra Santa.

A morte do Imperador Henrique VI, filho de Barba-Roxa, em 1197, cujo filho só tinha 3 anos, trouxe dificuldades na sua sucessão.

---

costa, onde o declive é mais suave, / Veio ao mundo um sol tão luminoso, / como o que ao Ganges às vezes ilumina. / Quem falar deste lugar não se contente / De chamar-lhe Assis, que diria pouco, mas / Oriente, se quer dar-lhe o verdadeiro nome (DANTE. *Divina Comédia* – Paraíso, XI, 14-21. Trad. Prof. Marques Braga. Sá da Costa, 2010). Todas as biografias de Francisco e Clara nos fazem o enquadramento de Assis no tempo em que eles lá nasceram. Chamamos atenção para as mais recentes, publicadas em Portugal: THOMPSON, A. *São Francisco de Assis, uma nova biografia* – O homem por trás da lenda. Lisboa: Casa das Letras, 2012. • VAUCHEZ, A. *Francisco de Assis, entre história e memória*. Instituto Piaget, 2013. • CREMASCHI, C.G. *Clara de Assis...* Op. cit.

[103] Cf. VAUCHEZ, A. *Francisco de Assis...* Op. cit., p. 28.

Os Hohenstaufen e os Guelfos lutavam pelo trono, trazendo à Europa um tempo largo de ausência de autoridade imperial, aproveitada pelas forças em confronto, ciosas de consolidar as suas posições.

Isso contribui, também, para que o poder do papa se consolidasse cada vez mais. E ajudou a que o movimento das comunas afirmasse cada vez mais a vontade de lutar pela liberdade, em relação aos senhores feudais[104].

Assis, situada no cruzamento de muitos caminhos, foi, efetivamente, um palco onde as forças em confronto se enfrentaram: a nobreza, os *maiores*, com os cavaleiros, que defendiam direitos ancestrais, ora ligados ao papa, ora passando para o lado do imperador; a burguesia, os *minores*, comerciantes, cada vez mais ricos, a exigir mais responsabilidade social e mais poder[105].

Assis, ora estava do lado do imperador, ora se colocava do lado do papa, conforme os resultados das lutas entre as partes. Quando Clara nasceu, era o Conde Konrado de Urslingen, o representante do imperador, que governava a cidade e garantia a paz entre as partes: nobreza, alto clero e burgueses.

A paz social começou a ser posta em causa, quando os comerciantes, classe nitidamente em ascensão, cada vez com mais capital, começou a comprar terrenos, até então pertencentes à nobreza, e a construir casas cada vez mais luxuosas.

Efetivamente, para manter o estatuto, os nobres viram-se obrigados a vender aos burgueses parte dos seus haveres, o que os deixava cada vez mais debilitados, política e economicamente. Era o dinheiro que, em Assis, começava a marcar o estatuto familiar, como sinal de riqueza.

Eram sinais de uma sociedade feudal em decadência e do poder comunal em ascensão. Vítima desta situação, o povo simples, operários dos vários setores, dominados pela burguesia, e camponeses ao serviço dos senhores, mas sobretudo a grande multidão de mendigos, cada vez com menos proteção, sofria nas periferias.

Logo a seguir à morte de Henrique VI, os populares de Assis, numa afirmação clara das intenções da comuna, destruíram a forta-

---

[104] KÜNG, H. *O cristianismo...* Op. cit., p. 373.
[105] Cf. THOMPSON, A. *São Francisco de Assis, uma nova biografia...* Op. cit., p. 19-25.

leza e assaltaram as casas fortificadas da aristocracia nobre, enquanto os camponeses destruíam várias casas nobres espalhadas pela planície de Assis. Instalava-se a guerra entre a burguesia e a nobreza.

Na realidade, enquanto o ideal da cavalaria despertava cada vez mais entre a juventude burguesa, como aconteceu a Francisco de Bernardone, muitos cavaleiros nobres refugiavam-se em Perúsia, mais fiel ao poder papal, com os seus familiares, como aconteceu com a família de Clara de Favarone.

Uma vez em Perúsia, os *maiores* de Assis, aliados à nobreza local, formaram uma aliança, declarando guerra aos burgueses, os *minores* de Assis, tentando recuperar os haveres saqueados e destruídos pela comuna. Nesta guerra esteve envolvido o recém-armado cavaleiro Francisco, filho do comerciante Bernardone[106].

A guerra entre Perúsia e Assis teve o seu auge na Batalha de Collestrada, em 1202, com a derrota das milícias burguesas. A contenda terminou com um tratado de paz, em 1203. Muitos jovens foram feitos prisioneiros, entre eles Francisco de Bernardone, então com 20 anos.

A família de Clara viveu em Perúsia durante o exílio. Não sabemos bem em que ano deixou Assis. Sabemos que a família deve ter regressado em 1205, 2 anos depois da paz, de 1203.

O texto do tratado encontra-se nos arquivos de Assis e contém várias normas, contra os defensores da comuna. Os burgueses, derrotados em Collestrada, foram obrigados a reconstruir os palácios e os castelos dos nobres, e a reconhecer-lhes parte dos privilégios antigos. Como parte desse pacote de intenções, os nobres libertaram muitos servos, que viram os seus direitos civis reconhecidos[107].

Em 1204, o representante do papa, Cardeal Leão Brancaleone, recebeu em Assis o juramento de cinquenta nobres. No entanto, impõe que a eleição do podestá seja ratificada por Roma e nomeia Geralde Gislerio, de Espoleto, como cônsul à frente da cidade.

---

[106] Cf. 2C 4. Pedro Bernardone não seria um industrial de têxteis, como sugere, p. ex., o filme *Irmão Sol, Irmã Lua*, mas, antes, um revendedor que comprava em zonas industriais e revendia aos seus fregueses. Cf. VAUCHEZ, A. *Francisco de Assis...* Op. cit., p. 29.

[107] Cf. CREMASCHI, C.G. *Clara de Assis...* Op. cit., p. 22-24.

A partir de então, as relações tensas entre os *maiores* e os *minores* de Assis entraram em fase de paz negociada, que só terminou com a assinatura de uma carta de intenções, a *Pax et Concordia*, de 9 de novembro de 1210.

A carta, de 1210, une nobres e burgueses numa comuna que substituiu a autoridade dos senhores feudais. Ambas as classes, nobres e burgueses, fazem juramento de fidelidade à comuna.

Em 1212 foram assinados os Estatutos do cidadão (*Statuti cittadini*). Entretanto, nesse mesmo ano, a comuna compra o Templo de Minerva à Abadia do Subásio e constrói, ali, a Câmara municipal com a sua torre. Assis torna-se uma cidade autônoma, onde coabitam as duas classes dominantes da cidade, burgueses e nobres[108].

No entanto, nem todos são chamados a participar nas decisões políticas da cidade. As senhoras da nobreza, encerradas nos castelos, estão excluídas das decisões políticas, e os *villani*, servos da gleba a serviço dos mais poderosos, continuam sem quaisquer direitos sociais.

Nos anos depois da guerra, enquanto se discutiam os acordos de paz, algo novo estava brotando em Assis. Em 1206[109], Francisco, cavaleiro derrotado, filho do comerciante de panos Pedro de Bernardone, deixa a casa paterna e começa a reparar algumas capelas nos arredores de Assis. Em 1208 juntam-se a ele alguns jovens da cidade, entre eles Rufino, primo de Clara.

Em 1209, o grupo reunido em torno de Francisco, recebe de Inocêncio III autorização para pregar a penitência[110].

Clara, já com idade para casar, inicia, nessa ocasião, (1209/1210), os primeiros contatos com Francisco. Enquanto os grupos em contenda negociavam tratados de paz para as gentes de Assis, Francisco, o filho do comerciante burguês, e Clara, encerrada no seu castelo com todos os privilégios da nobreza, sonhavam com outros caminhos de paz e reconciliação.

---

108 Cf. KUSTER, N. *Franz und Klara von Assisi* – Eine Doppelbiografie. Ostfildern: *Grünewald*, 1212, p. 26.
109 KUSTER, N. & KLEIDER-KOS, M. Neue Chronologie... Op. cit., p. 297.
110 Cf. TC 46; 1C 32.

II
Na casa materna (1193-1211)

1 O contexto familiar de Clara

Clara nasceu no ano de 1193, segundo uma antiga biografia, a 20 de janeiro[111], em Assis[112] (11 anos depois do nascimento de Francisco), no castelo da família de Offreduccio (1146-1177), seu avô paterno. Filha de Hortulana e do cavaleiro Favarone, pertencia a uma das vinte famílias nobres mais importantes de Assis[113].

A nobreza da família de Clara leva-nos até Rapizone I, Conde de Todi († 1057)[114]. Favarone era o mais novo de cinco irmãos, Monaldo, Paolo, Ugolino e Scipione, o pai de Fr. Rufino.

---

[111] CREMASCHI, C.G. *Clara de Assis...* Op. cit., p. 25.

[112] Na cronologia de Clara, seguimos o estudo de KUSTER, N. & KLEIDER-KOS, M. Neue Chronologie... Op. cit., p. 288-326. Durante cerca de 50 anos aceitou-se como dado conclusivo a datação da vida de Clara proposta em HARDIK, L. Zur Chronologie im Leben der hl. Klara. In: *Franziskanische Studien*, 35, 1953, p. 174-210, esp. p. 197-210. Com a biografia de Bartoli sobre Clara de Assis, muitas datas começaram a ser revistas. Em 2003 novos dados eram apresentados em BOCCALI, G. *Santa Chiara sotto Processo – Lettura storico-teologica degli Atti di canonizzazione*. Assis, 2003, p. 37-43. Bartoli partiu de uma análise mais cuidada do *Processo de Canonização* e das datas transmitidas pelos vários testemunhos. Boccali seguiu o mesmo caminho. Também Kuster e Kreidler-Kos, em 2006, partindo de uma análise mais aprofundada do *Processo*, dão-nos novas luzes sobre as datas que abrem novas perspectivas para a compreensão da vida de Clara. Assim, desde Hardik a data do nascimento era colocada em 1194. A nova cronologia dá, agora, o ano de 1193 como certo.

[113] O *Processo de Canonização* é a melhor fonte sobre a vida de Clara e suas origens familiares. Sobre a família disse a primeira testemunha: "...Clara nasceu de família nobre, de pai e mãe honrados, e que o pai foi cavaleiro e se chamava Favarone" (PCL 1,4). Sobre o Processo de Canonização cf. GUIDA, M. "Se non per laude tantum Sancta Madre" – El Processo de Canonización... Op. cit., p. 109-150. • GUIDA, M. "Se non per laude tantum Sancta Madre" – Las hermanas menores... Op. cit., 247-328. No primeiro trabalho, o autor faz um estudo comparado entre o *Processo* e a *Legenda* que tira todas as dúvidas sobre a autenticidade do *Processo*.

[114] Fundador da linhagem, pai de Crescenzio, que foi pai de Rapizone II, bisavô de Offreduccio. Offreducio foi pai de Favarone, Monaldo Paolo, Ugolino e Scipione.

A casa onde Clara e as duas irmãs, Catarina (nascida em 1195) e Beatriz (nascida depois de 1205)[115], viveram, ficava muito próximo da torre da Catedral de São Rufino[116]. Era uma das grandes casas da aristocracia citadina, que dominava Assis havia mais de 50 anos, um palacete em forma de torre, cuja altura indicava o poder da linhagem.

Em cada torre, com uma porta única, viviam as várias famílias do clã, governada pelo pai ou irmão mais velho, e um sem-número de servos e servas da família. Aos filhos do clã competia participar na defesa da cidade, eram cavaleiros dispostos a servir o senhor e a defender os seus direitos. Na casa de Clara havia sete cavaleiros, nobres e poderosos[117], sob as ordens de Favarone.

Clara, filha de Favarone, o chefe de família, e Hortulana, descendia, pois, das famílias mais nobres e poderosas de Assis. O ambiente da casa manifestava alguma opulência, onde se faziam gastos avultados, e os alimentos que davam eram próprios de uma casa farta, como testemunha no Processo João Ventura, homem de armas na casa[118]. Favarone, segundo testemunha um vizinho, era nobre, grande e poderoso na cidade[119]. No entanto, na vida de Clara, o pai parece ter sido uma figura muito ausente.

A guerra em Assis, entre os *maiores* e os *minores*, fez com que a família de Clara entrasse no século XIII, já em Perúsia[120]. Antes de se instalarem em Perúsia passaram algum tempo em Coccorano, a

---

Sobre o quadro genealógico de Clara, cf. KUSTER, N. *Franz und Klara von Assisi* – Eine Doppelbiografie. Op. cit., p. 205.

115 Cf. KUSTER, N. & KLEIDER-KOS, M. Neue Chronologie... Op. cit., p. 296.

116 No arquivo da cidade se encontra um contrato da cidade com a família dos Favarone, na qual estes se comprometiam em que a torre do seu castelo não fosse mais alta do que a torre de São Rufino, para não tapar a torre da igreja. Depois de alguns terremotos, não há vestígio exterior da casa. Cf. KUSTER, N. *Franz und Klara von Assisi* – Eine Doppelbiografie. Op. cit., p. 22.

117 Cf. PC 19,1.

118 Cf. PCL 20,3.

119 Cf. PCL 19,1.

120 A estadia de Clara em Perúsia, de 1199 até 1205, é defendida por KUSTER, N. & KLEIDER-KOS, M. Neue Chronologie... Op. cit., p. 296. Cf. BARTOLI, M. *Clara de Asís*. Op. cit., p. 39, nota 27. Citando Fortini, defende que esteve em Perúsia, pelo menos de 1203 a 1205. Kuster, na recente dupla biografia, à p. 27, fala em torno de 1200.

norte de Val Fabbrica, numa propriedade familiar[121]. O regresso a Assis deve ter acontecido em 1205, 2 anos depois do acordo de paz assinado entre *maiores* e *minores*, que obrigava estes a restaurar os castelos da nobreza, destruídos em 1199.

A vida no castelo familiar em Perúsia teria o mesmo ambiente de Assis. No entanto, a estadia em Perúsia contribuiu muito para o crescimento interior e abertura de horizontes de Clara, que ali viveu dos 7 aos 12 anos, tempo importante para a formação do caráter de uma jovem medieval.

Para ocupar o tempo e manter a boa disposição das esposas, filhas e sobrinhas, em ambiente de exílio, cuidou-se de criar condições para uma formação e ensino. Em Perúsia deve ter aprendido a arte de tricotar, que enobrecia as famílias nobres, e que Clara havia de praticar durante os anos em que viveu em São Damião.

Eram convidados clérigos que vinham a casa para ensinar a ler e escrever e aprender latim, com leituras de vidas de santos, mormente de São Rufino, padroeiro de Assis e das sagas de heróis como do Rei Artur e Carlos Magno, os cavaleiros da Távola Redonda, Tristão e Isolda, que lembravam a coragem dos cavaleiros e as damas nobres que esperavam os heróis, depois das batalhas[122]. Era a cultura cortesã e cavaleiresca que formava a juventude medieval, sobretudo em tempo de guerra[123].

Era este o contexto cultural em que viveu Clara e que certamente a influenciou. As suas cartas, que foram escritas em latim, estão cheias de citações bíblicas, o que aponta para uma formação cuidada. Sabemos, pela *Legenda* de Celano, que sentia prazer em "*escutar a*

---

121 Ibid.

122 Nunca saberemos ao certo o grau de ensino que Clara teve na sua juventude. Mas tudo indica que a sua cultura era acima da média. Escrevia em latim e nas suas cartas dá sinais de ter algum conhecimento dos clássicos. Feld, na sua obra sobre o movimento franciscano dá conta da citação de uma ode de Horácio, na quarta carta a Inês de Praga e de outros sinais de formação de qualidade. Cf. FELD, H. *Franziskus von Assisi und seine Bewegung*. Op. cit., p. 404-405, sobretudo a nota 18.

123 Sobre a cultura cortesã e hagiográfica no tempo de Clara, cf. BARTOLI, M. *Clara de Asís*. Op. cit., p. 40-46. • BARTOLI, M. El ideal medieval de la cortesia en Francisco y Clara de Asís. In: *Selecciones de Franciscanismo, 108*, 2007, p. 424: "Clara ao abandonar a casa, para seguir o Senhor, não renuncia em absoluto ao ideal cortês, antes o transfigura, depois do encontro com Francisco... Clara descobre que Francisco é mais nobre do que ela, e decide ingressar na sua 'escola' de 'cortesia'" [Trad. do autor].

pregação de entendidos e... sabia buscar nas palavras de qualquer pregador aquilo que servia a sua alma"[124], o que pressupõe preparação escolar de certo nível.

Dentro do espaço do palácio reservado estritamente às mulheres da família, Clara cresceu acompanhada por Hortulana, verdadeira *domina* e senhora do palácio. Pelo que sabemos de Hortulana, era uma mulher relevante; por isso, foi dada em casamento a Favarone, membro de uma das famílias mais nobres de Assis. Nela vemos uma cristã do seu tempo. Apesar de pertencer à nobreza, não viveu uma vida totalmente encerrada dentro dos muros do castelo familiar. Esta ânsia de liberdade ganhou, certamente, novos contornos em Perúsia.

Com o marido ainda mais ausente, ocupado nos afazeres da guerra, Hortulana ganhou novos espaços de liberdade, que a levou ao túmulo de São Pedro, ao Monte Gárgano, no sul da Itália e, por fim, à Terra Santa, e, segundo alguns autores, a Santiago de Compostela[125]. Quantas horas teriam passado as filhas e sobrinhas a ouvir contar as peripécias das viagens, e quantas perguntas respondidas sobre tantas experiências vividas! A *domina* marcou a personalidade das jovens da família dos Offreduccio.

Também as Cruzadas, com a abertura de horizontes que exigiam, contribuíram consideravelmente para uma mudança de mentalidade naquela época. Toda a sociedade medieval de então ganhava novos horizontes, passava as fronteiras, punha-se, efetivamente, em movimento, tornava-se peregrina.

Hortulana mostrava-se uma cristã ousada. Pacífica de Guelfucio, uma grande amiga de Clara, testemunha assim no Processo: "*...afirmou, depois, que nunca viu o pai, mas que conheceu a mãe, de nome Hortulana, com a qual viajou ao ultramar, por piedade e devoção. Também viajaram juntas a Santo Ângelo e a Roma*"[126].

Esta imagem de mulher ousada, livre, aberta à espiritualidade do seu tempo, marcou também a personalidade de Clara. A Ir. Cecília diz

---

124 LCL 37.

125 Cf. KUSTER, N. *Franz und Klara von Assisi* – Eine Doppelbiografie. Op. cit., p. 27.

126 PCL 1, 4. Por ultramar entendia-se, então, a Terra Santa. Em 1192 o Sultão Saladino concluiu um tratado com Ricardo Coração de Leão, pelo qual os cristãos ficavam autorizados a visitar a Terra Santa.

no *Processo*, que se recordava "*...de ter ouvido contar à mãe de Santa Clara, que, durante a gravidez, orando ela* diante do crucifixo *e pedindo ao Senhor que a ajudasse nos perigos do parto, ouviu uma voz dizer-lhe que dela havia de nascer uma grande luz, que iluminaria toda a terra*"[127].

Para além de evidentes imagens da literatura hagiográfica, que sempre marcam as vidas e lendas dos santos medievais, podemos também ver neste episódio marcas de uma espiritualidade nova, como bem anota Bartoli na sua importante biografia[128]. É à cruz e não a um santo qualquer que se dirige a devoção de Hortulana. Nota-se também uma visão aberta de Hortulana, que sente que a filha vai ter uma missão universal. Como o biógrafo insinua, não é difícil vislumbrar aqui os frutos das viagens de Hortulana à Terra Santa.

Ao longo da vida, foram várias as figuras femininas que marcaram presença no caminho de Clara. Lembremo-nos de Bona e Pacífica de Guelfucio, a sua Ir. Inês, como também Inês de Praga.

Hortulana, a "jardineira" como sugere o nome, foi, certamente, a figura feminina que mais influenciou a personalidade da filha. A certa altura da vida, até os papéis de ambas se confundem. Hortulana, a mãe biológica, torna-se também filha e irmã espiritual em São Damião, e Clara, filha biológica, foi mãe e irmã, como abadessa de São Damião. Mesmo em São Damião, Clara dá relevo à mãe.

Quando uma vez, conta a Ir. Amada, trouxeram uma criança doente, Clara benzeu-a com o sinal da cruz, e depois chamou Hortulana, para também a benzer. O milagre aconteceu, graças à bênção de Clara, diz Hortulana, que é contrariada por Clara, que afirma que se deveu a Hortulana. "*Cada uma atribuía à outra a graça recebida*"[129]. Mesmo no Mosteiro de São Damião a relação entre mãe e filha era relevante[130].

---

[127] PCL 6,12.

[128] Aqui, Hortulana, manifesta-se mulher da nova espiritualidade ao dirigir-se diretamente à cruz e não a um santo da sua devoção: "O crucifixo acabou por ser um dos sinais distintivos da nova religiosidade, sobretudo feminina, cristocêntrica e afetiva. P. ex., a devoção ao Crucificado desenvolveu-se muito entre as beguinas". Cf. BARTOLI, M. *Clara de Asís*. Op. cit., p. 50, nota 52 [Trad. do autor].

[129] PCL 4,11.

[130] Hortulana entraria mais tarde em São Damião. Segundo o testemunho da Ir. Cecília (PC 6,12), Hortulana já vivia em São Damião quando Francisco faleceu. Como

A família regressou a Assis em 1205. Provavelmente ainda antes de regressar do exílio, ou pouco tempo depois, nasce a irmã mais nova, Beatriz[131]. Os anos que se seguiram foram de crescimento e maturação. Aproximava-se o tempo das grandes opções de vida. Clara dava sinais cada vez mais evidentes do caminho que desejava seguir.

Muito da vida de Clara é-lhe transmitido no berço familiar. Mas muito do que ia acontecendo na sua vida estava aí, nos contornos de uma sociedade e de uma Igreja em transformação, como os movimentos de penitentes, as comunidades de beguinas, que se formavam no norte da Europa, muitas a serviço dos pobres, e que também iam chegando à Itália.

2 Da casa materna para a vida

Formada na escola de Hortulana, Clara, mesmo encerrada nas ameias do castelo, abria-se a novos horizontes e inquietações. Hortulana era mãe e modelo. Não obstante o isolamento dentro das paredes do castelo, o grito dos pobres de Assis tornou-se uma realidade cada vez mais presente na casa de Clara. Como atesta a Ir. Pacífica, *"Hortulana gostava muito de visitar os pobres"*[132].

É na escola de Hortulana que Clara aprende as atitudes fundamentais da fé cristã:

> *Com coração submisso, recebeu dos lábios da mãe os primeiros rudimentos da fé... Estendia as suas mãos magnânimas aos pobres e, da abundância da sua casa, auxiliava muitos. E... privava o corpo de iguarias delicadas, envian-*

---

o seu nome não aparece no Documento de Venda (FFII, p. 475), supõe-se que a essa altura (8 de junho de 1238) já teria falecido. A Nova Cronologia coloca a entrada de Hortulana em São Damião, provavelmente antes de 1226, antes de Beatriz, que teria casado nessa altura, possibilitando a saída da mãe para São Damião. Beatriz teria entrado em São Damião em 1229, talvez depois de ficar viúva. Cf. KUSTER, N. & KLEIDER-KOS, M. Neue Chronologie... Op. cit., p. 312-313. • KREIDLER-KOS, M. Die Frauenfreudschaften der heiligen Klara von Assisi. In: SCHMIES, B. (ed.). *Franziskanische Forschung*. Vol. 51. Münster: Aschendorf, 2011, p. 23-24. A ideia de que teria mudado de nome é defendida em FELD, H. *Franziskus von Assisi und seine Bewegung*. Op. cit., p. 403, nota 13.

[131] Sobre a data do nascimento de Beatriz, cf. CREMASCHI, C.G. *Clara de Assis*... Op. cit., p. 32, nota 26.

[132] PC I,4.

do-as, às escondidas, por intermediários, para saciar os mais fracos[133].

Aos poucos, os pilares do seu carisma tornavam-se cada vez mais claros: a oração, como escuta do que vem do lado de Deus, e a caridade, que a leva aos mais pobres. E era criativa, tanto na caridade como na oração:

> *Como não dispunha de uma corda de nós para contar os Pai-nossos, usava um conjunto de pedrinhas para se orientar nas suas orações ao Senhor*[134].

Normalmente, encerrada nos limites dos espaços reservados às mulheres, a vida concreta, com os seus dramas, passava ao lado da mulher medieval.

Os raros contatos com a realidade aconteciam aos domingos e festas religiosas, quando as famílias cumpriam o preceito dominical. Aos domingos, Clara certamente se dava conta do grupo grande de pobres à entrada do São Rufino pedindo esmola aos nobres e burgueses, que entravam para os primeiros lugares reservados da catedral. Os pobres entravam depois, ficando ao fundo, nos últimos lugares.

Tudo isso deve ter comovido Clara, e deve ter criado nela uma vontade grande de saber mais, de ter mais notícias sobre as situações humanas que a clausura familiar lhe ocultava. Começou a perceber, certamente, que outras mulheres não viviam encerradas nos seus castelos, mas estavam envolvidas nos negócios dos maridos. Eram as mulheres da burguesia, menos fechadas e mais envolvidas nas coisas da cidade e do comércio. Eram sinais de tempos novos, que se anunciavam na sua cidade.

Era ousada, livre e audaz, quando se tratava de passar os muros para ir ao encontro dos pobres, como lembram algumas de suas companheiras de infância. A Ir. Pacífica de Guelfucio afirma:

> *...que madona Clara amava muito os pobres, e que, pelo seu comportamento, era tida em grande consideração pelos seus concidadãos*[135].

---

133 LCL 3.
134 LCL 4.
135 PCL I,3. Cf. LCL 3.

E João Ventura, um servo da casa, testemunhou esta ousadia, quando se tratava de partilhar a opulência da sua casa com os pobres:

> Clara aproveitava os alimentos próprios desta casa farta para os esconder e guardar. Depois, logo que podia, fazia--os chegar aos pobres[136].

E Bona Guelfucio, que com ela viveu na casa paterna, mas não a seguiu para São Damião, declarou sem rodeios:

> Muitas vezes mandava aos pobres os alimentos que fingia comer. A testemunha confessa que muitas vezes ela mesma levou a comida aos pobres[137].

Aqui, também vemos a influência da mãe, que *"gostava muito de visitar os pobres"*[138].

Não mandava as sobras da casa, nem ia às reservas da despensa procurar víveres para os pobres; antes, fingia comer, para desviar a sua refeição para os pobres. Tratava-se de partilhar algo de si mesma com os mais necessitados.

Aliás, ao contrário de Francisco, que só depois de longa caminhada descobrira os pobres da sua cidade, no encontro com o leproso, foi dentro dos muros do seu castelo que Clara descobriu os irmãos pobres e identificou-se com eles.

É no contato com os pobres, como foi em Francisco no contato com o leproso, que Clara vai crescendo no seguimento de Jesus Cristo, o pobre e humilde. Bartoli, em recente conferência, em Fátima, chamava a atenção para este ponto, que caracteriza a pastoral vocacional franciscana. Primeiro o contato com os pobres, depois a formação cristã e religiosa[139].

Esta identificação fazia com que Clara se unisse aos mais pobres, até no modo de vestir; por isso, ainda em casa, *"usava sob os vestidos uma peça de roupa áspera, feita de pano grosseiro"*[140].

---

136 PCL XX,3.

137 PCL XVII,1.

138 PCL 1,4. Cf. LCL 3.

139 Cf. BARTOLI, M. O léxico pedagógico nos escritos de documentos biográficos relativos a Clara. In: *Cadernos de Espiritualidade Franciscana*, n. 22, p. 17-28. Sobre a pedagogia de Clara, cf. LCL 36.

140 PCL, XX,4. Cf. LCL 4, onde se fala desse gesto como cilício: "Exteriormente aparentava fausto e riqueza, mas por dentro revestia-se de Cristo". O uso de cilícios

Já no mosteiro, várias irmãs constataram que Clara, para além das vestes pobres das irmãs, ainda usava cilícios, que escondia aos olhares curiosos.

Mas não eram só as transformações sociais que abriam novos horizontes. Pouco depois do regresso de Perúsia, em 1205, correm boatos, em Assis, sobre um tal Francisco de Bernardone. Também ele esteve prisioneiro em Perúsia, e constava que dera volta à vida, se separara dos pais e da vida dos negócios, e andava ocupado em restaurar as velhas capelas em torno de Assis.

Bona de Guelfucio, a melhor amiga, lembra-se como Clara acompanhou os passos de Francisco. No Processo deixou declarado que:

> *uma vez, estando ainda no século, Santa Clara lhe confiou certa quantia de dinheiro e mandou que o levasse a Santa Maria da Porciúncula, para comprar carne para os trabalhadores*[141].

Estes dados oferecem-nos informações sobre a personalidade de Clara. Estávamos em 1207, quando Francisco ainda não tinha seguidores, e já vemos Clara, às escondidas, mostrando que estava em sintonia com Francisco, e que era autônoma nas suas decisões[142]. É, sem dúvida, uma das características da sua personalidade, que vai se revelar ao longo da vida, como na questão do casamento, e mais tarde na defesa do seu carisma perante as autoridades eclesiásticas.

Desde que Francisco foi derrubado do seu ginete e se aproximou do leproso, a sua vida mudou. Tudo o que lhe era amargo se transformou em doçura da alma e do corpo[143]. A cena de Francisco perante o bispo de Assis, despindo-se de todos os bens terrenos, para se entregar totalmente nas mãos de Deus Pai, deve ter interpelado toda a cidade. Era inevitável que Clara se sentisse tocada pelos acon-

---

por Clara, no mosteiro, foi revelado por várias testemunhas do Processo. Cf. PCL II,4-7; III,4.

141 PCL XVII,7.

142 Cf. KREIDLER-KOS, M.; KUSTER, N. & RÖTTGER, A. Den armen Christus arm umarmen – Das bewegte Leben der Klara von Assisi: Antwort der aktuellen Forschung und neue Frage. In: *Wissenschaft und Weisheit*, n. 66/1, 2003, p. 6-7. Também foi publicado em SCHMIES, B. (ed.). *Franziskanische Forschung*. Op. cit., p. 75-139.

143 T 1-3.

tecimentos em torno desse louco, apaixonado por Jesus Cristo. João Ventura, o servo da família, lembra-se de que Clara *"logo que conheceu a opção de Francisco pela vida de pobreza, decidiu, no seu íntimo, fazer o mesmo"*[144].

3 A fuga para a liberdade

Deixar o mundo, no tempo de Clara e Francisco, significava entrar numa comunidade religiosa. Francisco vestiu primeiro o hábito de eremita, com bastão, os pés calçados e a correia à cintura. Foi a primeira opção que tomou, quando resolveu sair do mundo[145].

Depois de ouvir a palavra do Senhor, que o enviava a pregar a exemplo dos discípulos, sentiu que era isso que havia de fazer com todas as suas forças. E deixou o bastão, o calçado, o saco e a bolsa de eremita, mandou fazer uma túnica pobre e grosseira e, em vez do cinto, tomou uma corda, fez-se *"...arauto da perfeição evangélica, e começou a pregar a penitência ao povo em linguagem familiar... e as suas palavras não eram frívolas nem ridículas. Cheias da virtude do Espírito Santo, penetravam no mais íntimo dos corações e lançavam o auditório em profundo arrebatamento"*[146].

Francisco, ao deixar o mundo, tinha perante si três opções possíveis de consagração. Podia ingressar numa abadia beneditina, algo que parece ter experimentado no início, como ajudante de cozinha numa das abadias dos arredores de Assis[147]. Podia entrar numa comunidade de cônegos regulares, ou ser eremita. Mas, à medida que

---

144 PCL XX,6.

145 Cf. TCL 25,1; 1C 21,1. Sobre o testamento de Santa Clara, cf. VAIANI, C. *Santa Clara de Asís en sus escritos, II – Testamento.* In: *Selecciones de Franciscanismo,* 31, 2002. • PAOLAZI, C. Testamento de Clara de Asís: Pruebas internas de autenticidade. In: *Selecciones de Franciscanismo,* n. 127, 2014. Um estudo sério e profundo sobre a autenticidade do Testamento de Clara pode ser encontrado em FRESNEDA, F.M. Comentário al testamento de Santa Clara – Parte I: Comentário teológico. In: *Selecciones de Franciscanismo,* n. 128, 2014, p. 169-212. • FRESNEDA, F.M. El testamento de Santa Clara – Parte II: Comentário teológico. In: *Selecciones de Franciscanismo,* n. 129, 2014, p. 407-450.

146 TCL 25,6-7. Cf. 1C 22,4-8.

147 Cf. 1C 16,6.

os irmãos se lhe iam juntando, foi-se definindo o caminho novo de uma fraternidade itinerante a serviço do Evangelho da paz.

Quando Francisco, em torno de 1208/1209, começava a sua vida de peregrino pelo centro de Itália, pregando o Evangelho da paz, Clara tinha 15 anos. A idade para casar.

Para ela, as opções não ofereciam dúvidas. Para as jovens nobres do seu tempo, só havia duas opções: a via do matrimônio, contratado pela família, e a vida monástica, segundo a tradição beneditina.

Para a família de Clara, a opção pelo matrimônio estava tomada. Impunha-se alargar as relações e os negócios familiares com um bom casamento da filha mais velha do cavaleiro Favarone. Não havendo herdeiros masculinos, a esperança dos pais, interessados em celebrar boas alianças matrimoniais, recaíam todas sobre a filha mais velha. Por isso,

> Como era bela de feições, cedo lhe procuraram marido. Muitos dos seus familiares faziam pressão para que consentisse no casamento, mas ela jamais acedeu[148].

Rainério de Bernardo, uma das testemunhas do *Processo*, muito próximo da família, declara que ele mesmo a quis influenciar nesse sentido. "*Mas ela não lhe dava ouvidos, antes pelo contrário, exortava-o a deixar o mundo*"[149]. Também Pedro de São Damião, outra testemunha, o sacerdote que acolheu Francisco depois de ele entregar todos os bens aos pais perante o bispo de Assis, declara que, segundo pode verificar,

> ...os pais e restantes familiares a quiseram dar em casamento, de acordo com a sua linhagem nobre, com homens grandes e poderosos. Mas a jovem, então com 17 anos apenas, nunca consentiu...[150].

Recusar um casamento de acordo com a sua linhagem não era só uma questão pessoal. Para a família, para o tio Monaldo, tratava-se de alargar o poder econômico da família. O conflito na casa dos Offreduccio era comum a muitas famílias, na ocasião do casamento das filhas.

---

[148] PCL XVIII,2.
[149] Ibid.
[150] PCL XIX,2

Aquelas que escolhiam seguir a vida religiosa sentiam muitas vezes a oposição da família. Mas Clara dificultava muito mais as coisas. A sua opção era muito mais radical. Por amor do Esposo celeste, recusava o matrimônio terrestre e recusava entrar num convento de tradição beneditina.

Dentro do seu castelo, Clara toma decisões para a vida e procura viver de acordo com as opções tomadas no seu íntimo, o que não passou despercebido a quantos a conheciam. É isso o que se deduz dos depoimentos que Bona, a melhor amiga, ditou para o *Processo*, declarando

> ...*que na época em que Clara entrou no mosteiro era uma jovem prudente, com 18 anos. Passa os dias dentro de casa, para não ser vista pelos que passavam. E era muito afável, ocupando-se em toda a espécie de boas obras*[151].

Enquanto os familiares procuravam um noivo à altura da sua linhagem, Clara preparava-se para outras núpcias. O Espírito Santo inspirava Clara no caminho a seguir. João Ventura, que tudo podia observar, declarou:

> ...*disse também que jejuava e permanecia em oração e praticava outras obras piedosas, como ele próprio pôde observar. E todos estavam persuadidos de que era o Espírito Santo que a inspirava*[152].

Quando uma jovem escolhia seguir o caminho da vida religiosa, normalmente escolhia um mosteiro clássico, como o Mosteiro de São Paulo das Abadessas, perto de Assis, que Clara certamente conhecia. Nesses casos, a família mostrava-se mais compreensiva.

Mas Clara estava determinada a seguir caminhos diferentes, dificultando ainda mais as coisas para a família.

> ...*resolvida como estava a viver a pobreza, como depois o demonstrou ao vender a sua herança, distribuindo-a aos pobres*[153].

Foi um ato de muita coragem e uma forma atrevida de enfrentar toda a família. Ao vender tudo, descartava a hipótese de entrar num

---

[151] PCL XVII,4. Sobre o sentido das janelas nas sagas dos trovadores. Cf. BARTOLI, M. *Santa Clara de Asís...* Op. cit, p. 52, nota 59.

[152] PCL XX,5.

[153] PCL XIX,2.

mosteiro de tradição beneditina, onde só eram admitidas à profissão candidatas com um dote valioso.

Bem tentaram os familiares resgatar o dote, como afirma a Ir. Cristina:

> Acerca da venda da herança, a testemunha afirmou que os parentes (tio Monaldo) de madona Clara ofereceram um preço mais alto do que os outros. Mas ela opôs-se a que fossem os parentes a comprar, para que os pobres não fossem prejudicados. E todo o dinheiro que recebeu da herança distribuiu-o aos pobres[154].

E não vendeu só a herança dela, mas também parte da herança da sua irmã mais nova, Beatriz.

> Vendeu toda a sua herança e parte da herança da testemunha, e deu tudo aos pobres[155].

Desta forma, abriu uma guerra e colocou-se numa situação difícil perante a família. Ao recusar um matrimônio de conveniência, Clara afirma-se, segundo Zavalloni, "como fundadora de um grande movimento feminino, que ainda hoje agita o mundo. O seu lugar é entre as heroínas da história"[156].

Estávamos no século XII! Obviamente, Clara precisava de aliados para levar a cabo a firme decisão de seguir a pobreza de Jesus Cristo.

Entretanto, em Assis, o grupo que se juntava em torno de Francisco crescia de forma surpreendente. Primeiro Bernardo, doutor de leis, e Egídio, operário, que já em 1208/1209 percorriam a Toscana. Depois entrou Ângelo Tancredo, o primeiro cavaleiro, e Pedro, doutor nos dois direitos, amigo de Bernardo, e Filipe Longo, o primeiro que não era de Assis; Rufino, cavaleiro, primo de Clara, e Leão, um dos primeiros sacerdotes, dois dos mais íntimos de Francisco[157].

---

[154] PCL XIII,11.

[155] PCL XII,3.

[156] ZAVALLONI, R. *La personalità...* Op. cit., p. 88 [Trad. do autor].

[157] O grupo que se juntou a Francisco começou a viver no Vale de Rieti (1C 30,34). Dali partiram para Roma, de onde vieram, no outono de 1209, quando Clara alcançou a idade para casar e decide vender todos os bens aos pobres. Clara toma decisões importantes sobre o seu futuro, por sua própria conta, antes dos primeiros contatos particulares com Francisco, em 1210/1211. Cf. KUSTER, N. & KLEIDER-KOS, M. Neue Chronologie... Op. cit., p. 313.

O que espantava não era só o fato de haver jovens a juntar-se a Francisco, mas que todos eles, oriundos das mais variadas proveniências, fossem capazes de viver em fraternidade.

> *Verdadeiramente, naquele tempo, Francisco e seus companheiros experimentavam uma alegria e um gozo inexprimíveis sempre que alguém, fosse quem fosse, de qualquer proveniência ou condição – rico, pobre, nobre, plebeu, desprezível, estimado, sábio, simples, clérigo, sem cultura – aparecia a pedir o hábito da santa religião, guiado pelo espírito de Deus. Nem a condição humilde, nem a pobreza mais desvalida logravam impedir que fossem incorporados no edifício de Deus, os que Deus nele desejava incorporar, pois Ele compraz-se em estar com os simples e os desprezados deste mundo*[158].

Era como se o tratado de paz assinado pelos grupos em guerra se concretizasse na fraternidade de Francisco, e Assis se reconciliasse consigo mesmo.

Não é possível saber a data segura dos primeiros encontros de Clara com Francisco. Sabemos que Clara *"...logo que conheceu a opção de Francisco pela vida de pobreza, decidiu no seu íntimo fazer o mesmo"*[159], como declara João Ventura no Processo. E a Ir. Amada, prima de Clara, declara que ela *"...que conhecia a sua vida (de Francisco), que ouviu falar da sua conversão, e que madona Clara abraçara a vida religiosa por influência das exortações e pregações de Francisco"*[160].

Nessa fase importante da vida de Clara, Francisco faz o papel de orientador espiritual, como dá a entender Celano, ao afirmar na Legenda que *"Confiava-se inteiramente aos conselhos de Francisco, escolhendo-o, depois de Deus, para mestre na sua caminhada"*[161]. Não encontrando nenhum modelo feminino que a pudesse inspirar, escolhe Francisco como orientador e inspirador.

---

158 1C 31,5.
159 PCL XX,6.
160 PCL IV,2; III,1.
161 LCL 6.

Clara acompanhou os passos de Francisco. Bona dá-nos conta de ter levado carne, certamente porque Francisco não aceitou dinheiro, para os irmãos e trabalhadores no restauro das capelas[162].

E Francisco ia aparecendo nas igrejas de Assis, possivelmente em São Rufino, ou talvez em São Jorge, tão ligada à sua infância, e que, mais tarde, seria a sua primeira sepultura, sendo depois incorporada na Basílica de Santa Clara[163].

"Animada pela pregação de Francisco"[164], é natural que nascesse nela a vontade de um encontro. Talvez o desejo fosse mútuo, como recorda Beatriz, a irmã mais nova de Clara.

> *Conhecendo Francisco a fama da sua santidade, se encontrou com ela várias vezes para lhe falar do santo Evangelho. E de tal forma foi tocada pela mensagem, que renunciou ao mundo e a todas as coisas terrenas, entregando-se ao serviço do Senhor, logo que foi possível*[165].

4 Um aliado fiel

É natural que Clara escutasse as pregações e exortações de Francisco. Provavelmente deram-se aí os primeiros contatos que, segundo Beatriz, foram da iniciativa de Francisco. Certamente não faltou o apoio de Rufino[166], o primo de Clara, que em 1209/1210 abandona o ideal da cavalaria para se juntar ao grupo da Porciúncula.

---

162 Se o restauro da Capela de São Damião foi entre 1206 e 1208, e por essa ocasião Clara mandou comprar carne para os trabalhadores, é natural que Clara, mesmo antes da entrada dos primeiros irmãos (em princípios de 1208), já tivesse conhecimento da mudança de vida de Francisco. Cf. KEIDLER-KOS, M.; RÖTTGER, A. & KUSTER, N. *Klara von Assisi*: Freudin der Stille, Schwester der Stadt. Kevelaer: Topos, 2015, p. 14-15.

163 Cf. 1C 23,1-4.

164 PCL III,1.

165 PCL XII,2. Os autores divergem sobre a data dos encontros e de quem foi a iniciativa. Lothar Hardik (Zur Chronologie im Leben der hl. Klara. In: *Franziskanische Studien*, 35, 1953) opina que foi na Quaresma de 1212, outros em 1210. N. Kuster e M. KLEIDER--KOS (Neue Chronologie... Op. cit., p. 313) apontam 1210/1211 como tempo dos primeiros contatos entre Francisco e Clara. A Bula de Canonização parece insinuar que a ideia partiu de Francisco; cf. BCL 6. A Legenda de Clara, escrita por Celano, insinua que a ideia partiu de Clara, embora Francisco também o desejasse; cf. LCL 5.

166 Rufino, primo de Clara, foi um dos irmãos mais íntimos de Francisco, sendo dos poucos que soube dos estigmas, uma vez que lhe cuidava das feridas; cf. 1C 95; 2C 138. Com Fr. Ângelo e Fr. Leão foi autor da *Legenda dos Três Companheiros*; cf. TC 1.

Mas Bona, que esteve envolvida nesses encontros, e que antes tinha levado a comida para os irmãos, que trabalhavam no restauro da capela, dá a entender, com alguma clareza, que Clara desde sempre esteve interessada no encontro com Francisco.

> Madona Clara foi sempre considerada por todos como virgem pura, e todos sabiam como procurava sempre a melhor forma de servir e agradar a Deus, com fervor do espírito. Por esta razão, a testemunha acompanhou-a muitas vezes, quando ia falar com Francisco. Fazia-o secretamente, para não ser vista pelos seus parentes[167].

Segundo Bona, Fr. Filipe Longo acompanhou Francisco nos encontros com Clara, e também acompanhou Clara ao Mosteiro de Santo Ângelo, com Francisco e Bernardo[168]. Fr. Filipe, homem culto e pregador devoto, muito do agrado de Clara, havia de ser um dos irmãos que mais apoiou a comunidade de São Damião[169]. Beatriz, irmã de Clara, afirma que

> conhecendo Francisco a fama da sua santidade, se encontrou com ela várias vezes, para lhe falar do Evangelho[170].

Na Legenda de Santa Clara, é fácil perceber como Celano tenta apresentar esses encontros, de forma a não comprometer o bom nome de Francisco, sabendo-se como alguns dos seus escritos são muito críticos no que toca às relações dos irmãos com as mulheres[171].

> Na verdade, a fama de tão prendada menina despertou em Francisco a vontade de a ver e de com ela dialogar... visitava-a ele. E ela mais vezes a ele... não dando azo a que qualquer pessoa se apercebesse daquela santa amizade, e se corresse o risco de ser desacreditada na opinião pública[172].

Era natural que ambos estivessem também preocupados com a *"fama pública"* da filha de uma das famílias mais respeitadas de

---

167 PCL XVII,2-3.
168 Cf. PCL XVII,3; XII,5.
169 LCL 37.
170 PCL XII, 2.
171 "Todos os irmãos, onde quer que estejam ou vão, guardem-se de maus olhares e da conversação com mulheres... E nenhum irmão receba à obediência mulher alguma..." (1R 12,1-4).
172 LCL 5.

Assis. Apesar de tudo, Bona, no Processo, afirma que Clara estava mais preocupada com os familiares do que com a fama pública, afirmando que Clara *"fazia-o secretamente, para não ser vista pelos seus parentes"*[173].

O fato de se ter envolvido, através da melhor amiga, no sustento dos irmãos em São Damião, mostra que desde cedo se sentiu comprometida com a fraternidade. Era sinal de que não desejava só ajudar os pobres, como fazia a mãe, mas que desejava partilhar a vida da fraternidade de Francisco, e estava disposta a ultrapassar todas as barreiras que a condição social lhe impunha. Uma mulher com o seu estatuto não podia levar uma vida de contatos sociais, muito menos com um grupo de jovens, cuja fama deixava muito a desejar e cujos objetivos eram ainda pouco claros.

Apesar de tudo, Clara avança sozinha, de noite, ao encontro da fraternidade de Francisco. Nesse momento, como também quando vende o seu dote para entregar o dinheiro aos pobres, e ao contrariar os planos da família sobre o matrimônio, Clara revela uma personalidade forte e uma capacidade de decisão impressionantes. As decisões são tomadas por si, contra tudo e contra todos, embora combinando tudo com Francisco e o Bispo Guido, ele mesmo de família nobre[174].

Quando deixa Assis já não tem nada, nem bens materiais, nem a proteção, nem as honras da família. Vai sem nenhuma segurança, dando passos cada vez mais coerentes com a opção de vida que desejava abraçar: *"Como virgem pobre, abraça o Cristo pobre"*, como mais tarde havia de resumir na segunda carta a Inês de Praga[175]. O objeto do seu amor não era Francisco, mas Jesus Cristo, pobre e crucificado.

No dia 27 de março de 2011[176], Domingo de Ramos, o Bispo Guido dá-lhe um sinal de encorajamento, descendo do altar para en-

---

[173] PCL 17,3.

[174] Cf. KREIDLER-KOS, M.; KUSTER, N. & RÖTTGER, A. Den armen Christus arm umarmen... Op. cit., p. 22-23. • KUSTER, N. *Franz und Klara von Assisi* – Eine Doppelbiografie. Op. cit., p. 52-53.

[175] 2CCL 19.

[176] Cf. KUSTER, N. & KLEIDER-KOS, M. Neue Chronologie... Op. cit., p. 290 e 297. Em cronologias anteriores apontava-se para 18 de março de 1212.

tregar a Clara o ramo, como diz a Legenda. *"Foi o próprio bispo que, descendo os degraus, lhe fez entrega pessoal do ramo"*[177].

Nessa noite, Clara deixa a casa paterna e junta-se aos irmãos na Porciúncula. A Ir. Cristina, lembrando-se do que lhe contou Beatriz, irmã de Clara, afirma que

> ...*receando que lhe impedissem a passagem, não saiu pela porta principal, mas dirigiu-se a uma porta das traseiras, mantida trancada com traves pesadas e esteios de pedra, dificilmente removíveis por muitos homens*[178].

Tinha 18 anos, cheios de força e ousadia, e estava decidida a obedecer às inspirações do Espírito.

Podemos imaginar como esta opção não agradou a toda a gente. Na história de Clara, alguém que esteve sempre presente, a amiga Bona, parece sair de cena, a partir da fuga noturna. Regressa 40 anos depois, para dar o seu testemunho.

No Processo, Bona alega que não esteve com Clara nessa ocasião, porque tinha partido para Roma[179]. Alguns investigadores defendem, no entanto, que possivelmente Bona, em certa ocasião, talvez não concordando com a fuga para a Porciúncula, se afastasse um pouco do projeto de Clara[180]. É de assinalar que foi a única amiga de Clara que não a seguiu para São Damião.

Como bem acentua Bartoli, as testemunhas procuram desvalorizar a atitude de Clara, dando a Francisco talvez um protagonismo exagerado na fuga noturna de Clara[181]. Tudo parece que andou às ordens de Francisco[182]. Foi nesse momento que a relação de Clara com Francisco alcançou o seu ponto alto.

É natural que Francisco tenha ajudado na preparação da fuga, juntamente com o bispo de Assis. Sem o contato com Francisco, Clara não teria feito um corte tão radical em relação à família. No

---

[177] LCL 7.

[178] LCL XIII,1.

[179] LCL XVII,5.

[180] Cf., p. ex. KREIDLER-KOS, M. Die Frauenfreudschaften... Op. cit., p. 4-6.

[181] Cf. BARTOLLI, M. *Movimento Religioso Femminile e Franciscanesimo nel Secolo XIII*. Op. cit., p. 68-69 [Trad. do autor].

[182] Cf. LCL 7.

entanto, é no momento da "conversão" que se destaca mais a estatura excepcional da personalidade de Clara. "Não basta Francisco para explicar uma luta travada com tamanha decisão. Esta decisão permitiu que Clara não só resistisse aos parentes, como se apresentasse com toda a simplicidade, para ser acolhida pela fraternidade dos menores"[183]. Foi uma atitude verdadeiramente heroica, como refere Sabatier[184].

Por isso, quando Clara fala da sua vocação, afirma:
> Depois do altíssimo Pai celestial, pouco depois da conversão do nosso bem-aventurado Pai São Francisco, se dignou iluminar-me o coração, para que, seguindo-lhe o exemplo, fizesse penitência... prometi-lhe voluntariamente obediência, juntamente com as poucas irmãs que o Senhor me tinha dado...[185].

Clara realça, com frontalidade, que a decisão foi sua, foi voluntária, sendo irrelevante os detalhes, como se saiu só ou acompanhada. Certamente que teve ajuda dos irmãos e que tudo foi do conhecimento de Guido, o bispo de Assis, mas Clara afirma convictamente que foi voluntariamente que prometeu obediência a Francisco.

O mais provável e normal é que os irmãos estivessem alertas e a acompanhassem, de noite, até à Porciúncula, para ser a primeira mulher a aderir e a consagrar-se na fraternidade de Francisco.

Deixando para trás tudo, família, castelo, bens materiais, Clara era uma mulher livre, para se entregar ao Senhor. E Francisco, numa atitude pouco comum, aceita a sua consagração, cortando-lhe os cabelos, como é declarado por várias testemunhas no Processo. Tudo começou sob o signo da novidade, uma odisseia que revela muita coragem. Nunca é demais salientar que estávamos no século XIII.

O que aconteceu depois da chegada de Clara à Porciúncula é completamente novo, e, de certa forma, uma irreverência à autoridade eclesiástica, contradizendo, porventura, até alguns princípios que mais tarde irão ser defendidos por Francisco. Na primeira Regra, de 1221,

---

183 BARTOLLI, M. *Movimento Religioso Femminile e Franciscanesimo nel Secolo XIII...* Op. cit., p. 84 [Trad. do autor].
184 SABATIER, P. *Das Leben des Heiligen Franz von Assisi*. Zurique: Europäische Bücher, 1919, p. 151. Cf. ZAVALLONI, R. *La personalità...* Op. cit., p. 89-94.
185 TCL 24-26.

mandava *"que nenhum irmão receba à obediência mulher alguma"*[186].
No entanto, naquela noite, declara Beatriz que
> São Francisco lhe cortou os cabelos diante do altar da Igreja da Virgem Maria, chamada Porciúncula...[187].

Celano, na *Legenda*, realça este gesto com todo o floreado hagiográfico ao escrever que *"depois de Clara ter recebido perante o altar de Nossa Senhora as insígnias da santa penitência e de ter desposado Cristo como humilde serva..."*[188].

Naquela noite foi a profissão religiosa da primeira mulher da fraternidade de Francisco. Cortando os cabelos de Clara, Francisco fez algo que não lhe era permitido fazer. Efetivamente, só um bispo estava autorizado a receber a consagração de uma virgem (*consecratio virginis*). A Regra de Hugolino, de 1219, que também vigorou em São Damião, dizia, expressamente, que o bispo podia entrar na clausura para abençoar uma abadessa e para receber a profissão de uma irmã[189].

Sabatier, na célebre biografia de Francisco, de 1894, foi talvez o primeiro que chamou atenção para esse fato. "A fama é um tal advogado, que os biógrafos nem dão importância ao fato de Francisco ultrapassar todas as leis canônicas. Ele, o simples diácono[190], considerou-se apto para receber os votos de uma virgem e, sem noviciado, consagrá-la como esposa celeste. Um tal atrevimento teria

---

186 1R 12,4.
187 PCL XII,4. Cf. XVII,5 e XX, onde João Ventura duvida se foi na Porciúncula ou em São Paulo.
188 LCL 8.
189 Cf. FF II, p. 315.
190 Hoje, grande parte dos investigadores da causa franciscana duvida muito se Francisco teria sido ordenado diácono. Na celebração de Greccio, que podia até nem ser uma celebração eucarística, mas uma simples encenação, Francisco simplesmente leu o texto do Evangelho, o que era normal dentro dos movimentos de penitentes do seu tempo. Feld, o teólogo de Tübingen, na sua obra monumental sobre o movimento franciscano, referindo-se a Greccio, afirma que Francisco nunca foi ordenado diácono. Cf. FELD, H. *Franziskus von Assisi und seine Bewegung*. Op. cit., p. 236-238. Na Crónica de Jordão de Giano é referido que no Capítulo de 1221, no dia 22 de maio, "a missa foi celebrada por um bispo, e crê-se que então o bem-aventurado Francisco leu o Evangelho e outro irmão a Epístola". Nota-se aqui a pouca convicção na afirmação do "crê-se que", nunca sendo dito que Francisco era diácono. Cf. Crónica de Jordão de Giano, 16. In: *Cadernos de Espiritualidade Franciscana*, n. 34.

feito cair sobre ele toda a raiva eclesiástica. Não obstante, Francisco pertence aos vultos especiais, a quem tudo se tolera e muito se perdoa, mesmo quando se atreve a falar em nome da Igreja"[191].

A *Legenda*, documento oficial em vista à canonização, nem refere o corte de cabelo. Mas a Bula de Canonização, de Alexandre IV, de 26 de setembro de 1255, refere-o explicitamente: *"Quando abandonou o bulício do mundo, refugiou-se numa capela, onde Francisco lhe cortou os cabelos"*[192].

Ao cortar os cabelos de Clara, passando por cima de todas as normas canónicas, Francisco, 2 anos depois de conseguir que o seu movimento fosse aprovado pelo Papa Inocêncio III, sentiu-se legitimado a seguir o exemplo de outros movimentos de leigos, que aceitavam a consagração de homens e mulheres nos seus grupos[193].

Podemos pensar que a consagração de Clara na Porciúncula, com o corte simbólico dos cabelos, foi vivida num ambiente litúrgico, uma cerimônia de profissão preparada por Francisco. Bartoli sugere até que o texto do sexto capítulo da *Regra de Clara* (3-4) pode ter sido a fórmula de profissão, seguida desde então em São Damião, que Clara a conservou e a colocou como centro da sua Regra. Seria a primeira fórmula de profissão das Irmãs Clarissas[194]. De qualquer forma, faz parte do cerne da *Regra de Clara*. É o texto mais antigo de Francisco, conhecido como *Forma de Vida*[195].

---

[191] SABATIER, P. *Das Leben des Heiligen Franz von Assisi*. Op. cit., p. 151 [Trad. do autor]. Cf. FELD, H. *Franziskus von Assisi und seine Bewegung*. Op. cit., p. 411-412.

[192] BCL 8.

[193] Assim pensa Augustine Thompson ao afirmar na sua biografia: "Tal como outros líderes religiosos da época, Francisco considerava normal que aqueles que entravam para a vida eclesiástica prestassem juramento vitalício antes de entrarem" (THOMPSON, A. *São Francisco de Assis, uma nova biografia...* Op. cit., p. 93). Alguns autores defendem que o corte de cabelo não significava ainda a entrada na fraternidade dos irmãos, mas o início, uma espécie de noviciado, algo que naquele tempo ainda não era obrigatório e só foi introduzido por Honório III em 1220. Cf. KREIDLER-KOS, M.; KUSTER, N. & RÖTTGER, A. Den armen Christus arm umarmen... Op. cit., p. 23-24. • BARTOLI, M. *Clara de Asís*. Op. cit., p. 93.

[194] Cf. BARTOLI, M. *Clara de Asís*. Op. cit., p. 94.

[195] Cf. RCL 6,3-4.

III
Uma nova comunidade em São Damião (1211-1226)

Depois de receber a consagração de Clara, Francisco levou-a ao Mosteiro de São Paulo de Bastia, distante cerca de quatro quilómetros, como declara Beatriz no Processo.

> *Francisco cortou-lhe os cabelos... e levou-a à Igreja de São Paulo das Abadessas. Foi aí que os parentes a procuraram para a levar. Mas Clara agarrou-se às toalhas do altar e, mostrando-lhes os cabelos cortados, não cedeu aos seus intentos. Continuou ali, não regressando com eles a casa. Mais tarde foi levada por São Francisco à Igreja de Santo Ângelo de Panzo. Foi dali que saiu para a Igreja de São Damião, lugar onde o Senhor lhe deu mais irmãs, que se colocaram sob a sua tutela*[196].

São Paulo tinha direito de asilo. Era um lugar seguro contra as investidas dos familiares, que, de forma alguma, poderiam aceitar vê-la em São Paulo, como simples serva do mosteiro. Seguiu o mesmo caminho de Francisco, que, depois de deixar a casa paterna, serviu, como ajudante de cozinha, num mosteiro beneditino[197].

Para os familiares, tratava-se sobretudo de uma questão de honra. Uma jovem da sua estirpe não podia entrar, como serva, em qualquer mosteiro. Como vendeu tudo, não tinha dote para ser admitida como

---

[196] PCL XII,4-5; XVII, 3.

[197] 1C 16. Segundo o texto original, Francisco era um *garcio*, que exprime certos serviços executados por gente incapacitada ou de maus costumes.

professa[198]. Se, porventura, tivesse entrado como professa em algum convento de tradição beneditina, levando o seu dote, certamente que os familiares não se oporiam de forma tão violenta[199].

Tal como Francisco, também Clara não desejava entrar num mosteiro de tradição beneditina; por isso, passados alguns dias, foi levada para Santo Ângelo de Panzo, onde se vivia uma experiência nova de vida comunitária, diferente da tradição beneditina[200].

No dia 12 de abril junta-se a ela Ir. Catarina (Inês), com 16 anos, o que ainda enfureceu mais os familiares. Foi tal a violência que usaram para tentar convencê-la, que ela até mudou o nome para Inês, lembrando a mártir romana. Mas nada conseguiram[201].

Alguns autores chamam a atenção de que, quando se tratou de enfrentar os familiares, Clara estava sozinha, tal como Francisco estava só quando entregou os haveres ao pai, perante o bispo e o povo de Assis. Não se fala da presença dos irmãos. É ela que enfrenta, sozinha, os familiares, defendendo-se a si e à irmã[202].

Com a chegada de Inês, umas semanas depois, começa uma fase nova de discernimento sobre o futuro incerto da nova comunidade. As duas irmãs iniciam, com toda a simplicidade, uma nova forma de vida religiosa. O caminho a seguir começava a clarificar-se e, em breve, outras jovens de Assis se integravam na comunidade[203].

No entanto, uma questão se pode colocar. Se a comunidade de Santo Ângelo era, efetivamente, a expressão de algo novo na Igreja, diferente da tradição beneditina, por que não ficaram as duas irmãs

---

198 Sobre o trajeto de Clara até chegar a São Damião, cf. MERLO, G.G. *Francisco de Asís...* Op. cit., p. 134-135. • BARTOLI, M. *Clara de Asís*. Op. cit., p. 79-84. • FELD, H. *Franziskus von Assisi und seine Bewegung.* Op. cit., p. 410-414.

199 Cf. PCL XX,6. A Legenda faz supor que as relações de Clara com São Paulo se mantiveram durante a vida de Clara, ao contar que uma das monjas de São Paulo teve uma visão relacionada com a morte de Clara. Cf. LCL 40.

200 Que Santo Ângelo de Panzo não era um mosteiro beneditino, é a opinião dos autores mais esclarecidos. Era também uma experiência nova de vida comunitária. Cf. KREIDLER--KOS, M.; KUSTER, N. & RÖTTGER, A. Den armen Christus arm umarmen... Op. cit., p. 27. Bartoli (*Clara de Asís*. Op. cit., p. 88 e notas) lembra que só se fala de uma igreja e não de um mosteiro, o que só se verifica depois de 1232.

201 Cf. LCL 25-26.

202 Cf. ibid., p. 22-23.

203 Sobre a entrada de Inês e as consequências que trouxe, cf. ibid., p. 24-28.

nessa comunidade? O que levou Clara a sair de Santo Ângelo e deixar-se conduzir para São Damião?

Podemos aludir a duas ordens de razões. Primeiro, porque Santo Ângelo ficava a quatro quilômetros de Assis, distante da cidade. Clara nunca quis a sua comunidade separada da sociedade, longe das pessoas. No seu Testamento, Clara lembra que suas irmãs devem ser *"exemplo e espelho"* para o mundo[204].

Viver longe da cidade, sem contato com o povo, nunca foi a opção de Clara. Por outro lado, além do desejo de fundar algo totalmente novo, a ligação à fraternidade de Francisco também era importante. São Damião, que também estava ligado à vida de Francisco, parecia o lugar ideal[205]. Passados poucos dias, acompanhadas de Francisco, entram em São Damião, onde Pacífica se junta a eles algum tempo depois.

São Damião é um dos lugares mais centrais do primeiro movimento franciscano e será sempre um ponto de referência, mesmo depois da morte de Francisco. Por isso, depois das experiências de São Paulo e de Santo Ângelo, a pequena comunidade de três irmãs, *"una cum paucis sororibus"*[206] entra em São Damião, que, segundo a tradição, tinha sido a capela de um antigo hospital.

Em São Damião, Clara parece ter superado as duas formas de vida religiosa presentes na Igreja, no princípio do século XIII. Depois de experimentar a comunidade de São Paulo, de tradição beneditina, e de ter vivido a experiência das comunidades penitentes, como a de Santo Ângelo, Clara e Inês dão início a uma nova forma de vida religiosa feminina, ligada à fraternidade de Francisco, que iniciara também uma forma nova de vida religiosa para homens[207]. Em São Damião fundou-se a primeira comunidade feminina da Ordem fundada por Francisco.

---

[204] TCL 19. Cf. KUSTER, N. *Franz und Klara von Assisi* – Eine Doppelbiografie. Op. cit., p. 57.

[205] Cf. KREIDLER-KOS, M.; KUSTER, N. & RÖTTGER, A. Den armen Christus arm umarmen... Op. cit., p. 27-28.

[206] Cf. TCL 26. • KUSTER, N. *Franz und Klara von Assisi* – Eine Doppelbiografie. Op. cit., p. 57.

[207] Cf. BARTOLI, M. *Clara de Asís*. Op. cit., p. 94. Sobre Clara e os grupos de mulheres penitentes e os problemas com a Cúria Romana, cf. MERLO, G.G. *Francisco de Asís...* Op. cit., p. 135ss. • VAUCHEZ, A. *Francisco de Assis...* Op. cit., p. 218s.

Depois de Inês, chegou Pacífica de Guelfucio, depois Filipa e Benvinda, a primeira que não era natural de Assis, talvez uma das jovens que Clara conheceu no exílio em Perúsia[208]. No outono de 2011, a comunidade era composta por cinco irmãs[209]. Alguns meses depois, uma pequena comunidade de irmãos passou a viver em São Damião, para dar apoio às irmãs.

A comunidade de São Damião marcava o início de uma nova forma de vida religiosa para a mulher cristã. Até então, a tradição beneditina era a única resposta para a mulher, que se desejava consagrar ao Senhor. Em São Damião nasce uma nova tradição, um novo caminho de consagração. Ao contrário dos irmãos, que viviam o ideal da pobreza como peregrinos pelos caminhos da Cristandade, a comunidade de Clara vivia a pobreza evangélica em oração, na pequena Capela de São Damião.

Por um lado, dava resposta às mulheres nobres do seu tempo. Toda a mulher honrada do tempo de Clara vivia uma vida estável num espaço recolhido. Mas mostrava, ao mesmo tempo, que uma comunidade de mulheres, ao contrário dos conventos ricos da tradição beneditina, podia viver a pobreza radical num convento pobre, sem propriedades, e aberto a toda a classe de pessoas. "As irmãs não se fechavam totalmente, mas viviam recolhidas. Tinham uma vida estável, mas ao mesmo tempo próximas dos problemas dos homens, uma comunidade pobre e orante"[210].

E tinham a total confiança e proteção de Francisco, pois sabia que "*...um só e um mesmo Espírito levou os irmãos e as senhoras pobres a deixarem o mundo perverso*"[211].

Não é difícil perceber que, nesta primeira fase de São Damião, Francisco era considerado o responsável e o ponto de referência da comunidade. As primeiras irmãs prometem obediência a Francisco,

---

208 Sobre as primeiras irmãs de São Damião, cf. KUSTER, N. *Franz und Klara von Assisi...* Op. cit., p. 213-214.

209 Cf. KUSTER, N. & KLEIDER-KOS, M. Neue Chronologie... Op. cit., p. 298, onde se faz eco de que a Capela de São Damião podia ter sido a capela de um antigo hospital.

210 KREIDLER-KOS, M. *Lebensmutig, Klara von Assisi und ihre Gefährtinnen*. Ed. Echter, 1215, p. 32 [Trad. do autor].

211 2C 204,8.

reconhecendo-o, efetivamente, como fundador da nova comunidade[212]. No fim da vida, Clara recorda estes primeiros tempos.

> *O bem-aventurado Francisco sentiu grande alegria quando notou que, mesmo débeis e fracas de corpo, não temíamos nenhuma necessidade, pobreza ou trabalho, tribulação ou desprezo do mundo... E, movido de grande ternura para conosco, obrigou-se por si e pela sua Ordem a ter por nós, tal como por seus irmãos, diligente caridade e uma solicitação particular*[213].

1 Espaço acolhedor e aberto

A novidade da forma de vida de São Damião, iniciada por Clara e Inês, sob a orientação de Francisco e Clara, depressa se afirmou como o rosto feminino da fraternidade formada por Francisco. As diferenças marcantes, em relação às comunidades tradicionais, tornavam-se cada vez mais evidentes.

Pequenos pormenores deixam antever essa diferença, sobretudo no que concerne à abertura ao exterior. Várias testemunhas do *Processo* revelam como São Damião se tornou refúgio dos pobres e aflitos das redondezas de Assis[214].

Clara suscitava confiança às irmãs da comunidade e às pessoas de fora. Aos poucos, os seus poderes de cura chamavam a atenção, também para as pessoas de fora do mosteiro. É disso que fala a Irmã Patrícia, a primeira testemunha do *Processo*:

> *que, quando as irmãs caíam doentes, nenhum outro remédio procuravam, além do sinal da cruz, que a santa traçava sobre elas*[215].

---

212 Cf. KUSTER, N. Stadt und Stille – Klaras gemeinschaft im Spannungsfelde von Mystik und Politik. In: SCHNEIDER, H. (ed.). *Klara von Assisi – Gestalt und Geschichte*. Mönchengladbach: Kühlen, 2013, p. 133-136.

213 TCL 25-29.

214 PCL II,18 fala de uma criança de Espoleto que veio a Damião para ser curada. Tratou do filho do procurador das irmãs (PCL III, 15). Cf. ROTZETTER, A. *Klara von Assisi, die erste franziskanische Frau*. Friburgo: Herder, 1993, p. 128s., que relaciona esses poderes de Clara com o espírito do lugar (*genius loci*). O lugar seria dedicado aos médicos São Cosme e São Damião e tornou-se local de peregrinação para pessoas à procura de cura.

215 PCL I,18.

E isso não era desconhecido de Francisco, como revela a história de Fr. Estêvão. Fr. Estêvão tinha problemas psíquicos. E São Francisco mandou-o a Santa Clara, para que traçasse sobre ele o sinal da cruz.

> *Isso feito, ficou o frade adormecido durante algum tempo, no local onde a santa mãe costumava orar. Pouco tempo depois despertou, tomou algum alimento e saiu curado*[216].

A cura relatada pela Ir. Benvinda no Processo de Canonização só podia ter acontecido, como observa Rotzetter, antes de 1219, ano em que Hugolino, como cardeal protetor, impôs as suas Constituições a São Damião. Ora, Hugolino defendia a estrita clausura. Mesmo que Clara não aceitasse o conjunto das ordenações de Hugolino, certamente que teria agido com mais prudência em relação à forma como lidou com Fr. Estêvão.

No relato da Ir. Benvinda podemos intuir quão diferente era o entendimento da clausura de Santa Clara. Na comunidade de São Damião havia certamente um espaço reservado à intimidade das irmãs, mas havia também, fora desse espaço, um outro para receber as pessoas, sobretudo os doentes, onde as irmãs podiam estar também. Era ali que Clara exercia o ofício de Marta.

Estamos perante uma clausura acolhedora, que transformou São Damião num espaço de celebração da misericórdia de Deus. Era uma clausura sem muros e separações materiais.

Nas cartas que escreveu a Inês de Praga, só por uma vez se refere indiretamente à clausura, mas a uma clausura totalmente interior, à imitação da Mãe de Deus:

> *Vive unida à Mãe dulcíssima, que deu à luz o Filho, que nem os céus puderam conter. E, todavia, ela o levou no pequeno claustro do seu ventre sagrado e o formou no seu seio de donzela*[217].

Nestas palavras sentimos um eco das palavras de Francisco na Primeira Regra:

---

[216] PCL II, 15. Cf. LCL 32. Há quem relacione este Fr. Estêvão com aquele que, sem licença dos ministros deixados por Francisco na Itália para representá-lo, partiu para o Oriente, e lá convenceu Francisco a regressar para a Itália, com Fr. Elias, para enfrentar os ministros. Cf. Crónica de Jordão de Giano, 12. In: *Cadernos de Espiritualidade Franciscana*, n. 34.

[217] 3CCL 18-19.

> *do melhor modo que possam, trabalhem por servir, amar, adorar e honrar ao Senhor Deus com um coração limpo e espírito puro... e sempre em nós façamos morada e mansão para Ele, que é o Senhor Deus onipotente...*[218].

Por outro lado, nas cartas a Inês de Praga, por várias vezes trata do tema da virgindade, sem, todavia, ligar a virgindade à clausura. É conhecido que a comunidade de Inês de Praga vivia próximo de um hospício por ela fundado, onde as irmãs prestavam serviços.

A "casa", o claustro, que, segundo Clara, deve conter o Senhor Jesus, não é uma casa de pedra, mas o corpo mesmo de cada irmã. Aqui se explicita também o sentido da virgindade para Clara: uma virgindade que não quer dizer solidão, mas, pelo contrário, dilatação do corpo e da própria vida para acolher Aquele que nem "os céus" puderam conter[219].

> *...tal como a Virgem das virgens o trouxe materialmente no seu seio, assim também tu o podes trazer, sem dúvida alguma, de maneira espiritual, no teu corpo casto e virginal, seguindo as suas pegadas, sobretudo a sua humildade e pobreza. Desta maneira, poderás conter Aquele que a ti e a todas as criaturas contém, e possuir plenamente o bem mais precioso, comparado com as riquezas transitórias deste mundo*[220].

Este texto marca a espiritualidade de Clara, que na terceira parte havemos de explicitar.

Uma obra recentemente publicada[221] dá-nos a imagem de uma clausura diferente, vivida na nova comunidade de São Damião. Como

---

[218] 1R 22,26-27.

[219] BARTOLI, M. *Clara de Asís*. Op. cit., p. 138. Cf. KEIDLER-KOS, M.; RÖTTGER, A. & KUSTER, N. *Klara von Assisi...* Op. cit., 65-70. Essa obra está traduzida em castelhano: KEIDLER-KOS, M.; RÖTTGER, A. & KUSTER, N. Amiga de la soledad, hermana de la ciudad. Barcelona: Herder, 2008.

[220] 3CCL 24-25.

[221] Servimo-nos do resumo que Niklaus Kuster faz da obra de Maranesi (*La clausura di Chiara d'Assisi*), no que se refere à nova comunidade de Clara em São Damião. Cf. KUSTER, N. Stadt und Stille... Op. cit., p. 137-138. A ideia de uma clausura aberta e acolhedora defendida por Maranesi contraria a visão defendida, p. ex., por Chiara Lainati e Chiara Acquadro. Elas afirmam que Clara desde o início optou por uma estrita clausura. Também têm ideia contrária de Chiara Frugoni, que vê as clarissas tratando dos leprosos nas "leprosarias", como refere o mesmo artigo de Kuster. Sobre o conceito de clausura em Lainati, cf. LAINATI, C.A. *Santa Clara de Asís*.

pudemos já verificar, a relação com os pobres foi um fator decisivo na vocação de Clara, a exemplo de Francisco.

Como refere Maranesi, se Clara se tivesse inspirado no ideal dos esponsórios místicos, teria procurado alguém que a introduzisse nesse ideal. E tinha por onde escolher nos mosteiros dos arredores de Assis. Mas escolheu um irmão que optou pela pobreza de Jesus Cristo.

> É possível pensar, então, que o sonho a que aderiu Clara, com a ajuda das palavras de Francisco... é uma forma nova de estar no mundo com os pobres: viver sem nenhuma segurança para partilhar a sorte dos últimos e, assim, tornar credível e visível o Evangelho... Em última análise, podemos sustentar que Clara, através de Francisco, abraçou um modelo ideal de referência, que não está assente nos esponsórios místicos e no desprezo manifestado na fuga do mundo, mas seguramente com clausura.
>
> O modelo de conversão de Clara não veio de um penitente rancoroso nem de um monge ou eremita, mas de um irmão que se meteu à estrada dos homens para partilhar a sorte dos menores, anunciando com a vida o Evangelho da misericórdia e da paz[222].

Recordemos que Clara, tanto na Regra como no Testamento, em nenhum momento usa o termo clausura.

Esta ideia de uma clausura aberta havia de ser contrariada pela intervenção da Igreja, sobretudo através do Cardeal Hugolino, antes e depois de ser eleito papa, como Gregório IX, "segundo o qual as mulheres deviam viver para sempre encerradas no seu mosteiro"[223].

O *Privilégio da Pobreza*, assinado por Inocêncio III em 1214/1216, é dirigido a *"Clara e demais servas da Igreja de São Damião, em Assis"*. Não se fala de convento (*monasterium*), nem de abadessa, nem de vida regular. Mesmo o *Privilégio de Pobreza* de Gregório IX, de 1228, pedido por Clara, no auge do conflito entre os dois, também é dirigido a *"Clara e demais servas da Igreja de São Da-*

Madri: Encuentro, 2004, p. 435-439. Sobre clausura aberta, cf. ZAVALLONI, R. *La personalità...* Op. cit., p. 18-38.

222 Texto de Maranesi. Apud KUSTER, N. Stadt und Stille... Op. cit., p. 137, nota 29.

223 Cf. ROTZETTER, A. *Klara von Assisi...* Op. cit., p. 271. • KUSTER, N. Stadt und Stille... Op. cit., p. 142, nota 48.

mião"[224]. Aliás, documentos descobertos recentemente obrigam-nos, na opinião de Kuster, a repensar a vida de São Damião até depois da morte de Francisco.

No Arquivo do Cantão de Graz foi descoberto recentemente um documento, onde, pela primeira vez, se trata Clara como *abbatissa* e São Damião como *monasterium*. O documento é assinado por Gregório IX, a 22 de novembro de 1229[225].

Antigas biografias defendiam que Clara, depois do Concílio de Latrão, em 1215, quase foi obrigada por Francisco a aceitar o título de abadessa. O documento de Graz parece negar esse fato.

Antes de 1229 não encontramos nenhum documento onde Clara seja tratada como abadessa. Com toda a probabilidade, Clara só foi tratada como abadessa depois da morte de Francisco[226].

É certo que no *Processo*, a Ir. Pacífica declara que "*3 anos depois de entrar na religião, vencida pelos instantes rogos de Francisco que quase a obrigou, madona Clara aceitou o governo das irmãs*"[227].

A ideia de que Francisco obrigou Clara a aceitar a responsabilidade da comunidade foi vista como uma obrigação imposta no seguimento do IV Concílio de Latrão, de 1215, que obrigava a Regra de São Bento a todas as novas comunidades. A *Nova Cronologia* ajuda-nos a esclarecer este ponto importante.

No testemunho da Ir. Pacífica é claro que Francisco, "*...3 anos depois de entrar na religião... pelos rogos de Francisco que a tanto quase a obrigou, madona Clara aceitou o governo das irmãs*".

Se foi 3 anos depois da entrada em São Damião, só pode ter sido em 1214, um ano antes do Concílio. Por outro lado, sabemos que Hugolino só em 1218 impôs a Regra de São Bento a um vasto número de comunidades, que ao aceitá-la teriam de viver sob a obediência a uma abadessa.

---

[224] FF II, p. 293-295, publica os dois textos.

[225] Sobre a descoberta do documento de Graz e as consequências para melhor compreender a especificidade da vida nos primeiros anos de São Damião, cf. KUSTER, N. Stadt und Stille... Op. cit., p. 132-133. • KUSTER, N. *Franz und Klara von Assisi* – Eine Doppelbiografie. Op. cit., p. 145.

[226] Cf. KUSTER, N. & KLEIDER-KOS, M. Neue Chronologie... Op. cit., p. 315.

[227] PCL I,6.

Segundo a *Nova Cronologia*, foi em 1214, antes do concílio de 1215, que Francisco insistiu com Clara para que aceitasse o governo das irmãs, pela única razão de que planejava viajar para Espanha e não queria que a comunidade de São Damião ficasse sem alguém responsável por ela[228]. E foi em Clara que confiou a comunidade que, até então, estava sob a responsabilidade de Francisco.

Clara sentiu que, com a saída de Francisco para Marrocos, algo de essencial podia mudar. Até esse momento não havia dúvidas de que a "fraternidade fundada por Francisco, com a chegada de Clara, já não era só constituída por homens comprometidos, mas que, embora separadas e no silêncio, também as Irmãs de São Damião faziam parte da mesma fraternidade"[229].

Até 1214, Francisco era o único responsável pela fraternidade masculina e feminina.

Clara temia que, com a saída de Francisco, a fraternidade de São Damião criasse mais distância em relação à fraternidade, na qual ela se sentiu plenamente integrada.

Alguns autores defendem mesmo que pode ter sido neste contexto que Clara pensou em pedir o primeiro *Privilégio de Pobreza*[230], assinado por Inocêncio III. Há razões para pensar que não foi pedido necessariamente em 1216, por causa do concílio de 1215, mas podia ter sido pedido já em 1214, na ocasião em que Francisco foi para a Espanha[231].

Efetivamente, o grupo em torno de Francisco começou por ter um rosto masculino e feminino. "Como filhas do mesmo Pai, mulheres de origens diferentes vivem como irmãs, como esposas do Espírito Santo, vivem sem normas rigorosas e, como discípulas de Cristo,

---

[228] Cf. 1C 56; 3C 34; LM IX,6.

[229] KUSTER, N. & KLEIDER-KOS, M. Neue Chronologie... Op. cit., p. 317 [Trad. do autor].

[230] Constantino Koser, numa carta a toda a Ordem sobre o *Privilégio de Pobreza* de 1228, não hesita em afirmar que: "A Bula *Sicut Manifestum Est*, de 17 de setembro de 1228, é certamente uma das bulas mais importantes e mais espirituais de toda a história dos papas" (KOSER, C. El privilegio de la Pobreza de las clarissas. In: *Selecciones de Franciscanismo*, 22, 1979, p. 147 [Trad. do autor]). Texto da bula em FFII, p. 295.

[231] Cf. KUSTER, N. & KLEIDER-KOS, M. Neue Chronologie... Op. cit., p. 318.

assumem a sua forma própria de viver o seguimento de Cristo, na pobreza radical (*perfectio evangelii*, segundo Mc 10), ligadas umbilicalmente aos irmãos, mas conformes à vida de Marta e Maria, sempre ligadas à cidade. Em São Damião viviam *"amigas do silêncio e irmãs da cidade"*[232].

São Damião, ao contrário de Santo Ângelo de Panzo, ficava numa estrada de passagem, próximo de hospícios, onde a voz dos pobres se faz ouvir dentro dos muros do convento e são escutados por Clara e suas irmãs.

A expressão *"amigas do silêncio e irmãs da cidade"* define bem o espírito que se vivia em São Damião. Ao conjugar o silêncio e a abertura à cidade, a comunidade de Clara inaugura um novo estilo de vida religiosa contemplativa, de tradição franciscana, inovadora em relação à tradição beneditina.

Todos os contornos vividos na busca de um caminho de consagração, como a luta com a família, a experiência vivida em duas comunidades já existentes, tudo isto conduz Clara para uma nova forma de consagração religiosa. Estavam dados os passos internos. Faltava ainda descobrir a expressão exterior, que ia dar forma a este novo estilo de vida.

Não é muito fácil imaginar como foram os primeiros tempos, como se realizaram os sonhos e os projetos de Clara, além da vontade de ser fiel à forma de viver do santo Evangelho.

É mais fácil imaginar as consequências que teve essa nova comunidade que, desde o princípio, foi vista como algo inspirador e digna de ser imitada por muitas mulheres dispostas a seguir o caminho oferecido em São Damião.

Muita firmeza se vai exigir a Clara para defender a especificidade do seu carisma, frente à Igreja que, desde o princípio, teve dificuldade em reconhecê-lo.

---

[232] KUSTER, N. Stadt und Stille... Op. cit., p. 135 [Trad. do autor]. A regra dos eremitérios de Francisco certamente foi influenciada pela vida das irmãs em São Damião ou até mesmo escrita para elas, como alguns sugerem.

2 Novos espaços para a mulher – As comunidades do Cardeal Hugolino

Tiago de Vitry, recém-eleito bispo de Acre, relata o que viu numa viagem que fez, pelo norte da Itália, antes de tomar posse da sua diocese. E ficou maravilhado com o que via, algo que lhe deu grande consolação. Viu

> *uma enorme quantidade de homens e mulheres renunciar a todos os bens e a deixar, por amor de Cristo, a vida mundana. Eram vulgarmente chamados "Irmãos Menores" e "Irmãs Menores"...o gênero de vida dos irmãos menores é igual ao da comunidade cristã primitiva... de dia andavam pelas cidades e aldeias atarefados na evangelização; à noite, regressavam ao eremitério e recolhiam-se na solidão... as mulheres que tinham entrado nesta Ordem põem tudo em comum e residem nos arrabaldes das cidades em hospícios e recolhimentos*[233].

Tiago de Vitry, em 1216, talvez, inconscientemente, apercebe-se de algo que está brotando na cristandade ocidental. Até o século XII, a mulher tinha dois caminhos de realização cristã, ambas vividas em clausura: a vida de clausura num mosteiro de tradição beneditina, ou a clausura vivida dentro dos muros de um castelo, sem qualquer projeção social. Eram duas formas de viver no silêncio.

Com o movimento franciscano, temos homens que se dedicam ao trabalho da evangelização e no fim do dia regressam ao eremitério, e mulheres que seguem o mesmo carisma, vivendo nos arrabaldes da cidade em hospícios, certamente servindo os mais pobres. Temos um movimento que conjuga a atividade com o silêncio.

Ao mesmo tempo em que dá esta novidade, está também distinguindo o movimento franciscano de outros movimentos da época, como os albigenses e valdenses, que formavam comunidades mistas de homens e mulheres, onde havia muitos grupos de mulheres que percorriam as cidades, o que causava muita preocupação às autoridades eclesiásticas [234].

---

[233] FFI; TE, 4. ed.; P. 1437-1438.

[234] Havia diferenças entre o movimento franciscano e outros movimentos. Cf. ESSER, K. Francisco de Assís y los cátaros. In: *Selecciones de Franciscanismo*, 13-14, 1976, onde afirma que "Ao contrário de Francisco, os cátaros eram obrigados a dar tudo à Igreja cátara. Era uma Igreja rica com gente pobre" (p. 170-171). Sobre a relação do

Já em 1218, numa carta ao Cardeal Hugolino, Honório III manifestava a sua inquietação por causa de uns terrenos oferecidos a certas comunidades. Nessa carta o papa falava de *"que muitas virgens e outras senhoras entendem... que devem abandonar as pompas e fortunas deste mundo e construir uma morada em que possam viver sem possuir alguma coisa..."*[235].

Pelo texto da carta, damo-nos conta de que a Igreja se preocupava com muitas comunidades femininas, nascidas fora das estruturas monásticas da época. Era um verdadeiro florescimento de pequenas comunidades que se formavam à margem de qualquer estrutura tradicional. Isso acontecia, sobretudo, em Flandres, na Renânia, e na Itália.

De certa forma a comunidade de São Damião era vista como uma comunidade que fazia parte deste grande movimento. Até ao IV Concílio de Latrão, a autoridade eclesiástica acompanhava com cautela e preocupação estas comunidades, de certa forma marginais.

Em 1215 o Concílio decretou a proibição de qualquer nova fundação. Todas as novas comunidades ficavam obrigadas a adotar uma das regras já aprovadas, o que na prática queria dizer que todas teriam que adotar a Regra de São Bento.

Honório III nomeia, então, o Cardeal Hugolino como visitador, para acompanhar e dar estrutura legal às novas comunidades. A história mostra-nos como Santa Clara teve de travar uma luta persistente para defender a genuinidade do carisma da sua comunidade, frente ao Cardeal Hugolino, mais tarde Papa Gregório IX, que pretendia tratá-las em pé de igualdade com outras comunidades não dependentes de São Damião.

As preocupações do papa fizeram com que Hugolino começasse a organizar as comunidades segundo o modelo da mais estrita ob-

---

Sorores Minores e São Damião, cf. KUSTER, N. "Qui divina inspiratione..." – San Damiano zwischen Sorores Minores und dem päpstlichen Ordo Sancti Damiani. In: SCHMIES, B. (ed.). *Franziskanische Forschung*. Op. cit., p. 193-211. • KUSTER, N. Stadt und Stille... Op. cit., p. 131-144. Cf. tb. BARTOLI, M. Clara de Asís. Op. cit., p. 103-112. • OMAECHEVARRIA, I. La Regla y las Reglas de la Orden de Santa Clara. In: *Selecciones de Franciscanismo*, 18, 1977. • OMAECHEVARRIA, I. *Escritos de Santa Clara y documentos contemporâneos*. 3. ed. Madri: BAC, 1993.

[235] FFII, p. 448.

servância. Uma das primeiras cartas, de 1219, foi enviada por Hugolino a Monticelli, que era uma comunidade com ligações a São Damião[236]. A carta é dirigida "À abadessa e monjas de Monticelli", uma linguagem estranha a São Damião. Pela carta, podemos verificar como o cardeal obrigava Monticelli a adotar a Regra de São Bento, com a mais estrita clausura, e a usar as propriedades que tinham, embora a posse jurídica passasse para São Pedro.

No entanto, refere-se também àquela norma que se tinham imposto a exemplo de São Damião. Pode-se inferir que se trata do *Privilégio de Pobreza*.

Temos assim que as *"sorores minores"*, de que fala Tiago de Vitry, se vão estruturando sob a orientação do Cardeal Hugolino, que nutria por Santa Clara uma admiração especial, tratando-a por *"mãe e colaboradora da minha alma"*, numa carta que lhe escreveu, talvez em 1220, depois de ter passado uns tempos com ela e com a comunidade, em São Damião[237].

A ideia que Hugolino perseguia era que, mantendo a Regra de São Bento, as comunidades que se iam formando tivessem São Damião e Santa Clara como ponto de referência, fazendo tudo para que Santa Clara aceitasse os seus propósitos.

Apesar da resistência de Clara, Hugolino acabou por integrar todas as comunidades numa nova Ordem, a que chamou Ordem de São Damião, na qual Clara e algumas comunidades ligadas especificamente a São Damião nunca se sentiram integradas.

Assim, podemos detectar dentro do movimento das *"sorores minores"* de que falam as cartas do papa, três grupos de comunidades:

- um pequeno grupo de comunidades fiéis à forma de vida de São Damião, em estreita união com Clara, como Spello, Foligno, Florência, Perúsia e Praga, depois de 1234;

- comunidades formadas por grupos de mulheres, ligadas aos franciscanos, e que aceitavam as condições de Hugolino, por exemplo as *"sorores minores"* de Verona.

---

[236] FFII, p. 449, publica a carta dirigida a Monticelli. Outras seguiram para Lucca, Sena, Perúsia etc.

[237] FFII, p. 431. Sobre as relações entre Hugolino e Clara, cf. KUSTER, N. *Franz und Klara von Assisi* – Eine Doppelbiografie. Op. cit., p. 86-88.

* o grupo maior da Ordem de São Damião era constituído por grupos de mulheres que, sem qualquer ligação aos franciscanos, aceitava as condições do cardeal, da qual fazia parte a estrita clausura e o direito a ter propriedades[238].

Em 1218, Hugolino publica as normas para regular a vida das Monjas Pobres Reclusas, conhecida como Regra ou como Constituições de Hugolino. O termo Constituições parece mais correto, uma vez que era a Regra de São Bento que todas prometiam professar[239].

Na visita que Hugolino fez a Clara, em 1220, tentou, de todas as maneiras, convencê-la a aceitar ser o ponto de referência para todas as novas comunidades, e que os franciscanos, de certa forma, fossem os assistentes espirituais das comunidades por ela fundadas.

As comunidades aprovadas por Hugolino, designadas também por "Ordem de São Damião", distinguiam-se por depender diretamente da cúria (*exemptio*), por uma estrita clausura, segundo o modelo cisterciense (*reclusio*), e o direito de adquirir propriedades (*donatio*) para o seu sustento.

Clara não aceitava os termos, nem o espírito. As "Irmãs Pobres" não aceitavam a estrita clausura, nem o direito à posse de propriedades, e afirmavam cada vez mais a sua ligação à fraternidade franciscana[240].

---

238 Sobre os vários grupos, cf. KUSTER, N. "Qui divina inspiratione..." Op. cit., p. 195. • MERLO, G.G. *Francisco de Asís...* Op. cit., p. 133-152. • VAUCHEZ, A. *Francisco de Assis...* Op. cit., p. 218-221.

239 Em FF II, p. 308-319 são publicadas as Constituições de Hugolino.

240 Cf. KUSTER, N. *Franz und Klara von Assisi* – Eine Doppelbiografie. Op. cit., p. 86. Gerard Freeman, em estudo recente, de 2012, analisa até que ponto São Damião foi considerado modelo para as comunidades da Ordem de São Damião, as comunidades de Hugolino, para concluir que as relações entre Clara e Hugolino eram mais intensas do que a maior parte dos atuais investigadores querem aceitar. Acentua também que a Regra de Hugolino teve em São Damião melhor aceitação do que alguns autores admitem. Cf. FREEMAN, G.P. Klaras Kloster als Modell für die ersten Damianitinnen. In: SCHNEIDER, H. (ed.). *Klara von Assisi...* Op. cit., p. 31-61. Se a Regra de Hugolino, que obriga à profissão da Regra de São Bento, tivesse grande aceitação em São Damião, Inocêncio IV não teria promulgado outra Regra, em 1247, onde era proposta a profissão da Regra de São Francisco para todas as comunidades, o que, apesar disso, não impediu que Clara escrevesse a sua própria regra. A recente edição alemã das Fontes de Santa Clara (Klara-Quaelle) sintetiza bem o relacionamento entre a Regra de Santa Clara e a de Gregório IX ao escrever que a Regra de Clara "...*só com muita relutância toma elementos da Regra de Hugolino. Isso mostra como a legislação de Hugolino só parcialmente foi aceita em São Damião, que só conservou aquilo que não contrariava o espírito da Forma de Vida de Clara*".

Para Clara, a estrita clausura de Gregório IX cortava a ligação com o mundo dos pobres e exigia propriedades, como fonte de sustento. Na forma da santa pobreza estava o pomo da discórdia entre Hugolino e Clara. Francisco colocou-se sempre ao lado da comunidade de São Damião, como é bem patente no seu último escrito, a *"Última vontade"*, pouco antes da sua morte, e que Clara inseriu na sua Regra[241].

3 Doença de Clara e morte de Francisco

Nos últimos 2 anos, antes da morte de Francisco, a cumplicidade humana, espiritual e carismática entre as duas personalidades mais importantes do franciscanismo foi confirmada em várias ocasiões.

A partir de 1224 Clara é uma mulher doente. E vai sofrer com a doença até à sua morte, como esclarece a Irmã Pacífica, em 1253, ao afirmar que esteve doente durante 29 anos[242]. Em grande parte, foram os jejuns exagerados, na perspectiva de hoje, que muito contribuíram para a doença de Clara. A Irmã Filipa atesta no Processo como eram rigorosos os jejuns de Clara.

"Mortificava o corpo guardando jejum três dias por semana: às segundas, quartas e sextas. E passava os outros dias a pão e água"[243]. E foi São Francisco, segundo conta a Ir. Amada, que *"a obrigou a comer alguma coisa nos dias em que nada tomava. Então, por obediência, passou a comer um pouco de pão e a beber um pouco de água"*[244].

A doença de Clara acompanhou-a até o fim da vida. Mas nunca deixou de estar atenta e ativa na comunidade, e sempre ocupada,

> mesmo durante o tempo em que esteve doente, a ponto de não poder se erguer do leito, pedia que nele a sentassem e, amparada com almofadas, fiava e tecia os panos com que

---

Cf. *Klara-Quellen* – Die Schriften der heligen Klara, Zeugnisse zu ihrem Leben und ihrer Wirkungsgeschichte. Ed. de J. Schneider e P. Kevelaer: Butzon & Berker, Coelde, 2013, p. 466.

241 RCL 6,7-8.

242 PCL I,17.

243 PCL III,5.

244 PCL IV,5; cf. LCL 39.

confeccionava os corporais que, depois, oferecia às igrejas do vale e colinas de Assis[245].

A Ir. Francisca diz que chegou a contar 50 pares de corporais[246]. Vários autores relacionam esse trabalho de Clara como uma forma de colaborar com a Igreja na renovação da piedade eucarística, muito estimulada pelo Concílio de Latrão, em 1215[247].

Entretanto, Francisco percorria, pela última vez, já cansado e doente, as terras da Úmbria e das Marcas, em pregação. Foi nessa última viagem que teria enviado cinco mulheres, como candidatas para São Damião. Clara achava que uma delas não tinha vocação, mas acabou por aceitar as cinco. Mas só ficou pouco mais de um ano, só restava uma. Também aqui se pode intuir como Francisco colaborava com Clara, mas deixando que esta tomasse as decisões, no que a São Damião dizia respeito[248].

Como descreve Celano, a viagem começava a ser cada vez mais penosa. Francisco, já muito debilitado, *"montado num jumento"*, mostrava vontade de parar em Borgo San Sepulcro, mas o povo não lhe dava descanso. *"Parecia insensível a tudo: semelhante a um cadáver, não dava conta do que se passava ao redor"*[249].

Cansado da viagem, sofrendo cada vez mais, sentindo também as dores das chagas, Francisco é conduzido para Assis, em fins de 1224. Durante algum tempo deteve-se na Porciúncula, saindo em pregação pelas redondezas. Alguns autores sustentam que teria visitado Santa Clara, no inverno de 1224, para se inteirar da sua doença[250].

Preocupado com o amigo, o Cardeal Hugolino quis levá-lo para Rieti, para ser tratado pelos melhores médicos[251]. Francisco preferia ser tratado em Fonte Colombo, mas foi no palácio do bispo que o médico papal, o muçulmano Tabald, o observou, antes de o operar em

---

245 PCL, I,11; cf. PCL VI,14.

246 Cf. PCL IX, 9.

247 Cf. ROTZETTER, A. *Klara von Assis...* Op. cit., p. 184-185.

248 Cf. PCL VI,15. • KUSTER, N. *Franz und Klara von Assisi* – Eine Doppelbiografie. Op. cit., p. 117.

249 Cf. 1C 105-106; 2C 98.

250 Cf. 1C 108.

251 A suposta viagem a Rieti deu origem à *Florinha* 19.

Fonte Colombo, operação que o havia de deixar ainda em pior estado. Tinha perdido parte da visão e da audição. Passou, depois, largos meses no eremitério de Santo Urbano, em recuperação.

Enquanto recuperava em Santo Urbano, a Ordem tomava decisões importantes. No capítulo do Pentecostes de 1225, Francisco não pôde comparecer por causa da doença. Deve ter sofrido com as transformações que iam acontecendo na Ordem: tornava-se cada vez mais clerical, à semelhança dos dominicanos; crescia para além dos mares e para a Inglaterra; em Paris, em setembro, tinham entrado os primeiros doutores na fraternidade, e, em princípios de 1226, eram nomeados os primeiros bispos dentre os irmãos, o que sempre contrariou a vontade do fundador.

Francisco sentia-se cada vez mais distante, espiritualmente, da fraternidade dos irmãos, que parecia assumir uma dinâmica própria, cada vez mais distante da intuição primitiva do seu fundador. Foi neste contexto que resolveu escrever o *Testamento*, para recordar o essencial do seu carisma próprio[252].

Por outro lado, Clara, muito doente, teme que a sua pequena comunidade seja confundida com as comunidades de Hugolino.

Depois dos meses quentes do verão, Francisco é levado para Assis. Enquanto Clara era acompanhada pelas suas irmãs no dormitório por cima da capela, instalaram Francisco numa cabana improvisada ao lado de São Damião, para ter o cuidado dos irmãos e a proximidade das irmãs. 15 anos depois de Clara ter saído clandestinamente de casa para se juntar a Francisco, a doença juntava-os, de novo, por algum tempo.

Em São Damião, Francisco passa dias sombrios, com muito sofrimento físico e espiritual. É a noite dos místicos, dias e noites de escuridão, que caem sobre ele. É neste ambiente que Francisco faz a sua última pregação às irmãs.

> *Reunidas como de costume, para ouvirem a divina palavra, mas não menos para verem o pai, põe-se este a orar ao Senhor... pede que lhe tragam cinza, com ela descreve no chão um círculo à sua volta e derrama o resto sobre*

---

[252] Sobre esta época conturbada, cf. MERLO, G.G. *Francisco de Asís...* Op. cit., p. 51-63.

a cabeça... de repente... ergue-se... e ouvem-no recitar o Miserere como única pregação[253].

Francisco não quer dar uma lição de moral às irmãs, como o texto de Celano insinua, 20 anos mais tarde[254]. Simplesmente revela-se às irmãs, na sua pequenez, com toda a fragilidade física, como alguém que sente a proximidade da morte e se abandona à misericórdia do Senhor, cantando o Sl 51.

É um ambiente mágico de dor e sofrimento, mas também de amizade e de ternura. É nesta conjuntura que Francisco compõe o primeiro poema da língua italiana, o *Cântico das Criaturas*, o *Cântico do Irmão Sol*, onde o irmão e a irmã se unem num louvor à mãe terra e a todas as suas criaturas, e ao Criador e Senhor de todas as coisas, *Altissimu omnipotente bom Signore*[255]. "Na medida em que o poeta deste cântico ordena nos versos um irmão da natureza a uma irmã criatura, o *Cântico das Criaturas* reflete a fraternidade e a harmonia universal, que em São Damião se vive de maneira muito sensível"[256].

Mas Francisco compõe também um cântico dirigido às *Poverella* do Senhor, às Irmãs Pobres de São Damião, também em dialeto italiano, onde manifesta todo o carinho, amizade e confiança: *Audite, Poverella, dal Signóre vocate*[257].

Sabia-se da existência deste escrito, mas desconhecia-se o texto. Felizmente foi encontrado, em 1976, por Giovanni Bocali, no convento das clarissas de Verona, fundado, em 1224, por Santa Inês de Assis.

A *Legenda Perusina* refere que Francisco quis compor um cântico, com letra e música, para consolar as Irmãs de São Damião, tão aflitas que andavam com a sua doença. Na letra perpassa todo o carinho e emoção que Francisco sentia pelas irmãs, *Poverellas* do Senhor,

---

253 2C 207,1-6.

254 Cf. KUSTER, N. *Franz und Klara von Assisi* – Eine Doppelbiografie. Op. cit., p. 126, onde reflete sobre o último sermão de São Francisco, em São Damião.

255 Tradução: FF I. 4. ed., p. 60.

256 KUSTER, N. *Franz und Klara von Assisi* – Eine Doppelbiografie. Op. cit., p. 119 [Trad. do autor].

257 Tradução em FF II, p. 373. O texto encontrado parece em tudo com a temática da *Legenda Perusina*.

pressentindo já a separação definitiva[258]. *Poverella* (em latim *paupercula*) é a expressão que Francisco usa para com Maria de Nazaré e para consigo mesmo "pobre e pequeno" no seguimento de Cristo.

O último escrito de Francisco, um verdadeiro testamento para as Irmãs de São Damião, ditou-o ele, pouco antes de morrer, e Santa Clara inseriu-o na sua Regra, como núcleo central, carismático e inspirador para todos os tempos:

> *E para que nem nós, nem as que nos hão de suceder nos desviássemos da altíssima pobreza que abraçamos, pouco antes de morrer, novamente nos escreveu a sua última vontade: "Eu, o pequeno irmão Francisco, quero seguir a vida e a pobreza do nosso altíssimo Senhor Jesus Cristo e da sua Santíssima Mãe e perseverar nela até ao fim, e rogo-vos, minhas senhoras, e vos aconselho, que vivais sempre nesta santíssima vida e pobreza. E conservai-vos muito atentas para que de nenhum modo jamais vos afasteis dela, por ensinamentos ou conselhos, donde quer que venham*[259].

A *última vontade* constitui, com a *forma vivendi*, o núcleo central da Regra de Clara e resume o ideal abraçado por Clara e suas irmãs em São Damião, e é a expressão do que Francisco pensou para São Damião e queria ver realizado nas comunidades das Irmãs Pobres, mesmo por aqueles que lhe vão suceder.

Antes dos meses quentes do verão de 1226, Francisco, depois de passar algum tempo em Bagnara, dirige-se a Assis, sempre muito aclamado e acarinhado pelo povo, sentindo que o fim se aproximava[260].

Francisco morreu no dia 3 de outubro, num sábado, depois do sol posto, enquanto os irmãos cantavam o Cântico das Criaturas. O seu corpo é levado para a Porciúncula, onde é velado pelos irmãos. Antes de morrer, envia um irmão para consolar Clara e as irmãs, prometendo-lhes que havia de voltar a Assis[261]. Voltou no dia a seguir à morte, aos ombros dos irmãos.

---

258 Cf. LP 45. Cf. LEHMANN, L. *Saludo de despedida* – El "canto de exhortación", de San Francisco a las Damas Pobres de San Damian. In: *Selecciones de Franciscanismo*, 72, 1995.

259 RCL 6, 7-9. A *Última vontade* é o último escrito de São Francisco. Cf. TCL 52.

260 Cf. 1C 105; LP 64.

261 Cf. LP 109.

A procissão que levou o corpo de Francisco através da cidade de Assis fez um desvio

> ...*pela Igreja de São Damião, onde na ocasião vivia, escondida com outras irmãs, a santa virgem Clara... e aí parou uns momentos para permitir às religiosas verem e beijarem o corpo precioso... por fim chegou em triunfo à cidade. Depois de lhe prestarem todas as honras na Igreja de São Jorge, ali mesmo o sepultaram: nessa igreja principiara ele, quando menino, o estudo das letras; mais tarde, pregou aí os primeiros sermões...*[262].

Mais tarde a Basílica de Santa Clara vai ser construída sobre a Igreja de São Jorge, que assim ficou incorporada no mosteiro, onde Clara, anos mais tarde, iria ser sepultada.

---

[262] LM 15, 5; Cf. LP 109; 1C 116-117.

IV
São Damião, a defesa de um carisma (1227-1241)

Poucos meses depois da morte de Francisco, a 19 de março de 1227, o Cardeal Hugolino é eleito papa, como Gregório IX. Agora, na cadeira de São Pedro, vai prosseguir a sua política em relação às novas comunidades religiosas, ainda com mais firmeza[263].

Em julho de 1227 dirige a carta *Magna sicut dicitur* aos mosteiros das menores por ele fundados, pedindo orações e anunciando que o franciscano Fr. Pacífico se tornava o assistente espiritual desses mosteiros, procurando, assim, trazer para o seu lado a Ordem dos Frades Menores.

1 Relação entre Clara e Gregório IX

Só faltava conquistar Clara para o seu projeto, o que tentou na visita que fez a São Damião, por ocasião da canonização de Francisco, a 16 de julho de 1228. Nessa visita a Clara, juntamente com o Cardeal Reinaldo, nomeado, entretanto, assistente das comunidades protegidas pelo papa, Gregório IX tudo fez para convencer Clara a aderir ao seu projeto.

---

[263] Sobre as relações de Gregório IX com Clara, cf. KUSTER, N. "Qui divina inspiratione..." Op. cit., p. 197-211. KREIDLER-KOS, M.; KUSTER, N. & RÖTTGER, A. Den armen Christus arm umarmen... Op. cit., p. 56-60. Sobre a relação de Gregório IX com a Ordem Franciscana, cf. ROTZETTER, A. *Klara von Assisi...* Op. cit., p. 196-218. • BARTOLI, M. *Clara de Asís.* Op. cit., p. 194-200. • FELD, H. *Franziskus von Assisi und seine Bewegung.* Op. cit., p. 319-351.

Clara manteve-se firme e recusou-se a aceitar as Constituições que Gregório desejava aplicar a São Damião e às comunidades ligadas a Clara, no que se refere à clausura e à pobreza.

O diálogo entre o papa e Clara deve ter sido muito franco e muito vivo. A Ir. Benvinda afirma, no *Processo*, que estava presente quando o papa visitou Clara e quis convencê-la a aceitar propriedades, e que

> Santa Clara amava de tal modo a pobreza, que nem o Papa Gregório, nem o bispo de Óstia a convenceram a aceitar propriedades... e ter estado presente e ter ouvido o dito senhor papa a pedir-lhe que aceitasse propriedades[264].

A *Legenda* de Celano dá conta desse encontro, e de como terminou de forma um tanto violenta. O papa, com afeto paternal, quis dispensar Clara do voto de pobreza que fez ao Senhor, ao que ela respondeu: *"Santíssimo padre, por nenhum preço quero ser dispensada de viver o seguimento de Cristo para todo o sempre"*[265].

Bartoli afirma, com razão, que esta tomada de posição forte de Clara dá a entender que ela, depois da morte de Francisco, quer que São Damião seja o ponto de referência do carisma franciscano.

> A audácia da resposta é evidente, não só porque se percebe que Clara faz uma leitura e tem uma interpretação do Evangelho diferente da do vigário de Cristo, não só porque ela, que assim falava, era uma simples mulher, mas também porque Gregório, além de ser papa, era nada menos que o Cardeal Hugolino, o amigo de Francisco e protetor da Ordem nos últimos anos da vida do *Poverello*. 2 anos depois da morte deste, Clara vê-se na necessidade de defender o ideal de vida franciscana praticado em São Damião, frente a uma das figuras mais próximas de Francisco[266].

---

264 PCL 2,22.

265 LCL 14.

266 BARTOLI, M. *Clara de Asís*. Op. cit., p. 195-196. Na primeira (de 1234) e segunda (de 1235-1236) cartas de Clara a Inês de Praga também podemos intuir estas duas motivações da pobreza. Por um lado, a afirmação da pobreza evangélica como forma de vida das irmãs (1CCL 15-24), mas também a defesa da originalidade da pobreza de franciscana, ameaçada pela intervenção de Gregório IX e que Clara pretende defender, depois da morte de Francisco. Na segunda carta, Clara exorta Inês a ouvir só a Fr. Elias, lídimo representante da fraternidade franciscana e não Gregório IX (2CCL 15-17). Sobre este ponto cf. MARKERT, C. "O beata paupertatis" – Zur Auslegung der Armut in den Briefen der hl. Klara an Agnes von Prag. In: SCHMIES, B. *Franziskanische Forschung*. Op. cit., p. 43-55.

Estamos perante duas personalidades fortes que não se entendiam sobre algo fundamental para Clara. Para Gregório IX, o voto de pobreza era uma questão jurídica, e havia que defender as comunidades femininas de dificuldades futuras, quanto ao seu sustento e à sua segurança. Daí a defesa do direito a ter propriedades que garantisse o sustento, e a clausura que as protegesse ao máximo dos perigos externos. Era uma questão de segurança econômica e física. Este é o real fundamento da estrita clausura, mais tarde clausura papal.

Não são razões de ordem espiritual ou mística que estão por detrás da clausura que Gregório IX defendia. Por isso, para o papa, tudo se resolvia com uma dispensa do voto.

Mas, para Clara, tratava-se de uma vida coerente com o seguimento de Jesus Cristo, pobre e humilde. Para o papa a segurança era o fundamental. Para Clara a confiança era mais importante do que a segurança.

Era isso que estava em jogo. Parece óbvio que o papa simpatizava com o idealismo de Clara, mas estava convencido que, com o tempo e o contato com a realidade, os fervores do início tornar-se-iam mais realistas.

Gregório IX não voltou a São Damião, mesmo tendo ficado várias vezes em Assis, e Ângelo Clareno, no início do século XIV, chega a dizer que Gregório IX tinha excomungado Clara[267].

2 A liberdade de ser pobre, a defesa do carisma

Depois da visita a São Damião, Gregório IX toma medidas cada vez mais coerentes com o seu projeto. A 18 de agosto de 1228, o Cardeal Reinaldo, como cardeal protetor, dirige uma carta "*às abadessas e comunidades das Damas Pobres do Mosteiro de São Damião...*" e a mais vinte e dois conventos[268].

Clara, porque via a sua comunidade, e mais algumas ligadas a ela, confundidas com outras que seguiam a tradição beneditina, e depois, porque a carta anunciava o regresso de Fr. Filipe Longo, com quem

---
267 Cf. VAUCHEZ, A. *Francisco de Assis...* Op. cit., p. 218.
268 Texto da carta em FF II, p. 436.

Francisco nunca tinha simpatizado, como assistente, reage com toda a firmeza.

Perante tais fatos, Clara pede a confirmação do *Privilégio da Pobreza*, que parece ter-lhe sido concedido por Inocêncio III, em 1214/1216[269]. A reconfirmação chega a 17 de setembro de 1228[270].

Clara estava segura do caminho a seguir, fiel *"ao Filho de Deus, que se fez nosso caminho"*[271]. Pobreza não era para Clara uma questão de penitência ou de mística, era expressão de fé inegociável, e foi assim até o fim. Já no fim da vida, lembrava este combate pela altíssima pobreza, a pedra de toque do seu carisma, ao recordar que

> *frequentemente renovamos a nossa adesão voluntária à santa senhora, a santíssima pobreza, a fim de que, depois da minha morte, as irmãs tanto presentes como futuras, de nenhuma maneira dela se separem*[272].

Gregório IX também não desistiu dos seus intentos. Sentia que era seu desígnio organizar todas as novas comunidades femininas da época, de acordo com a tradição antiga. Não obstante, assinou o *Privilégio de Pobreza*.

"O *Privilégio da Pobreza* de Gregório IX é o último documento que temos a testemunhar a amizade dos dois antigos amigos de Francisco. A partir desse momento parece que as relações resfriaram entre Gregório IX e Clara"[273]. Não houve mais nenhum encontro entre os dois, mas os problemas entre eles não tinham terminado.

Pouco depois de ter assinado o *Privilégio*, Gregório IX começou a usar a expressão "Ordem de São Damião", referida a alguns conventos, e depois para o conjunto dos conventos sob sua orientação. A partir de 1235 essa designação generalizou-se[274]. Ao mesmo tempo, havia ameaças contra os conventos que não aceitassem esta desig-

---

[269] LCL 14. Texto do Privilégio de Inocêncio III, em FF II, p. 293.
[270] Texto do Privilégio de Pobreza em FF II p. 295.
[271] TCL 5.
[272] TCL 39.
[273] BARTOLI, M. *Clara de Asís*. Op. cit., p. 196 [Trad. do autor].
[274] Cf. KUSTER, N. "Qui divina inspiratione..." Op. cit., p. 198-199. Sobre o Privilégio de Pobreza, cf. a obra recente publicada pelo Centro de Estudos Franciscanos do Porto: BISSONNETTE, C. *O Privilégio da Pobreza (1216)*: estudo e refelexão. Org. de M.M.B. Martins, 2018 [s.n.t.].

nação, como era o caso da comunidade de Clara, que não aceitou a designação e continuou a defender o nome original, comunidade das "Irmãs Pobres".

Ao mesmo tempo Clara alargava a sua influência a outras comunidades. Assim, em 1229, envia a sua Ir. Inês para Monticelli, para garantir a fidelidade daquela comunidade ao espírito de São Damião. A Ir. Pacífica foi enviada com a mesma intenção a Spello, e Balvina, parente de Clara, a Coccorano. Uma outra Ir. Balbina foi enviada a Vallegloria[275]. Em 1229, Clara envia um exemplar do *Privilégio de Pobreza* a Monteluce.

A partir de 1234, também o Convento de Praga, fundado por Santa Inês, entrava nesta corrente de comunidades fiéis ao espírito de São Damião[276]. Era a resposta de Clara ao papa.

Como refere Kuster,

> Cidade e silêncio, solidariedade com os seres humanos e busca de Deus na contemplação, vivem-se de forma diferente num *hospicium* e num *monasterium*, num albergue aberto e num convento cercado de muros. É na tensão entre estas duas ideias que as fontes posteriores vão descrever a vida das primeiras *Irmãs Menores*, que aos poucos vão transformando as suas casas (albergues) abertas, em conventos[277].

Clara resistiu muito tempo aos planos de Gregório IX. Só em 1229 é tratada oficialmente como abadessa, o que não deve ter sido do seu agrado. Desde o momento em que Gregório IX identificou São Damião como uma das suas comunidades, Clara sentiu, certamente, que precisava ter uma regra própria para defender o seu carisma. Mas ainda tinha muitas barreiras para ultrapassar.

No ano de 1230, 4 anos depois da morte de Francisco e dois depois da sua canonização, houve dois acontecimentos que marcaram o movimento franciscano: a trasladação dos restos mortais de Francisco para a nova basílica pontifícia de Assis, e o Capítulo Geral, para o qual, pela primeira vez, só seriam convocados os ministros provinciais e não todos os irmãos, como acontecia nos capítulos ditos das esteiras.

---

[275] Cf. PCL VII; PCL I.
[276] Cf. KUSTER, N. *Franz und Klara von Assisi* – Eine Doppelbiografie. Op. cit., p. 142.
[277] KUSTER, N. Stadt und Stille... Op. cit., p. 132-133 [Trad. do autor].

Durante o capítulo estiveram em confronto duas visões sobre o futuro da Ordem. De um lado, a visão de Elias, que tinha como referência a Francisco e o seu espírito de pobreza (Elias mereceu sempre a confiança de Clara); do outro lado, a visão dos que desejavam o corte com o passado, isto é, com a intuição primitiva de Francisco, que defendia uma Ordem mais citadina e mais voltada para os estudos e para a pastoral.

Muitas dúvidas surgiram durante o capítulo, o que levou a recorrer a Gregório IX, pedindo-lhe que interpretasse alguns pontos que se tornaram controversos para muitos irmãos: sobre a obrigação de observar ou não o Testamento de Francisco; sobre a obediência ao Evangelho na sua totalidade; sobre o uso do dinheiro; sobre a pobreza, as casas; sobre a confissão e a pregação; sobre a admissão de noviços, e a eleição do ministro geral; e sobre as relações com os mosteiros femininos[278].

Do capítulo de 1230 saiu a Bula *Quo Elongati*, que dava reposta às dúvidas de um grande número de irmãos[279], esclarecendo vários pontos apresentados pelo capítulo ao papa.

Entre elas, a questão de saber se a Ordem estava obrigada a assistir os conventos das clarissas, tal como Francisco tinha prometido fazer para sempre *"em meu nome e em nome dos meus irmãos"*[280].

À medida que na Ordem a observância começou a ser mais jurídica e legalista, e menos carismática e espiritual, a vontade de Francisco de ter sempre para com as irmãs *"diligente cuidado e solicitude particular"* começou a ser um problema para os ministros.

A Bula, definindo as relações das comunidades com os conventos de monjas, declara que fica proibida a entrada de frades em todos os conventos.

---

[278] Cf. texto da Bula em FFII, p. 457. Sobre o capítulo de 1230 e a Bula *"Quo Elongati"*, cf. FELD, H. *Franziskus von Assisi und seine Bewegung*. Op. cit., p. 336-351 e 455-468. • BARTOLI, M. *Clara de Asís*. Op. cit., p. 198s. • MERLO, G.G. *Francisco de Asís...* Op. cit., p. 158s. • VAUCHEZ, A. *Francisco de Assis...* Op. cit., p. 220. • KUSTER, N. *Franz und Klara von Assisi – Eine Doppelbiografie*. Op. cit., p. 139-143.

[279] Texto da Bula em FF II, p. 457.

[280] RCL VI,4. Pertence ao texto da *Forma vivendi*.

> *Lembramos que está escrito na Regra que os frades não entrem nos conventos das monjas, exceto aqueles a quem foi concedida licença especial pela Santa Sé Apostólica. Até agora os frades entenderam esta prescrição como referida aos mosteiros das Pobres Damas Reclusas* (comunidades de Gregório IX), *já que deles a Santa Sé tem cuidado especial. Constata-se também que esta interpretação foi declarada pelos Ministros Provinciais num Capítulo Geral através de uma constituição do tempo da Regra, vivendo ainda São Francisco. Apesar disso, quisestes saber com mais clareza, uma vez que a Regra não faz nenhuma exceção, se esta prescrição se estende a todos os mosteiros em geral ou só aos mosteiros das sobreditas monjas. É nosso entender que esta proibição diz respeito a todos os mosteiros das monjas* (também os das irmãs pobres de Clara).

O texto da Bula era, primeiro, uma provocação à comunidade de São Damião, uma vez que a equiparava a todos os outros conventos de reclusas protegidos por Gregório IX, e era, também, sinal de que a figura de Francisco estava perdendo todo o seu peso carismático.

Mas era também sinal de que a comunidade de São Damião começava a ser ponto de referência e refúgio para muitos irmãos, sobretudo para os da primeira hora, que eram assíduos visitantes a São Damião. Era necessário afastar de Clara os primeiros irmãos, como Ângelo, Rufino, Leão, Egídio, que certamente não concordavam com estas medidas drásticas tomadas pelo Capítulo.

A reação de Clara pode-se considerar violenta e provocadora:

> *Quando o senhor Papa Gregório proibiu os frades de visitarem os mosteiros das irmãs sem prévia licença sua, muito se entristeceu a piedosa mãe, ao prever que só muito raramente as irmãs seriam alimentadas com a doutrina sagrada, e comentou com amargura: "Já que nos tirou os administradores do alimento da vida, que nos tire todos os irmãos". De imediato dispensou todos os irmãos esmoleres e enviou-os ao ministro. Uma vez que tiravam às irmãs o alimento espiritual, também não queriam ter esmolas de pão corporal. Perante tal reação, o Papa Gregório remeteu imediatamente a solução deste problema para as mãos do ministro geral*[281].

Perante a imposição de Gregório IX, Clara responde com uma greve de fome. Nem mais nem menos. Sem os pregadores franciscanos,

---

281 LCL 37.

que ela queria ter o direito de escolher, não tinha o alimento espiritual que desejava. Se não tinha esse alimento espiritual, era preferível renunciar também ao alimento material. Mas isso não amedrontava Clara. Pior ficou o papa, que tratou logo de remediar a questão. O que verdadeiramente "estava em jogo era a fecunda unidade espiritual, que ligava São Damião com todo o movimento minorítico"[282].

A historiadora italiana Cristina Andenna sublinha, com razão, "que a pobreza de Clara e o conceito papal de clausura não subsistem um com o outro. A pobreza de Clara exige um contato permanente com a sociedade, e o conceito de estrita clausura papal exige o máximo de isolamento"[283].

De certa maneira, o *Privilégio de Pobreza* conciliava dois objetivos carismáticos. Por um lado, exprimia a decisão de viver a santa pobreza de Jesus Cristo; mas por outro, ao renunciar a toda propriedade, manifestava a vontade de manter o contato com os pobres a quem serviam, mas de quem também recebiam algo do que necessitava para viver.

De certa forma, aprovando o *Privilégio de Pobreza*, o papa estava contradizendo-se. "Este privilégio representava para Clara a garantia de que a sua comunidade não podia ser obrigada a adotar uma regra que exige a posse de propriedades"[284].

É neste contexto que se deve sempre analisar o tipo de clausura que se vivia em São Damião. O *Privilégio de Pobreza* exige uma outra abertura à cidade. A pobreza mais estrita não se coaduna com a clausura mais estrita[285].

---

282 BARTOLI, M. *Clara de Asís*. Op. cit., p. 200.

283 KUSTER, N. *Franz und Klara von Assisi* – Eine Doppelbiografie. Op. cit., p. 143.

284 SAGAU, E. El camino franciscano según Santa Clara de Asís. In: *Selecciones de Franciscanismo*, 133, 2016, p. 55 [Trad. do autor].

285 Alguns autores, como Clara Augusta Lainati, e outras Irmãs Clarissas, defendem que Clara teria optado desde o início pela estrita clausura, uma vez que aceitou, em 1219, a Regra de Hugolino, não têm em conta o verdadeiro significado do *Privilégio de Pobreza*. Que Clara viveu em clausura toda a vida é algo indesmentível. Mas desde sempre se opôs a viver a estrita clausura que Gregório IX quis implementar para todas as comunidades ditas de São Damião. Por outro lado, a Regra de Hugolino obrigava a profissão da Regra de São Bento, que Clara, como Francisco, nunca aceitaria (cf. EP 58). Cf. LAINATI, C.A. *Santa Clara de Asís*. Op. cit., p. 435-469. Outra compreensão da clausura de São Damião é encontrada em ZAVALLONI, R. *La personalità...* Op. cit., p. 136-138: "L'originalità dell'esperienza clariana è quele di una 'comunità

Enquanto Gregório IX, com medo, desejava garantir a subsistência com grandes propriedades, no bom estilo dos mosteiros beneditinos, Clara, com confiança, sentia-se segura no seguimento de Cristo pobre e na comunhão com os pobres da sua cidade. Esta relação com Cristo pobre e com os pobres da cidade é o cerne do carisma de Clara de Assis.

O que estava em jogo não eram simples conceitos, mas um carisma próprio que começou com Francisco e começava a estar em causa, depois da sua morte. Clara e São Damião transformavam-se em reserva do carisma de Francisco.

3 Uma aliada de grande envergadura

Podemos imaginar que a partir do momento em que sentiu que o papa não lhe dava o reconhecimento que desejava, Clara precisou de aliados de confiança para partilhar os seus ideais e, sobretudo, para poder contornar as intenções de Gregório IX.

Depois de perder o seu maior aliado, Francisco, o pai e o irmão a quem sempre quis se manter fiel, Clara contou como aliado fiel e sempre presente a Fr. Elias, enquanto foi Geral da Ordem, entre 1232 e 1239. Contou sempre também com a sua Ir. Inês, e com os mosteiros que se mantinham firmes no ideal de pobreza vivido em São Damião.

Mas, por estranho que pareça, vai ser longe de Assis que vai encontrar uma aliada muito importante, que vai acompanhá-la até à morte[286].

---

aperta'. E questa precisamente una delle differenze più consistenti tra S. Damiano e le comunità regolate dalle costituzioni del cardinale Ugolino". A mesma compreensão encontramos em BARTOLI, M. *Clara de Asís*. Op. cit., p. 137-144.

286 Sobre a relação entre Clara e Inês de Praga, seguimos um recente estudo de Kreidler-Kos. A autora, através das quatro cartas de Clara a Inês, analisa a história desta relação de amizade, que muito contribuiu para o reconhecimento do carisma de Clara que culminou com a aprovação da sua Regra. Cf. KREIDLER-KOS, M. *Die Frauenfreudschaften...* Op. cit., p. 12-22. • Cf. ROTZETTER, A. *Klara von Assisi...* Op. cit., p. 229-244. • VAUCHEZ, A. *Francisco de Assis...* Op. cit., p. 220-221. • KUSTER, N. *Franz und Klara von Assisi* – Eine Doppelbiografie. Op. cit., p. 151. • KEIDLER-KOS, M.; RÖTTGER, A. & KUSTER, N. *Klara von Assisi...* Op. cit., p. 103-106. Sobre as cartas de Clara a Inês de Assis, cf. a obra de referência: GOORBERGH, E. & ZWEERMAN, T. *Klara von Assisi* – Licht aus der Stille: zu ihren Briefen an Agnes von Prag. Coelde, 2001.

Já muito perto do fim da sua vida, com 60 anos, Clara escreve a uma pessoa, 20 anos mais nova, dirigindo-lhe palavras perpassadas de muita intimidade e ternura: *"À metade da minha alma e escrínio singular da minha afeição, à ilustre rainha e senhora"*[287].

A carta vai dirigida a Inês de Praga, da dinastia dos Przemysl da Boêmia. Era filha do Rei Otocar I da Boêmia e de Constância da Hungria. Nasceu em 1211, ano da conversão de Clara. Em 1233 funda uma comunidade em Praga e manda construir um hospital que, com a aprovação de Gregório IX, ficou sendo propriedade de Inês e da comunidade.

Ao entrar em contato com Clara, a partir de 1234, através de irmãos que vieram de Assis, Inês sente-se fascinada pelo espírito de São Damião e toma decisões coerentes com o caminho que deseja trilhar.

A pedido de Inês, Clara envia cinco Irmãs Clarissas de Trento para Praga. Antes de receber o hábito da pobreza, com mais cinco mulheres da nobreza, em 1235, Inês desfaz-se do hospital, com autorização do Papa Gregório, que o entrega à Ordem da Cruz, recentemente reestruturada por ela. Ao mesmo tempo, pede o *Privilégio de Pobreza*, que lhe é concedido por Gregório IX em 1238[288]. Inês de Praga é fundadora de duas comunidades, uma feminina e outra masculina, a de Santa Cruz, por ela completamente restaurada.

Dadas as circunstâncias, a amizade entre Clara e Inês tinha todas as razões para não acontecer e para não dar certo. Foi o ideal do seguimento de Cristo e a luta por um carisma próprio que as irmanou ao longo de muitos anos.

Efetivamente, as duas personalidades vinham de mundos distintos, geográfica e socialmente. Clara, filha de uma família da baixa nobreza, nascida em Assis, era 20 anos mais velha. Inês pertencia à alta nobreza, membro da casa real, vivia em Praga, na Boêmia. Eram de origens diferentes e de diferentes mentalidades e culturas.

---

[287] 4CCL 1.

[288] Sobre Santa Inês de Praga, cf. MARKOVA, A. Die bekante und unbekannte Agnes von Prag. In: SCHNEIDER, H. (ed.). *Klara von Assisi...* Op. cit., p. 165-178. • ELM, K. Agnes von Prag und Klara von Assisi – Na Frantisku und San Damian, János Bak septuagenário. In: SCHMIES, B. (ed.). *Franziskanische Forschung*. Op. cit., p. 237-255.

Além disso, o caminho vocacional que as levou à consagração também foi diferente. Inês conhecia por dentro a vida monacal. Foi educada nesse ambiente, para se preparar para o matrimônio com o futuro rei. Bebeu da espiritualidade cisterciense durante todo o tempo da sua formação básica. Clara só conheceu a vida conventual no dia em que saiu de casa, durante os poucos dias que esteve em São Paulo e Santo Ângelo de Panzo.

Para Clara, os problemas familiares começaram por volta dos 18 anos, quando teve de contrariar os planos do clã. Inês foi preparada desde a infância para um casamento real[289]. Ao abandonar os projetos que a família tinha a seu respeito, ao seguirem o caminho escolhido, cada uma teve um apoio importante. Clara apoiou-se em Francisco, Inês no Papa Gregório IX, o que revela a influência política que tinha no seu tempo e no seu país.

Uma diferença importante está no fato de Clara não ter pontos de referência femininos, que a ajudassem a discernir sobre a vocação. Ela mesma havia de ser ponto de referência para muitas mulheres. Inês teve como ponto de referência, além de Clara, também a sua

---

[289] Como era costume na época medieval, entre as famílias nobres, aos 3 anos de idade Inês foi prometida em casamento a Boleslau, filho de Henrique, rei da Silésia; foi educada por algum tempo no Mosteiro de Santa Edviges. Com a morte prematura do futuro esposo, quando ela contava apenas com 9 anos, em 1220, voltou à corte paterna e foi-lhe contratado matrimônio com Henrique VII, filho do Imperador Frederico II da Alemanha (1215-1250), que residia na corte da Áustria, para onde Inês foi transferida. Henrique, no entanto, faltou ao pacto e decidiu contrair matrimônio com Margarida, filha do Arquiduque Leopoldo da Áustria. Primeiro fundou o Convento dos Frades Menores em 1232 e a Igreja de São Tiago e, a exemplo de sua prima Isabel da Turíngia, procurou também dedicar-se ao tratamento de doentes mais pobres. Com esta finalidade fundou uma ordem masculina, reestruturando a Ordem da Cruz (Crucíferos), conhecida por Ordem da Cruz de Belém, em crise desde 1217, e colocou estes frades da estrela vermelha a serviço dos pobres. Inês morreu em 1282, com 71 anos de idade, tendo dedicado tudo de si para tornar o Mosteiro de São Francisco um espelho da vivência do ideal franciscano e clareano. A canonização de Inês era esperada para logo após sua morte. No entanto, um dossiê de documentos enviado a Roma acabou por ficar em Milão por causa das guerras, sendo descoberto somente em 1896. A popularidade da princesa foi constante através dos séculos; venerada como santa entre o seu povo, só muito tarde recebeu a aprovação oficial da Igreja. Em 1874 foi beatificada pelo Papa Pio IX; a 12 de novembro de 1989, foi canonizada pelo Papa João Paulo II, em Praga. Sobre Inês de Praga, além do trabalho anterior, cf. Cf. ROTZETTER, A. *Klara von Assisi...* Op. cit., p. 219s. • BARTOLI, M. *Clara de Asís*. Op. cit., p. 257-261. • KREIDLER-KOS, M.; KUSTER, N. & RÖTTGER, A. Den armen Christus arm umarmen... Op. cit., p. 61-63.

prima Isabel da Turíngia, canonizada pouco tempo depois da conversão de Inês[290].

Diferente foi também o ambiente da consagração. Clara consagrou-se clandestinamente, cortando os cabelos na Porciúncula. Inês teve cerimônias de Estado no dia em que se consagrou ao Senhor, num ambiente de festa popular, entrando num convento por ela mesma fundado, com o *placet* do próprio papa. Dois meses depois de entrar no convento foi escolhida para abadessa, por indicação do papa. Clara é a santa da cidade de Assis, Inês é santa da nação checa[291].

No entanto, apesar de todas as diferenças, ambas desejavam ardentemente viver o seguimento de Cristo, pobre e humilde. Ambas dirigiram uma comunidade conventual até à sua morte, sem nunca aceitarem as honrarias do título de abadessa.

Para além da riqueza espiritual que têm as quatro cartas de Clara a Inês de Praga, podemos através delas perceber como entendiam o ideal da santa pobreza e como lutaram por ele ao longo da vida[292].

Pouco tempo depois de Clara ter conseguido de Gregório IX a renovação do *Privilégio de Pobreza*, em 1228, escreve a Inês a sua primeira carta. Seria por volta de 1234. Nela, manifesta o seu grande júbilo e alegria pela notícia que correu a Europa de que a Princesa Inês, a futura rainha, tinha vestido o hábito da pobreza.

A notícia chegou-lhe, talvez, através de irmãos vindos de Praga, ou até pelo próprio papa. É grande o gozo interior de Clara. Inês, que podia abraçar todas as pompas e glórias do mundo, preferiu "*abraçar*

---

[290] Sobre Santa Isabel da Hungria, cf. SCHNEIDER, R. *Santa Isabel da Hungria (Santa Isabel da Turingia)*. Castelo Branco: Evaramons, 2005.

[291] Santa Inês, padroeira da República Checa, ainda hoje é popular no seu país, apesar de ser um dos países mais declaradamente ateus da Europa. A capela onde ela e algumas damas da realeza, entre elas Santa Cunegundes, estão sepultadas, é considerada monumento nacional. E as atuais notas de cinquenta coroas levam de um lado uma marca de água com o rosto de Inês e no outro uma gravura de Francisco e de Clara.

[292] Como dissemos anteriormente, seguimos a leitura das cartas em KREIDLER-KOS, M. Die Frauenfreudschaften... Op. cit., p. 12-22 no estudo que faz sobre as *cartas de Clara a Inês*. O texto das cartas está publicado em FF II, p. 80-114, com introdução às cartas de Ir. Maria Victoria Triviño. Cf. Introdução às cartas de Clara. In: GRAU, E. & SCHLOSSER, M. *Leben und Schriften der heiligen Klara von Assis*. Kevelaer: Coelde, 2001, p. 74-83. • LEHMANN, L. *Klara-Quellen*. Ed. De Butzon-Bercker. Kevelaer: Coelde, 2013, p. 13-19.

com todo o afeto da alma e coração a santíssima pobreza", tornando-se, assim, *"esposa, mãe e irmã do meu Senhor Jesus Cristo"*[293].

Clara dirige-se a Inês com toda a reverência, fortalecendo-a *"no santo serviço pela qual vos haveis decidido, em ardente desejo de imitar a Cristo pobre e crucificado"*[294]. Entre Clara e Inês há algo que as irmana profundamente, o amor à pobreza:

> *Ó bem-aventurada pobreza, penhor de eternas riquezas para os que a amam e abraçam. Ó santa pobreza, pela qual Deus promete o Reino dos Céus aos que a possuem e desejam, e certamente lhes concede a glória eterna e a vida bem-aventurada. Ó sagrada pobreza, que o Senhor Jesus Cristo se dignou abraçar, preferindo-a a todas as riquezas*[295].

A segunda carta deve ter sido escrita pouco tempo depois, quando Fr. Elias, citado na carta, era ministro geral. Estava-se, precisamente, no auge da controvérsia entre Clara e Gregório IX, onde Inês também esteve envolvida. Em 1238, Inês pedia o *Privilégio de Pobreza*, mostrando vontade de seguir o caminho de São Damião e não aceitar pertencer às comunidades de estrita clausura de Gregório IX. Clara incentiva Inês em manter-se fiel no caminho da pobreza:

> *Mas, como uma só coisa é necessária, a uma só coisa te chamo a atenção por amor daquele a quem te ofereceste como vítima santa e agradável. Eu te exorto a não esqueceres o teu santo propósito e qual outra Raquel, não percas de vista as motivações de início; mantém-te firme no que já alcançaste; sê constante no que fazes; não desanimes no caminho, corre veloz, com passo leve e sem tropeçar; que nem a teus pés o pó se apegue; avança alegre e jovial, no caminho da felicidade, não acredites nem confies em quem te tentar desviar deste propósito; ultrapassa todo o obstáculo do caminho, e sê fiel ao Altíssimo no estado de perfeição a que te chamou o Espírito Santo*[296].

Clara é contundente. Desde Assis, procura alertar Inês para os perigos que tem pela frente. Quando diz que não confie em quem a quer desanimar, refere-se ao próprio papa. Deve antes seguir

---

293 1CCL 12.
294 1CCL 13.
295 1CCL 15-17.
296 2CCL 10-17.

> os conselhos do nosso venerado pai e irmão Fr. Elias, ministro geral. Prefere os seus conselhos a qualquer outro e estima-os mais que o dom mais precioso[297].

Quando se escreve *"qualquer outro"* refere-se, nada mais nada menos, ao próprio Papa Gregório.

Esta carta é um documento extraordinário. Une duas mulheres da Idade Média, distantes geograficamente, numa luta contra a autoridade máxima da Igreja. Kleider-Kos lembra que "as duas mulheres não pretendem cortar com a Igreja, nem põem em causa o lugar do papa. Mas distinguem entre autoridade e carisma... Clara, mesmo em relação ao papa, não hesita em lembrar que nada pode pôr em causa a sua vocação. Como a Santa devia estar segura da sua vocação, para conseguir distinguir os níveis e formulá-los desta maneira?!"[298]

Enquanto Fr. Elias foi ministro geral até 1239, São Damião teve nele um defensor fiel e seguro, seguindo aliás o que Francisco prometera na *Forma de Vida*. Depois da sua saída, São Damião e os conventos que tinham a comunidade de Clara como ponto de referência foram cada vez mais abandonados pelos responsáveis da Ordem dos Frades Menores.

A terceira carta é de 1238, poucos anos depois da segunda. Inês consulta Clara sobre o jejum, e Clara dá-lhe uma resposta. Nesta consulta sente-se a união entre as duas comunidades e o respeito que Inês tem por Clara e suas opiniões. Clara usa expressões que manifestam a grande amizade que as une no mesmo propósito do seguimento de Cristo pobre:

> *Julgo e creio teres sabido completar admiravelmente as insuficiências que eu e minhas irmãs manifestamos no seguimento do pobre e humilde Jesus Cristo... considero-te colaboradora do próprio Deus e um suporte dos membros mais débeis do seu corpo*[299].

Infere-se que Inês, ao consultar Clara sobre o jejum, prepara o documento que quer apresentar à aprovação papal, um documento

---

[297] 2CCL 15-16.

[298] KREIDLER-KOS, M. Die Frauenfreudschaften... Op. cit., p. 17-18 [Trad. do autor].

[299] Cf. 3CCL 4,8.

inspirado na *Forma de Vida* que Francisco deu às Irmãs de São Damião. Infere-se também que Inês combina com Clara o conteúdo desse documento.

Uma vez que Clara não tinha conseguido a aprovação da sua *Forma de Vida*, Inês, confiando talvez na sua influência diplomática, faz chegar um texto a Gregório IX através dos franciscanos de Praga.

Embora mostrasse vontade de professar a Regra de Gregório, não cedia na questão da pobreza e da forma como ela era vivida em São Damião. Este documento, cujo conteúdo não conhecemos, pode ser considerado a primeira regra escrita por uma mulher, por Inês, embora, efetivamente, não tenha sido aprovada. A resposta do papa foi cínica e desmotivadora[300]:

> *Na verdade, filha da bênção e da graça, quando nós tínhamos menor responsabilidade*[301], *a dileta filha em Cristo, Clara, abadessa do Mosteiro de São Damião, em Assis, e outras senhoras devotas, abandonando as vaidades do mundo, optaram por servir o Senhor na observância de vida numa comunidade religiosa. O Beato Francisco compôs-lhes a "Forma Vitae", que não é um prato forte, mas leite, como convinha a quem inicia uma vida nova. Há pouco tempo, o prior do Hospital de São Francisco de Praga, homem discreto e zeloso, apresentou-me uma carta a pedir humildemente que nós confirmássemos com autoridade apostólica a Forma de Vida que tem por base a dita "Forma Vitae" e alguns capítulos da Regra da Ordem de São Damião. Nós, depois de séria reflexão,* não achamos oportuno aceitar este teu pedido[302].

Alegando razões de unidade de vida entre todos os mosteiros da dita Ordem, que "*observam a dita Regra desde a profissão até agora*",

---

[300] Recentes estudos relacionam esta resposta do papa com a carta (*Deus Pater*) que Gregório IX escreveu "*às monjas enclausuradas em São Damião*, até agora datada de 1228 (FFI, p. 433). Mas Kuster, na *Nova Cronologia* defende ser de 1238 e que tem relação com a carta que o papa enviou a Inês no mesmo ano de 1238 comunicando que não aceitava a Regra que Inês lhe propunha. Cf. ROTZETTER, A. Zugedachte und vollzogene Kirchlichkeit bei den Schwestern von San Damiano. In: SCHNEIDER, H. (ed.). *Klara von Assisi...* Op. cit., p. 111. • KUSTER, N. & KLEIDER-KOS, M. Neue Chronologie... Op. cit., p. 302. Na *Nova Cronologia* já consta que a carta (*Deus Pater*) a Clara é de 1238.

[301] Refere-se ao tempo em que o Cardeal Hugolino era protetor da Ordem dos Menores.

[302] Texto da carta de Gregório IX, *Angelis Gaudium*, em FFII, p. 469-471.

o papa não achava oportuno tal aprovação. Efetivamente, a suposta unidade não existia, uma vez que várias comunidades, sobretudo as mais ligadas a Santa Clara, nunca aceitaram os pontos essenciais que se prendiam com a pobreza, a clausura e o direito à propriedade.

Este texto tenta desvalorizar a *"Forma Vitae"* de Francisco, com expressões algo cínicas, como não sendo *"prato forte, mas leite, como convinha a quem inicia uma vida nova"*. Esta expressão referente ao texto de Francisco, de quem Gregório IX foi amigo e admirador, revela também como a influência de Francisco, sobretudo no que concerne à pobreza, começava a ser desvalorizada na Ordem e na Igreja, depois da Bula *Quo Elongati*.

Era o fim de um sonho. Parecia evidente que Gregório IX não desistia de integrar todos os conventos ligados a Clara na rede das suas comunidades estritamente claustrais.

É notório que no ano de 1238 um triângulo de influências circulou entre Assis, Praga e Roma. A carta de Clara a Inês, a apresentação da Regra de Inês ao papa e a resposta dele a Inês na carta *"Pia crudelitate tenentes"*, e também a carta do papa *"Deus Pater"* dirigida às monjas de São Damião, exigindo que se cumpram as orientações referentes à estrita clausura, dão-nos conta deste triângulo de influências.

Restava a Clara e a Inês o *Privilégio de Pobreza* concedido a São Damião em 1228 e ao Convento de Praga, em maio de 1238. Sem se dar bem conta, o papa anulava as suas próprias orientações, uma vez que o *Privilégio de Pobreza* não se coaduna com a estrita clausura, tão defendida por Gregório IX.

Estamos perante duas visões diferentes da pobreza. No movimento franciscano, a pobreza tem um rosto, é personificada, é a dama pobreza cantada por Francisco, é a *"nossa senhora, a santíssima pobreza"*[303], à qual Clara adere voluntariamente. Abraçar a pobreza que Jesus Cristo abraçou faz de Clara e suas irmãs, *"irmã, esposa e mãe do Filho do Pai altíssimo e da Virgem gloriosa"*[304]. Para Clara e Inês o voto de pobreza

---

303 TCL 39.
304 1CCL 24.

não era uma questão contratual, jurídica, como pensava Gregório IX e, depois, Inocêncio IV.

Como bem observou Kreidler-Kos, "Com a sua luta pelo *Privilégio de Pobreza*, por um lado, e na busca de uma forma de vida coerente, por outro, as irmãs de Assis e de Praga procuram assegurar o direito de habitação da senhora pobreza dentro da sua comunidade. Elas, que são consideradas por todos como esposas de Cristo, combatem pela esposa do seu Senhor: a senhora pobreza tem de ter espaço nas estruturas desta Igreja"[305].

Considerar a pobreza, primeiro que tudo, como esposa de Cristo e as irmãs como irmãs da pobreza, tal como Clara insinua e vive, traz aspectos novos e enriquecedores à mística da espiritualidade esponsal, e acentua a importância de Clara para a história, espiritualidade e teologia mística da Igreja ocidental. E desafia as irmãs que hoje se dizem filhas de Clara e membros da Ordem das Irmãs Pobres e querem ser fiéis ao espírito da Regra de Santa Clara.

---

[305] KEIDLER-KOS, M.; RÖTTGER, A. & KUSTER, N. *Klara von Assisi...* Op. cit., p. 105-106 [Trad. do autor].

V
Fidelidade ao carisma comum
(1241-1247)

Entre a terceira e a quarta carta, passaram-se vários anos. Clara tenta explicar isso, desculpando-se perante a irmã e amiga.

> *Não te cause estranheza, querida mãe e filha, esposa do Rei de todos os séculos, que eu não tenha escrito tantas vezes quantas o deseja o coração. E não penses, sobretudo, que por isso o fogo de amor por ti esmoreceu no coração de tua mãe. O problema é a falta de mensageiros e os enormes perigos dos caminhos*[306].

O fato de afirmar que passou muito tempo sem escrever, e também o fato de endereçar saudações em nome de Inês, irmã de Clara, regressada a Assis poucos dias antes da morte de Clara, indica que a carta é uma despedida da amiga e da irmã, que já sente a morte se aproximar[307].

Neste ambiente de despedida, Clara manifesta a grande amizade que sente por Inês, a *"metade da minha alma"*. Não poupa nas palavras.

> *Que faça silêncio a linguagem da carne e dê lugar à do espírito acerca da minha afeição por ti, filha bendita. A linguagem dos sentidos só muito imperfeitamente pode manifestar o amor que sinto por ti*[308].

---

[306] 4CCL 4-6.

[307] Sobre Inês, irmã de Clara, cf. KUSTER, N. & KLEIDER-KOS, M. Neue Chronologie... Op. cit., p. 325, nota 89, que esclarece algumas dúvidas sobre o trajeto de Inês, desde que saiu de Assis até voltar para assistir à morte de Clara.

[308] Ibid., p. 35.

Para além das palavras de despedida, a quarta carta é como um testamento, e resume o conteúdo principal da espiritualidade de Clara, tendo como ponto de partida a imagem do espelho:

> Contempla diariamente este espelho, ó rainha e esposa de Jesus Cristo... Neste espelho poderás contemplar, com a graça de Deus, como resplandece a bem-aventurada pobreza, a santa humildade e a inefável caridade.
> Contempla, no princípio deste espelho, a pobreza, pois está colocado no presépio e envolto em paninhos. Oh maravilhosa humildade! Oh admirável pobreza!...
> Ao centro deste espelho considera a humildade e a santa pobreza...
> E no fim deste espelho contempla a inefável caridade, que o fez sofrer no patíbulo da cruz a morte mais infame[309].

De alguma maneira, Clara via em Inês a garantia de que a sua intuição carismática havia de ter continuidade. Efetivamente, Inês viveu mais 30 anos. Faleceu em 1282 e a *Regra de Clara*, em 1260, foi aprovada também para o Convento de Praga.

1 Fidelidade ao carisma de Francisco

Depois da Bula *Quo Elongati*, Clara tinha duas frentes que lhe causavam não poucas preocupações. Por um lado, continuava a preocupar-se com a política de Gregório IX em relação às religiosas. Por outro lado, a Ordem dos Frades Menores afastava-se cada vez mais da intuição original de Francisco, distanciando-se de Clara e das suas comunidades.

Lembremo-nos que nas Constituições de Narbona, 1239/1240, 13 anos depois da morte do fundador, se dizia que os candidatos à Ordem deviam ser clérigos cultos e que os leigos só podiam ser admitidos se tivessem grande relevância na sociedade. Nessa altura

---

[309] Ibid., p. 15-27. Sobre a mística do espelho, que desenvolveremos, tão presente em Santa Clara, cf. BENTO XVI, *Figuras Franciscanas*. Braga: Editorial Franciscana, 2010, p. 69-70. • Cf. ROTZETTER, A. *Klara von Assisi...* Op. cit., p. 247-250. • FELD, H. *Franziskus von Assisi und seine Bewegung.* Op. cit., p. 442-447. • BARTOLLI, M. *Movimento Religioso Femminile e Franciscanesimo nel Secolo XIII.* Op. cit., p. 173-192.

Francisco já não poderia ser admitido na Ordem que fundou[310]. Tal era a distância que separava a Ordem de então da intuição original de Francisco.

Enquanto Fr. Elias esteve à frente dos destinos da Ordem, Clara não procurava outro conselheiro[311]. E há quem pense que mesmo depois de ser excomungado, unicamente por razões políticas, Clara continuou a tê-lo como confidente.

Isso revela, mais uma vez, como Clara era autônoma nas decisões e nas opiniões que tinha, mesmo no que concerne a Fr. Elias. Mais uma vez sabe distinguir entre a dimensão jurídica e as relações de fraternas.

Depois de escolherem o primeiro sacerdote como ministro geral, Alberto de Pisa, Elias sai de cena e entra por algum tempo ao serviço de Frederico II, que o envia à Terra Santa para conversações de paz com o patriarca de Constantinopla. São as relações com o imperador que levam à sua excomunhão. Morreu pouco tempo antes de Clara, já reconciliado com a Ordem e com a Igreja.

Às vezes parece que o papa e a Ordem se juntam para se opor a Clara. Disso nos dá conta um documento onde isso parece patente. Trata-se da Bula *Ad Audientiam Nostram*, de 1241, dirigida a arcebispos e bispos, onde manifesta uma preocupação do papa e da Ordem dos Menores:

> Sabeis certamente que chegou ao nosso conhecimento o caso de algumas mulheres que circulam pelas vossas cidades e dioceses e que dizem falsamente que fazem parte da Ordem de São Damião. Para se tornarem mais credíveis, andam descalças e vestem o hábito das monjas da dita Ordem. Por isso lhes chamam descalças, cordulatas ou menores. É sabido que as monjas de São Damião (comunidades de Gregório IX) *vivem a clausura perpétua como um servi-*

---

310 Cf. MERLO, G.G. *Francisco de Asís...* Op. cit., p. 123: "Nullus recipiatur in Ordine nostro nisi sit talis clericus qui sit competenter in gramatica instructus vel logica vel medicia vel decretis vel legibus vel teologia, aut nisi sit talis clericus vel laicus de cuius ingressu esset valde famosa et celebris edificatio in populo et in clero".

311 Sobre Fr. Elias e o seu trajeto dentro da Ordem, cf. MERLO, G.G. *Francisco de Asís...* Op. cit., p. 155s. • Cf. ROTZETTER, A. *Klara von Assisi...* Op. cit., p. 235ss. • POMPEI, A.M. Fr. Elias de Asís y la Orden franciscana en el 750 aniversario de su muerte. In: *Selecciones de Franciscanismo*, 96, 2003. Elias nasceu no mesmo ano de Francisco, 1182, e faleceu uns meses antes de Clara, em abril de 1253, reconciliado com a Igreja e com a Ordem.

> *ço prestado a Deus. E uma vez que isso causa perplexidade à Ordem de São Damião e indignação aos Frades Menores, e esta falsa ordem causa escândalo aos ditos frades e às ditas monjas, ordenamos com esta carta apostólica, a todos vós, que as obrigueis, com censura eclesiástica, a renunciar a tal hábito com cíngulo e cordão, depois de as terdes admoestado, logo que sejais informados da sua presença, concedendo-lhes a faculdade de apelar*[312].

Quando aqui se fala da perplexidade que causa à Ordem de São Damião e de indignação aos Frades Menores não se trata das irmãs que vivem em São Damião, mas da Ordem criada por Gregório IX, de estrita clausura. No fundo, o que está em causa são as comunidades que não seguem a política do papa e não aceitam nem a clausura papal nem a propriedade de bens.

Mais uma vez é a voz do papa, contra o espírito das irmãs que seguem Santa Clara em São Damião, as Irmãs Pobres.

Mas o mais triste para Clara foi constatar que este documento surgiu *"da indignação aos Frades Menores"*, tal era grande a distância que separava a Ordem dos Frades Menores das *Irmãs Pobres* de Clara.

Essa distância era sentida por Clara, sobretudo, na questão da pobreza, que depois das bulas *Quo Elangati* e *Ordinem Vestrum* ficou reduzida a uma ficção jurídica, regulada por privilégios e dispensas papais.

Clara sentia necessidade, por um lado, de manifestar as diferenças entre a sua comunidade e as comunidades de Gregório IX. Mas também sentia necessidade de se distinguir das *"sorores minores"* que circulavam pelas cidades, sem clausura, a incomodar bispos e frades. É nesse contexto que se entendem as orientações que dá na sua Regra, sobre como devem funcionar as entradas na comunidade, sem nunca usar o termo clausura[313].

---

[312] Texto da Bula *Ad Audientiam Nostram* vem publicado em FF II, p. 474. Mais cinco documentos semelhantes apareceram até 1261. Cf. KEIDLER-KOS, M.; RÖTTGER, A. & KUSTER, N. *Klara von Assisi...* Op. cit., p. 113-114. • KREIDLER-KOS, M.; KUSTER, N. & RÖTTGER, A. Den armen Christus arm umarmen... Op. cit., p. 126-127, nota 307, que mostra que a Bula foi dirigida em anos diferentes a bispos da Alemanha, França, Inglaterra e Espanha. • Cf. ROTZETTER, A. *Klara von Assisi...* Op. cit., p. 271-286.

[313] Cf. RCL XI.

Gregório IX morre a 22 de agosto de 1241. Para lhe suceder, foi eleito Celestino IV, que governou durante poucos dias. Em 25 de julho de 1243, quase 2 anos depois, foi eleito Inocêncio IV, que vivia escondido em Lião, por medo do imperador, e que não conhecia São Damião. Só entrou em Roma em 1251. Cabia ao Cardeal Reinaldo, sobrinho de Gregório IX, eleito como protetor da Ordem, estabelecer as pontes entre o papa e São Damião.

2 Fidelidade à intuição e unidade primitiva

No momento em que Clara se dispõe a escrever a sua Regra, só podia contar com a fidelidade e amizade de alguns dos primeiros companheiros de Francisco. Como manifesta Vauchez na biografia sobre São Francisco, examinando "os escritos redigidos no seio dos Menores, durante os primeiros decênios que se seguiram à morte de Francisco, espanta-nos o rápido desaparecimento de qualquer referência concreta ao seu gênero de vida e aos aspectos econômicos e sociais da pobreza como ele a tinha praticado"[314]. É verdade, como refere o autor, que, mesmo Antônio de Lisboa, nomeado por Francisco como primeiro professor de Teologia, não o cita uma única vez nos seus sermões.

Também em relação a Clara, podemos detectar um distanciamento cada vez maior. A luta que travou na defesa do carisma que o *"Senhor lhe inspirou"* não era acompanhada pelas estruturas da Ordem dos Menores, sobretudo depois de 1239. As comunidades ligadas a São Damião já não eram consideradas como fazendo parte da mesma Ordem, como era no tempo de Francisco. Acompanhando a primeira e segunda de *Legenda de Celano* (1228 e 1248) verificarmos como pouco se recolheu da memória de Clara.

Assim, a Primeira de Celano (1228) só por duas vezes fala de Clara[315]. Na 1C 18, recorda a construção da Igreja de São Damião, sem referir a profecia de Francisco sobre a comunidade de irmãs que ali havia de residir. Na 1C 116, recorda a morte de Francisco e como

---

[314] VAUCHEZ, A. *Francisco de Assis...* Op. cit., p. 227.
[315] Cf. 1C 18,116.

as irmãs se despediram do corpo do seu fundador. Só nesses dois momentos Celano se refere a Clara[316].

No entanto, é interessante verificar como a Segunda de Celano (1248) recupera aspectos referentes a São Damião, ausentes da primeira Legenda: a profecia sobre as irmãs que ali haviam de viver; o diálogo com o crucifixo de São Damião. Parece que Tomás de Celano recebeu informações sobre alguns assuntos referentes a Francisco, que ainda não conhecia e, por isso, não deixou registrado na *Primeira Legenda*; por exemplo, o episódio importante do diálogo de Francisco com o crucifixo de São Damião[317].

No entanto, na *Segunda Legenda*, Celano reserva os capítulos 204 a 207, como um apenso de última hora, para reportar alguns aspectos relacionados com Clara, tais como Francisco desejava que os irmãos tratassem as irmãs de São Damião e de como desde o início lhes prometera, que ele e seus sucessores deviam cuidar delas com todo o amor, recordando a *"Forma de Vida"* dada por Francisco a Clara em 1211[318].

Podemos imaginar como Clara, já no fim da sua vida, sofrendo com a distância crescente que sentia da parte dos irmãos, recorde a grande comunhão que sempre existiu entre Francisco e a comunidade de São Damião e tenha revelado algumas informações sobre Francisco que Celano desconhecia até então.

Os capítulos 204-207 da *Segunda Legenda* de Celano parecem ter sido colocados ali para corrigir a imagem de Francisco e recuperar o sentido da unidade, que Francisco quis manter entre as duas Ordens por ele fundadas[319].

---

316 Sobre a visão de Clara na *Primeira Legenda* de Celano cf. KUSTER, N. Klaras San Damian in der Franziskusvita des Thomas von Celano. In: SCHMIES, B. (ed.). *Franziskanische Forschung*. Op. cit., p. 386-403.

317 Cf. 2C 10, onde esse episódio vem relatado. Também a *Legenda dos Três Companheiros*, os mais próximos de Francisco e Clara, refere-se a esse episódio; cf. 3C 13.

318 Cf. 1C 204; RCL VI,3-4.

319 Sobre as relações de Clara com Francisco, cf. ZAVALLONI, R. *La personalità...* Op. cit., p. 238-246. • FELD, H. *Franziskus von Assisi und seine Bewegung*. Op. cit., p. 416-423. • KUSTER, N. Was Franziskus und Klara von Assisi verbindet. Neuere interpretationem zwischen unzertrennlicher Freudschaft und brüderlichem Desinteresse. In: SCHMIES, B. (ed.). *Franziskanische Forschung*. Op. cit., p. 257-273.

Podemos imaginar como São Damião, depois de Clara ter contado o segredo que tinha guardado consigo, sobre o do diálogo de Francisco com Crucifixo, se tenha transformado em lugar de peregrinação para muitos irmãos, sobretudo os da primeira hora. "A recordação de Francisco, dos seus gestos e suas palavras, fazia parte da atmosfera de São Damião. Clara fazia-se seu intérprete com a ideia permanente de religar o momento presente com a recordação dos momentos vividos juntamente com Francisco"[320].

3 Um Testamento de fidelidade

No *Testamento*, cuja autenticidade foi negada durante algum tempo, Clara, talvez, com receio de que a sua Regra não viesse a ser aprovada, mais uma vez recorda esta unidade de vida com Francisco e a fraternidade dos Menores[321]. Como hoje é comumente aceito, o texto foi provavelmente ditado nos últimos meses da vida de Clara e resume as suas preocupações e os pontos que deseja evidenciar e transmitir a suas irmãs, sobretudo a grande unidade com o carisma e a fraternidade de Francisco:

• a vocação como o maior de todos os benefícios recebidos do Pai das misericórdias (2);

---

320 BARTOLI, M. *Clara de Asís*. Op. cit., p. 204, onde analisa a importância dos capítulos da 2C para a compreensão dos últimos anos de Clara.

321 Em 1995, Werner Maleczek, num artigo sobre Clara de Assis (*Klara von Assisi. Das "privilegium Paupertatis" Innocenz III und das Testament der Klara von Assisi – Überlegung zur Frage der Echtheit*. Roma, 1995 [*Biblioteca seraphico-capuccina*, 47]), defende que o Privilégio de Pobreza de Inocêncio III e o Testamento de Clara eram falsificações do século XV. Isso desencadeou grande controvérsia entre os estudiosos da causa clareana. O artigo de Niklaus Kuster (*Il* "Prilegio della Povertá" di Innocenzo III e il "Testamento" di Chiara: autentico o raffinate falsificazione? In: *Forma Sororum*, 36, 1999, p. 2-15, 82-95, 162-179, 242-257; 37, 2000, p. 31-44, 109-125, 182-194) provou a veracidade dos dois documentos, algo que hoje é amplamente aceito. No mesmo sentido, o artigo de Paolazi faz uma profunda análise comparativa do texto do testamento para concluir pela sua autenticidade. Cf. PAOLAZI, C. *Testamento de Clara de Asís...* Op. cit., p. 37-86. Sobre a autenticidade dos *Escritos* de Clara cf. KUSTER, N. Eine neue entdeckte Lichtgestalt, Forschungsbericht zu Clara von Assisi. In: SCHMIES, B. (ed.). *Franziskanische Forschung*. Op. cit., p. 213-236, que faz um bom resumo do estado atual da questão da autenticidade dos vários escritos de Santa Clara. A Introdução geral e a referente a cada escrito na edição alemã de 2013 é de leitura obrigatória para quem quiser aprofundar os *Escritos* de Santa Clara. Cf. *Klara-Quellen – Die Schriften...* Op. cit., p. 3-12 e introdução a cada um dos *Escritos*.

- a motivação do início, "o Filho de Deus fez-se nosso caminho" (3);
- os benefícios que recebeu de Francisco, antes e depois da conversão (6-8);
- recordação da profecia de Francisco, quando restaurava São Damião (que não vem na 1C), (9-14);
- a missão: ser espelho e modelo para os outros (18-23);
- a obediência prometida a Francisco por Clara e suas irmãs (24-26; 48-53);
- a promessa de Francisco, em seu nome e de todos os irmãos, de cuidar das irmãs com solicitude particular (27-29);
- a "Forma de Vida" da santíssima pobreza que Francisco escreveu (33-36; 52);
- o pedido a Inocêncio III para confirmar "com os seus privilégios a nossa profissão da santíssima pobreza", para as irmãs de agora e do futuro (42-47);
- a reafirmação de Francisco, como fundador, cultivador e assistente no serviço de Deus e recomendação às irmãs da vontade de Francisco sobre elas (45-51);
- admoestação final (56-74).

No fim da sua vida, Clara, temendo, talvez, que a sua Regra pudesse não ser aprovada, resume em testamento todas as suas preocupações e anseios. Estava consciente de que tinha de continuar a obra de Francisco, e dos perigos que corria o carisma do fundador. Mais do que nunca, sente-se unida a Francisco e tem consciência de que o seu testemunho é importante para a continuação da obra começada pelo *Poverello*[322].

É neste contexto que se deve valorizar o sonho de Clara, contado pela Ir. Filipa no Processo de Canonização:

> Contou também madona Clara que uma vez teve um sonho: pareceu-lhe que levava uma bilha de água quente e uma toalha para São Francisco enxugar as mãos. Subia umas escadas, mas com tanta agilidade que parecia caminhar em chão plano. Quando chegou diante de São Francisco, o santo abriu-lhe o peito e apresentando-lhe um ma-

---

[322] Para uma leitura teológica do Testamento, cf. LAINATI, C.A. *Santa Clara de Asís, contemplar la beleza de un Dios esposo*. Madri: Encuentro, 2004, p. 269-296.

milo disse: *"Vem, toma e sorve". E animou-a a sorver uma e outra vez. E era tão doce e deleitável o que saboreava, que não encontrava palavras capazes de exprimi-lo. Quando se saciou, a coroa do mamilo donde saía tão saboroso néctar ficou presa aos lábios de Clara. Ao receber algum em suas mãos, pareceu-lhe que era como ouro transparente e brilhante, onde toda ela se refletia como num espelho*[323].

Compreende-se que o sonho de Clara tenha tido ao longo dos tempos inúmeras interpretações, e que até se tenha evitado a sua publicação[324]. Na *Legenda* de Clara, escrita por Celano depois de ler o Processo, o sonho não vem sequer mencionado. Mas a testemunha não hesita em falar disso no Processo, e os relatores, nomeados por Inocêncio IV, que ouviram as testemunhas, não tiveram receio de consentir a sua publicação.

> Alfonso Marini deu-lhe um significado político. O sonho de Clara coloca Francisco frente a Gregório IX, mostrando que a *Forma de Vida* de São Damião, apresentada pelo papa, como alimento de crianças, era aprovada pelo santo, no céu. Giovanni Pozzi e Beatrice Rima fazem uma exegese mística... Antes de interpretar os detalhes da visão a partir de variada literatura mística, sublinham o caminho de Clara e a proximidade que, desde o início, ela tem com Francisco... a visão mostra a experiência de uma alma, que através da contemplação e da experiência do amor materno encontra a plenitude da união, até à união com Deus, e a visão mística de si mesma, no esplendor da luz de Deus. Neste movimento, através da experiência do espelho ela vai de Francisco para Deus[325].

Recordemos que Francisco até por alguns irmãos era tratado por *"mater carissima"*[326].

---

323 LCL III, 29; VI,13.

324 Sobre a interpretação do sonho de Clara, cf. FELD, H. *Franziskus von Assisi und seine Bewegung*. Op. cit., p. 423, que dá uma interpretação bastante erótica. BARTOLI, M. *Clara de Asís*. Op. cit., p. 205-222 faz uma análise histórica e uma interpretação psicanalítica. Sobre as várias interpretações do sonho, cf. KREIDLER--KOS, M.; KUSTER, N. & RÖTTGER, A. Den armen Christus arm umarmen... Op. cit., p. 129-130. • URIBE, F. Vision del Especho del pecho de Francisco. In: *Selecciones de Franciscanismo*, 24, 1995. • TRIVIÑO, M.V. *São Francisco e Santa Clara de Assis*. Braga: Editorial Franciscana, 2012.

325 KREIDLER-KOS, M.; KUSTER, N. & RÖTTGER, A. Den armen Christus arm umarmen... Op. cit., p. 130 [Trad. do autor].

326 Cf. 2C 137.

Segundo Bartoli, "a visão parece dizer que Clara encontrou na amizade e no amor de Francisco um ouro, algo precioso, de muito mais valor a seus olhos do que todas as joias a que havia renunciado... Amor é o nome correto do sentimento de fidelidade com que Clara viveu os 25 anos, depois da morte de Francisco, defendendo devotadamente o ideal da vida franciscana e afirmando-se como genuíno e autêntico *alter Franciscus* no seio da Ordem e da Igreja"[327].

Nesta visão, a mãe, não é Jesus Cristo, nem a Virgem Maria, nem a personificação de uma virtude qualquer; a mãe é Francisco de Assis. "Clara compreende e partilha que o irmão Francisco não demorou para lhe confiar a sua intimidade... que a amou sempre, até o fim, que já se sentia próximo; que a amamentou como mãe à filha que ama, com o leite do conhecimento das coisas do Espírito, com o mel do consolo"[328].

---

[327] BARTOLI, M. *Clara de Asís*. Op. cit., p. 213-214 [Trad. do autor].
[328] TRIVIÑO, M.V. *São Francisco e Santa Clara de Assis*. Op. cit., p. 80.

VI
Uma Forma de Vida reconhecida pela Igreja (1247-1253)

Depois da morte de Gregório IX, seguiram-se 2 anos de sede vacante. As comunidades inspiradas em Clara, que recusavam a estrita clausura, o direito à posse de propriedades e defendiam a estrita união com a fraternidade de Francisco, tiveram 2 anos de alguma calmaria. O novo papa, Inocêncio IV, não conhecia Clara, nem as suas comunidades.

Foi durante os primeiros anos do pontificado de Inocêncio IV que Inês de Praga, talvez confiada nas habilidades diplomáticas, tentou novamente, em 1243, a aprovação do projeto que tinha sido rejeitado por Gregório IX[329]. A tentativa não resultou.

Logo em novembro, Inocêncio IV alegava que a Regra de Hugolino era professada por todos os mosteiros e que não se deviam criar exceções. Nos anos seguintes foram muitos os escritos do papa para lembrar a obrigação da Regra de Gregório IX. Mas perante a crescente contestação, o novo papa sentiu que devia apresentar um novo texto.

Em 1247, Inocêncio IV publica a sua própria regra[330]. Possivelmente, para cativar as comunidades ligadas a Clara, o novo texto coloca a Regra de Francisco como ponto de referência, mas não traz nenhuma novidade sobre os pontos controversos, como a questão da

---

[329] Cf. KUSTER, N. *Franz und Klara von Assisi* – Eine Doppelbiografie. Op. cit., p. 166-177. Sobre os últimos anos de Clara, até se chegar à Regra de Clara, cf. FELD, H. *Franziskus von Assisi und seine Bewegung.* Op. cit., p. 433-442. • ROTZETTER, A. *Klara von Assisi...* Op. cit., p. 287-330. • KEIDLER-KOS, M.; RÖTTGER, A. & KUSTER, N. *Klara von Assisi...* Op. cit., p. 120-124.

[330] Texto em FFI, p. 321-339.

estrita clausura e da pobreza, consentindo que os conventos pudessem ter propriedades. A partir daí, Clara sentiu-se motivada a pegar na pena e a escrever a sua própria *"Forma de Vida"*.

Conta-se que Heloísa († 1164), abadessa no Mosteiro de Paraclet, teria pedido a Abelardo († 1142) para que escrevesse uma regra para comunidades de mulheres[331]. A Regra de São Bento foi escrita para homens, e não era nada fácil adaptá-la ao mundo da mulher. Inês de Praga tentou escrever a sua própria regra, mas nunca viu reconhecida a sua proposta. Clara é a primeira mulher que escreveu e viu aprovada a Regra que redigiu para a comunidade de São Damião.

Nos últimos anos de vida, esse devia ter sido o seu maior desejo. E não foram anos fáceis. Além da doença que a apoquentava desde 1224, sofreu um grave acidente, em 1246, tal como conta a Ir. Angelúcia:

> *A testemunha referiu também que estava presente quando a porta do mosteiro caiu sobre madona Clara no momento em que a fechava. E presenciou como as irmãs desataram em grande pranto, pensando que tinha morrido. Mas saiu ilesa, afirmando que nada sentiu, não obstante o peso ser tal que três irmãos tiveram dificuldade em recolocar a porta no seu lugar*[332].

Por volta de 1250, o seu estado de saúde piorou de tal forma que as irmãs pensavam que morria, como testemunha a Ir. Francisca:

> *Revelou também que numa ocasião em que as irmãs pensavam que a bem-aventurada madre se aproximava do momento da morte, veio o sacerdote ministrar-lhe a Sagrada Comunhão do Corpo de Nosso Senhor Jesus Cristo*[333].

Foi no seu leito, doente, que completou o texto, esperando a oportunidade de apresentá-lo para aprovação.

Desde 1250 que a corte papal, vinda da França, encontrava-se em Perúsia. A oportunidade apareceu em 1252, quando o Cardeal Reinaldo, protetor da Ordem, encontrava-se em Assis para presidir ao capítulo dos Irmãos.

---

[331] Cf. ROTZETTER, A. *Klara von Assisi...* Op. cit., p. 288.
[332] PC XIV, 6.
[333] PC IX,10.

Numa visita que fez a Clara, esta apresenta-lhe o texto que o cardeal recebe, e, depois de estudá-lo, o aprova em 16 de setembro de 1252. Mas para Clara essa aprovação não era suficiente. Só a aprovação pela autoridade maior da Igreja a deixaria serena. Entretanto, com a saúde cada vez mais abalada e com medo de alcançar o que tanto desejava, escreve o Testamento.

A aprovação papal veio quando Inocêncio IV a visitou no leito de morte, dois dias antes de morrer. Tomás de Celano gravou este momento na sua Legenda:

> É nessa altura que o Senhor Papa Inocêncio IV, de saudosa memória, juntamente com os cardeais, se apressa a visitar a serva de Cristo. Ele que reconheceu a vida de Clara como superior à de qualquer mulher do seu tempo, não hesitou em honrá-la na hora da morte com a sua visita.
> Chegando ao convento, dirigiu-se ao leito da enferma e, aproximando-se, estendeu-lhe a mão para ela beijá-la. Clara a tomou cheia de gratidão e, com toda a reverência, pediu-lhe licença para beijar os pés do sumo pontífice. Depois de ter acomodado o pé sobre um banco, Clara inclinou sobre ele o rosto com muito respeito e beijou a planta e o peito do pé[334].

Com todo este floreado hagiográfico, Celano compõe este momento, que resume o que se passou nos primeiros dias de agosto de 1253, e que terminou no dia 10 com a chegada de um irmão, vindo do Convento de Assis, com a bula de aprovação dada por Inocêncio IV.

Pela biografia de Inocêncio IV, sabemos que o papa visitou Clara pelo menos duas vezes. Podemos imaginar o diálogo havido e a insistência de Clara em pedir a aprovação do texto que já tinha sido aprovado pelo cardeal protetor.

O papa, vivendo nos primeiros dias de agosto nos seus aposentos no sacro convento, sabendo do estado em que se encontrava Clara, deu prioridade à análise do texto e, no dia 10, mandou um irmão a Clara com a Bula da aprovação assinada.

Clara via, assim, reconhecida a *Forma de Vida* da *Ordem das Irmãs Pobres,* que sempre defendeu e que sempre praticou em São Da-

---

[334] LCL 41.

mião. Estava assim aprovada uma nova forma de viver a consagração religiosa na Igreja ocidental. Para além da tradição beneditina, nascia, assim, um caminho novo para a vida religiosa feminina.

A Ir. Filipa termina assim o seu testemunho:

> No fim da vida, chamando todas as irmãs, recomendou-lhes encarecidamente o Privilégio da Pobreza. O seu maior desejo era obter a bula de aprovação da Regra da sua Ordem, de beijar um dia a bula e morrer no dia seguinte. E assim aconteceu. Quando já se aproximava a hora da morte, chegou um irmão com o documento aprovado. Ela tomou-o com muita reverência e levou-o aos lábios para o beijar. E no dia seguinte, madona Clara, verdadeiramente clara, sem mancha ou sombra de pecado, passou desta vida para o Senhor, para a claridade da luz eterna[335].

Clara terminava os seus dias, agradecida, podendo dizer, feliz: *"Bendito sejais, Senhor, por me haveres criado"*[336].

1 Um novo paradigma da vida religiosa

Clara morreu a 11 de agosto de 1253, Festa de São Rufino, patrono de Assis, rodeada por suas irmãs, inclusive a sua Ir. Inês. A Ir. Benvinda, a décima primeira testemunha do Processo, faz o relato emocionante dos últimos dias de Clara e das maravilhas que lhe foi dado ver naqueles dias:

> Declarou ainda que na noite de sexta para sábado, três dias antes da morte de madona Clara, de feliz memória, estando a testemunha sentada no catre da santa com outras irmãs, a chorar o fim de tão boa mãe, aconteceu que, de repente, sem que ninguém lhe falasse, começou ela própria a encomendar a sua alma a Deus, nestes termos: "Vai

---

[335] PCL III,32.

[336] PCL III,20; LCL 46. Sobre a Regra de Santa Clara, para além dos comentários já mencionados, cf. LAINATI, C.A. La regla franciscana y la II Orden. In: *Selecciones de Franciscanismo*, 10, 1975. • IRIARTE, L. *Letra y espíritu de la Regla de Santa Clara*. Valência: Asís, 1994. • TRIVIÑO, M.V. O livro que dá forma à vida claustral – a Regra de Santa Clara. In: *Cadernos de Espiritualidade Franciscana*, n. 40, p. 5-25. • OMAECHEVARRIA, I. La Regla y las Reglas de la Orden de Santa Clara. Op. cit. • URIBE, F. El itinerário histórico de la Regla de Santa Clara de Asís, una prueba de fidelidade evangélica. In: *Selecciones de Franciscanismo*, 25, 1996. • PUJAL, T. Novedad de la forma de vida de Santa Clara. In: *Selecciones de Franciscanismo*, 2, 2013. • GOORBERGH, E. Die Lebensform des Ordens der Armen Schwestern: ein spirituelles Umgestaltungsmodell. In: SCHNEIDER, H. (ed.). *Klara von Assisi...* Op. cit., p. 15-30.

em paz, pois terás boa escolta. Aquele que te criou, também te santificou; depois de te criar, infundiu em ti o Espírito Santo e protegeu-te como uma mãe protege o seu filho pequeno". Uma irmã, chamada Anastácia, perguntou-lhe com quem falava e a quem dirigia tais palavras. "Falo à minha alma", replicou a madona.
Então a testemunha deixou-se absorver pelo pensamento e refletiu sobre a grande e maravilhosa santidade de Clara. E assim absorta, parecia-lhe que toda a corte celestial se movimentava para a honrar. Parecia-lhe sobretudo que a gloriosa Senhora, a Bem-aventurada Virgem Maria, se preparava para vestir a nova santa com os melhores vestidos... As virgens aproximaram-se do leito da madona Santa Clara e a mais alta cobriu a cama da doente com um véu finíssimo e tão transparente, que madona Clara continuava a ser vista, mesmo coberta. Em seguida a Virgem das virgens, aquela que de entre todas sobressaía, inclinou o seu rosto para o rosto ou sobre o peito de Santa Clara..." e *"abraçou-a com ternura"* como se diz na Legenda[337].

A Ir. Benvinda, que no *Processo* testemunhara que *"ela estava convicta que desde Nossa Senhora, a Bem-aventurada Virgem Maria, até aos nossos dias, não houve outra mulher com mais santidade do que a madona Santa Clara"*[338], vê, com toda a convicção interior, como a Virgem Maria vem ao encontro de Clara e recebe com um beijo aquela que melhor a soube imitar[339].

Também estavam presentes os irmãos do primeiro grupo de Francisco, Fr. Junípero, Fr. Ângelo, Fr. Leão, que de certa forma representavam a intuição primitiva de Fundador. Mas também a autoridade máxima da Igreja, o papa e os cardeais, ali estavam para lhe prestar a última homenagem. Era a Igreja a reconhecer a comunidade das *Irmãs Pobres de São Damião*. O papa quis celebrar logo o Ofício das Virgens, mesmo antes de a ter canonizado[340]. A Igreja apresentava ao povo de Deus uma nova santa.

---

[337] PCL, XI,3-4; Cf. LCL 46.

[338] PCL, XI, 5.

[339] Cf. ZAVALLONI, R. *La personalità...* Op. cit., p. 367-373, onde reflete sobre o trânsito de Clara e o seu significado místico.

[340] Cf. LCL 45-48.

Assim terminou o caminho de Clara. Foram mais de 40 anos de luta pelo reconhecimento da sua *Forma de Vida*. Não se tratava só de uma nova comunidade, mas de uma forma nova de viver a vida religiosa. O que estava em causa, não era só mais um texto jurídico, uma nova regra monástica. Era algo muito mais significativo.

Ao contrário da Regra de Francisco, cujo texto final, para além de Francisco, teve o contributo dos ministros, da Cúria Romana e até do próprio papa, Clara apresenta um texto inédito, novo, que muito mais que um texto com força jurídica, é a expressão de uma vida, é uma *Forma de Vida*. Embora inspirada na Regra de Francisco, no seu "conjunto escreveu um texto pessoal e novo"[341]. Clara usa por quatro vezes o termo *forma* no Testamento e 16 vezes na *Forma de Vida*. Não usa a palavra regra, nem autoridade, nem clausura.

Todas as regras anteriores, a de São Bento e de Santo Agostinho, tinham como paradigma a vida dos primeiros cristãos[342]:

> Todos os crentes viviam unidos e possuíam tudo em comum. Vendiam terras e outros bens e distribuíam o dinheiro por todos, de acordo com as necessidades de cada um. Como se tivessem uma só alma, frequentavam diariamente o templo, partiam o pão em suas casas e tomavam o alimento com alegria e simplicidade de coração. Louvavam a Deus e tinham a simpatia de todo o povo.

Quando Tiago de Vitry descobriu esta nova família, também a valorizou a partir da vida dos apóstolos que *"deixam todos os bens que possuem, renunciam a si mesmos, carregam a cruz e seguem"* (Mt 16,24)[343]. Mostrava, efetivamente, que não tinha percebido bem a novidade que estava despontando em Assis.

Francisco e Clara precisaram de outro paradigma, de outro modelo para fundamentarem a forma de vida que desejavam viver. Com a sua *Forma de Vida*, lutaram por um novo ponto de referência para a vida religiosa. Para eles, o novo modelo era o pobre e humil-

---

[341] OMAECHVARRÍA, I. La "regla" y las reglas de la Orden de Santa Clara. In: *Selecciones de Franciscanismo*, 18, 1977, p. 269.
[342] Cf. GOORBERGH, E. *Die Lebensform des Ordens der Armen Schwestern...* Op. cit., p. 15-30.
[343] FF I, 4. ed. p. 1.441.

de Filho de Deus, que viveu como peregrino e se fez pobre por nós neste mundo.

"Diante da pessoa de Jesus, a atitude de Francisco é toda de amor. Poderia ser de curiosidade, de interesse, de temor, mas não. É toda gratidão, assombro, encanto... A *pessoa* de Jesus, como ponto de mira, e o enamoramento, como forma de relação, definem a sua atitude... A referência enamorada à *pessoa* de Jesus pertence ao cerne da espiritualidade franciscana. É a fibra mais íntima e mais fina da alma de Francisco"[344]. Não há melhor forma de descrever este novo paradigma da vida religiosa, inaugurado por Francisco e Clara.

Pouco antes de morrer, Francisco quis recordar a última Ceia do Senhor, do Evangelho de São João, que termina com o lava-pés[345]. De alguma forma, o lava-pés é a chave com que Francisco lê e interpreta a vida de Jesus, e é também o fundamento do novo paradigma da vida consagrada, tal como Francisco e Clara o conceberam e viveram. É este novo paradigma, que deve tornar-se visível na forma de vida das novas comunidades: *"E nenhum se chame prior, mas todos, indistintamente, se chamem irmãos menores. E lavem os pés uns aos outros"*[346]. Como nos recorda Chenu, "...o seu carisma: a volta ao Evangelho puro, cujos axiomas primordiais são a fraternidade e a pobreza. Francisco recriou a palavra irmão. Ele é o *Poverello*"[347].

Na sua última obra, Fernando Uribe, refletindo sobre o sentido evangélico do termo menores, que Francisco aplica aos seus irmãos, conclui: "...o nome "Irmãos Menores" não é um simples título vazio ou convencional, mas encarna um programa de vida, um dinamismo profundo, que implica uma atitude constante do Espírito, que se situa no âmbito dos grandes ideais ("utopias") evangélicos e que comporta uma permanente tarefa para realizar"[348].

---

[344] AZEVEDO, D. *São Francisco*: fé e vida. 2. ed. Braga: Editorial Franciscana, 2004, p. 22.

[345] Cf. 1C 217; LM XIV,5.

[346] 1R 6,3

[347] CHENU, M.-D. Conyuntura y carisma en Francisco de Asís. In: *Selecciones de Franciscanismo*, 30, 1981, p. 414 [Trad. do autor].

[348] URIBE, F.E. *Núcleos del carisma de San Francisco de Asís – La identidade franciscana*. Vitoria-Gastei: Efarantzazu, 2017, p. 341 [Trad. do autor]. Cf. TRIVIÑO, M.V. Irmãs Pobres, um título que define uma forma de vida. In: *Cadernos de Espiritualidade*

Menores e *Pobres* para afirmar a fé num Deus pobre e humilde. A vida em *pobreza* e *menoridade* era a maneira de conformar a vida com o Evangelho do pobre e humilde Jesus Cristo. As comunidades dos *Irmãos Menores* e das *Irmãs Pobres,* inseridas numa sociedade cheia de contradições, revelavam uma outra imagem de Deus.

> A evolução da vida no universo diz-nos que a nossa imagem de Deus, como fonte de ordem e planificador de conceitos, tem necessidade de mudar. O Deus do futuro é um Deus de amor, que se esvazia de si, um Deus de amor humilde...[349].

As fraternidades dos *Irmãos Menores* e das *Irmãs Pobres* afirmavam com a vida, numa sociedade cheia de contradições, a fé num Deus pobre e humilde. Francisco e Clara quiseram que a sua vida levasse as marcas de Cristo, não para serem semelhantes a Ele, mas porque essas eram as marcas de um Deus pobre e humilde. Ilia Delio lembra-nos como isso é importante para o mundo de hoje: "Que serait le monde, si les chrétiens *croyaient* réellment en un Dieu humble" (Como seria o mundo, se os cristãos acreditassem realmente num Deus humilde)[350]. A fé num Deus humilde é a força transformadora do mundo. Como é atual o carisma encarnado por Francisco e Clara!

Santa Clara percebeu a sua missão. A sua comunidade devia refletir os novos paradigmas de vivência de fé evangélica num mundo em transformação, que trazia à cidade de Assis mudanças sociais, para as quais a Igreja feudal não encontrara resposta adequada.

> Seguindo este modelo, procuravam implantar na cidade uma nova forma de vida. Clara e suas irmãs leram os sinais dos tempos e tiraram as consequências... partindo da opção radical pela pobreza e humildade de Jesus Cristo e sua Mãe, encontraram o cerne da espiritualidade que se propuseram viver. Assim, a comunidade de São Damião

---

Franciscana, n. 28, p. 27-38. • PUJAL, T. Novedad de la forma de vida de Santa Clara. In: *Selecciones de Franciscanismo*, 174, 2013, p. 73, onde fala deste novo paradigma da vida religiosa. • TRIVIÑO, M.V. Irmãs Pobres, um título que define uma forma de vida. In: *Cadernos de Espiritualidade Franciscana*, n. 28, p. 27-38.

349 DELIO, I. *L'Humilité de Dieu* – Une perspective franciscaine. Paris: Éditions Franciscaines, 2011, p. 95 [Trad. do autor].

350 Ibid., p. 45.

tornou-se modelo para grupos de mulheres consagradas e para muitos fiéis[351].

Clara estava consciente desta missão, como afirma no seu Testamento:

> Porque o Senhor não nos colocou como exemplo e espelho, somente para os outros homens, mas também para as irmãs que o Senhor chamou à nossa vocação, de modo que também elas se convertam em exemplo e espelho das pessoas que vivem no mundo[352].

Este novo paradigma deu origem a uma nova espiritualidade. Na terceira parte tentaremos mostrar as suas características mais importantes.

2 Desenvolvimento posterior

No dia 12 de agosto, o corpo de Clara é depositado na Igreja de São Gregório, no mesmo túmulo onde foi depositado Francisco, antes de ser levado para a nova basílica.

A Ir. Benedita sucedeu a Clara na orientação da comunidade de São Damião. É ela que trata das primeiras diligências, junto ao cabido de São Rufino, no sentido de encontrar um terreno para a construção de um mosteiro novo, onde devia repousar o corpo de Clara. A sua irmã Inês faleceu pouco tempo depois, em meados de outubro de 1253.

A 18 de outubro, Inocêncio IV promulga a Bula *Gloriosus Deus*, que introduz o Processo de Canonização. As testemunhas foram ouvidas entre 24 e 29 de novembro. Em meados de agosto de 1255, o Papa Alexandre IV, que tinha sido protetor da Ordem como Cardeal Reinaldo, canoniza Clara, em Agnani. Em outubro de 1260, o corpo de Clara é depositado na Basílica de Santa Clara.

Quão distante a Ordem dos Menores estava de Clara, mostra o fato de que só 5 anos depois da canonização de Clara, em 1255, a sua festa foi introduzida na liturgia da Ordem dos Menores. "Toda a Ordem, pois, não só os Espirituais, fala pouco da Plantinha de Francis-

---

[351] Cf. GOORBERGH, E. *Die Lebensform des Ordens der Armen Schwestern...* Op. cit., p. 22 [Trad. do autor].

[352] TCL 19-20.

co. Apesar das disposições do capítulo de Lião, de 1272, ter pedido aos conventos para terem uma *Legenda* da santa, o conhecimento de sua vida, entre os séculos XII e XIII, fundava-se sobretudo nos textos litúrgicos..."[353].

No ano da morte de Clara, os mosteiros da Ordem de São Damião (comunidades de Gregório IX), eram em torno de 170, em toda a Europa. Segundo os estudos mais recentes, havia, à morte de Clara, doze mosteiros em toda a Europa, que professavam a *Forma de Vida* de Clara.

Em 1261, é eleito o Papa Urbano IV. Foi papa durante 3 anos, sem nunca ter estado em Roma. Foi Urbano IV que unificou, sob a proteção de Clara, todos os mosteiros existentes. A Bula *Beata Clara* tinha como objetivo unificar juridicamente todas as comunidades (*moniales inclusae et pauperes*), numa nova Ordem de Santa Clara. E deu-lhes uma nova regra, escrita pelo Cardeal Orsini, conhecida como Regra Urbaniana. Tínhamos uma Ordem de Santa Clara, fundada pelo Papa Urbano IV.

Pontos fundamentais da espiritualidade de Clara, como a pobreza evangélica, não aparecem no texto de Urbano. "A estrutura colegial própria de *sorores*, de irmãs, foi-se diluindo, pouco a pouco, no fenômeno que se costuma denominar monastização"[354].

Só o Protomosteiro de Assis e a comunidade de Praga e poucas mais puderam continuar a professar a *Forma de Vida* de Clara.

Estes dois mosteiros eram considerados em documentos posteriores do século XIII, como pertencentes à Ordem das Irmãs Pobres e não à Ordem de Santa Clara. Em 31 de dezembro de 1266, o Papa Clemente IV confirma que só o Convento de Assis está autorizado a viver segundo a Regra de Clara.

Pouco depois da morte de Santa Clara, por volta de 1255, o Mosteiro de Lamego recebia as Donas Pobres, como eram então conhecidas as Clarissas. Tudo indica que Santa Mafalda, vivendo em Arouca, patrocinou a sua vinda, e parece ter custeado os princípios da funda-

---

[353] ACCROCCA, F. Clara y la Orden Franciscana. In: *Selecciones de Franciscanismo*, 103, 2006, p. 129.

[354] TRIVIÑO, M.V. "Sorores Pobres" un título que define um carisma. In: *Selecciones de Franciscanismo*, 104, 2006, p. 238.

ção. Consultando alguns documentos, sabemos que em princípios de 1258 já vivia em Lamego uma comunidade de clarissas. Disso dá conta a carta de Alexandre IV "*Cum, sicut ex parte vestra*", de 28 de fevereiro de 1258, que coloca o Convento de Lamego sob a obediência do ministro provincial dos franciscanos.

Como regista Fr. Manuel da Esperança, o papa, pela Bula *Cum Omnis Vera Religio*, de 20 de fevereiro de 1258, enviou para o Mosteiro de Lamego a Regra de Hugolino, que obrigava a profissão da Regra de São Bento. Um ano depois, por carta de 29 de abril de 1259, Alexandre IV transfere a comunidade para Santarém.

Antes da extinção das Ordens religiosas em Portugal, em 1834, foram poucos os mosteiros que professaram a Regra de Santa Clara[355]. Dos 74 mosteiros fundados em Portugal ao longo dos séculos, apenas doze professaram a *Forma de Vida* de Santa Clara[356].

A 26 de maio de 1288, sendo Papa Nicolau IV, o primeiro papa franciscano, até o Protomosteiro de Assis pediu dispensa do *Privilégio de Pobreza*, passando a pertencer à Ordem de Santa Clara, as Urbanianas, ou clarissas ricas. O Protomosteiro de Assis só voltou à *Forma de Vida* das *Irmãs Pobres* em 1932.

Ao longo dos séculos, alguns mosteiros tentaram recuperar o carisma de Clara e a sua Forma de Vida. Entre as várias tentativas, há que salientar a de Santa Coleta, em Besançon, que em 1410 recebeu o texto da Regra de Clara, enviado pelo Protomosteiro.

---

[355] Sobre as primeiras clarissas em Portugal, cf. FÉLIX LOPES, F. As primeiras clarissas de Portugal. In: *Coletânea de Estudos*, 2. série, ano III, n. 1, 1952, p. 210-234. Sobre o desenvolvimento posterior das clarissas em Portugal, cf. MONTES MOREIRA, A. História da Ordem de Santa Clara em Portugal. In: *Las Clarisas en España y Portugal* – Congreso Internacional, Salamanca, 1993. Actas I, p. 211-229.
• PINTO REMA, H. *História e evolução da Ordem de Santa Clara* – Presença e influência no mundo; presença e influência em Portugal. In: *O grito do silêncio* – Clara de Assis. Lisboa: Seminário da Luz, 1993, p. 120. Sobre a Ordem das Irmãs Pobres e seu desenvolvimento, sobretudo na Ilha da Madeira, cf. FONTOURA, O.M. *As clarissas na Madeira* – Uma presença de 500 anos. Funchal: Centro de Estudos de História do Atlântico/Secretaria do Turismo e Cultura da Madeira, 2000.

[356] Cf. FONTOURA, O.M. Ordem de Santa Clara, segunda Ordem Franciscana. In: *Cadernos de Espiritualidade Franciscana*, 8, p. 29-45. Na nota 38 identificam-se os mosteiros que, em Portugal, professavam a Regra de Santa Clara antes de 1834. Sobre as fundações franciscanas em Portugal na Baixa Idade Média, cf. GOMES TEIXEIRA, V. *O maravilhoso no mundo franciscano português da Baixa Idade Média*. [s.l.]: Granito, 1999, p. 31-41.

Também a reforma capuchinha, no século XVI, tentou, sobretudo na Espanha, regressar ao carisma primitivo. Alguns conventos, sob a orientação de Maria Lorenza Longo, voltaram a professar a *Forma de Vida* das Irmãs Pobres. São conhecidas como Clarissas Capuchinhas, e estão presentes em Moçambique[357].

Só no século XX, sobretudo depois do Vaticano II, a maioria dos mosteiros regressou à Forma de Vida original de Santa Clara. Na atualidade, quase todos os mosteiros, em torno de mil em todos os continentes, professam a Regra de Clara, embora na maior parte se mantenham as estruturas dos conventos beneditinos, seguindo a tradição das clarissas urbanistas. E muitos há que pouco conhecem a espiritualidade da sua fundadora.

Com os documentos e a nova legislação, publicados recentemente pela Congregação para a Vida Consagrada e Sociedades de Vida Apostólica[358], que obriga a repensar a vida religiosa contemplativa, podemos afirmar, com Kuster, que oito séculos depois da morte de Clara de Assis, "o tempo vital da *Ordem das Irmãs Pobres* parece, assim, estar começando"[359].

---

[357] Cf. KUSTER, N. *Franz und Klara von Assisi* – Eine Doppelbiografie. Op. cit., p. 181-184. • cf. FORBES, P. *Klara von Assisi begegnen*. Paulinos: Trier, 2017, p. 126-128.

[358] Trata-se da Constituição Apostólica *Vultum Dei Quarere* para vida contemplativa feminina, de 29 de junho de 2016, e da Instrução Aplicativa *Cor Orans*, de 1º de abril de 2018, com a nova legislação para todas as comunidades contemplativas femininas, que anula toda a legislação anterior.

[359] KUSTER, N. *Franz und Klara von Assisi* – Eine Doppelbiografie. Op. cit., p. 184.

Parte III

Espiritualidade

Introdução

A espiritualidade cristã é uma resposta de fé, que abarca todas as dimensões da vida. É uma visão de Deus, do ser humano e do mundo. Nesta visão total, o ser humano sente-se implicado e envolvido, e procura responder de forma adequada aos apelos de Deus. O fundamento não está na necessidade do ser humano em se religar ao transcendente, mas na iniciativa de Deus. Enquanto na religião tudo começa no ser humano, na caminhada de fé tudo começa em Deus. Tem razão quem afirma que o cristianismo é a religião de saída das religiões.

É Deus que se revela, que vem ao encontro. É Deus que desce, que busca, que fala, que convida, que desafia, que envia. Ao ser humano cabe acolher, escutar, aceitar os desafios de Deus e deixar a terra que o sustenta, e partir para outras periferias, outros projetos, outros sonhos. Ter fé é aprender a conjugar os verbos certos e sonhar os sonhos de Deus.

A fé tem história. Tudo começou com Abraão de Ur e continuou com Maria de Nazaré, Pedro e Paulo, Antão e Bento, Francisco e Clara de Assis, e tantos outros que responderam com fé aos desafios de Deus. Uma fé que abarca a totalidade da revelação, da Escritura e da Tradição e se traduz numa outra forma de vida, numa vida nova segundo o Espírito, que atua em nós.

Nesses 7.000 anos de história da fé, de Abraão de Ur até hoje, muitas personalidades foram marcadas com o selo da fé e deixaram marcas na vida dos grandes palcos da história e na vida minúscula do dia a dia. As suas vidas foram luminosas e tornaram-se pontos de referência para muitos outros.

A fé tem história e é histórica, encarna-se na história concreta, como Deus que em Jesus Cristo encarnou a nossa história. Por isso, quando falamos de espiritualidades, falamos de pessoas concretas que, inseridas nos acontecimentos da história, pela forma como responderam aos desafios de Deus, se tornaram modelos, pontos de referência para todos os crentes.

Assim, apesar de a espiritualidade cristã ser um todo, podemos falar de várias correntes da espiritualidade. Umas estão ligadas a determinadas épocas, outras a certas pessoas. Temos, assim, a espiritualidade do deserto, da patrística, a monástica, a beneditina, a carmelita, a inaciana, a espiritualidade franciscana.

Quase sempre há uma ou mais personalidades que encarnam a espiritualidade, personalidades que, inspiradas pelo Espírito, como que vivem, de forma única, a plenitude da vida nova inaugurada por Jesus Cristo. São personalidades como Antão, Bento de Núrcia, Agostinho, Bernardo, Inácio de Loyola, Teresa de Ávila, Teresa de Calcutá. A sua vida e os seus escritos tornam-se, depois, caminho espiritual, uma espiritualidade, que embora possa acentuar um ou outro elemento particular da mensagem cristã, assume a riqueza da totalidade dessa mensagem.

Francisco e Clara de Assis, o irmão e a irmã, encarnam de maneira exemplar a espiritualidade franciscana. Ambos descobrem, por divina inspiração, que ser cristão é viver a *Forma de Vida do Santo Evangelho de Nosso Senhor Jesus Cristo*.

A espiritualidade encarnada por Francisco e Clara de Assis inspira-se não tanto nas *Legendas* hagiográficas que se escreveram sobre eles, mas nos *Escritos* autênticos que eles nos deixaram. No que eles mesmos disseram sobre si mesmos e a sua experiência espiritual.

Nas *Legendas* de Francisco e Clara, os autores dão o seu ponto de vista sobre eles. Sendo importante, não é o mais importante. Nos *Escritos* de cada um deles, é a sua experiência de fé que é relevante, o que dizem de Deus e do ser humano e da relação que se pode estabelecer entre o Senhor Deus e a sua criatura.

O que desejamos saber dos *Escritos* de Santa Clara é que nos digam qual a teologia, qual a antropologia, qual a ética que nos revelam. Percorrendo os seus *Escritos*, vamos descobrir que a *irmã cris-*

tã, o único título que São Francisco deu a Clara, inspirando-se na Palavra de Deus e na fonte limpidíssima dos Padres, continua a ser atual. Os seus *Escritos* falam-nos do essencial, da luz do espelho da eternidade que se deve refletir e iluminar os caminhos dos homens.

Quanto mais conhecemos a espiritualidade que emana dos seus *Escritos*, mais se confirma o que na Bula de Canonização se disse a seu respeito:

> *Admirável claridade de Santa Clara, cujo esplendor de vida quanto mais se analisa, mais admirável se reconhece. Se já luzia no século, resplandece na vida religiosa. Se na casa paterna foi um raio luminoso, no claustro brilhou com todo o fulgor. Se brilhou na terra, resplandece no céu*[360].

Numa época em que se fala cada vez mais no diálogo entre as várias espiritualidades, deixamos aqui um vislumbre do que é a espiritualidade de Clara de Assis.

---

[360] BLC 3. Sobre a espiritualidade dos *Escritos* de Francisco e Clara de Assis, recordamos a literatura acessível ao público de língua portuguesa: TRIVIÑO, M.V. *Espiritualidade de Santa Clara*. Braga: Editorial Franciscana, 1994. • IRIARTE, L. *Francisco e Clara de Assis* – À escuta da Palavra. Braga: Editorial Franciscana, 2000. • MATURA, T. *Francisco de Assis, mensagem dos seus Escritos*. Braga: Editorial Franciscana, 2002. • LEDOUX, C.M. *Clara de Assis*: mensagem dos seus *Escritos*. Braga: Editorial Franciscana, 2002. • AZEVEDO, D. *São Francisco de Assis...* Op. cit. • HUBAUT, M. *São Francisco e a alegria de viver o Evangelho*. Braga: Editorial Franciscana, 2008. • GARRIDO, J. *Francisco de Assis*: itinerário espiritual, problemas e perspectivas. Braga: Editorial Franciscana, 2008. • MATURA, T. *São Francisco, a herança e os herdeiros*. Braga: Editorial Franciscana, 2009. • CORREIA PEREIRA, J.A. *Novena de Santa Clara*. Braga: Editorial Franciscana, 2011. • PEREIRA CARREIRA, A. *Novena de São Francisco*. Braga: Editorial Franciscana, 2012. • MATURA, T. *Francisco de Assis*: mestre da vida espiritual. Braga: Editorial Franciscana, 2012. • HUBAUT, M. *O rosto humano de Deus* – Uma achega franciscana. Braga: Editorial Franciscana, 2014. • SANTOS DA SILVA, Á.C. *O homem nos Escritos de São Francisco*. Braga: Editorial Franciscana, 2015. Nas referências apresentamos alguns artigos sobre a espiritualidade franciscana e clareana, acessíveis ao público português, publicados nos *Cadernos de Espiritualidade Franciscana* entre 1994 e 2011, e de vários artigos publicados nas *Selecciones de Franciscanismo*, desde os anos de 1970 até agora.

I
Pensamento teológico de Santa Clara

Num quadro de Ruben, em exposição no museu de Prado, em Madri, Clara de Assis é apresentada de custódia na mão, rodeada por seis Doutores da Igreja: do lado direito Gregório Magno, Agostinho e Ambrósio, e do lado esquerdo Tomás de Aquino, Norberto de Xanten e Jerônimo[361].

Ver Clara de Assis entre tão grandes expoentes da teologia, pode parecer estranho. Certamente que ela, na sua humildade, ficaria ruborizada por tão grande honra. Mas é significativo que o artista tenha percebido que Clara, como representante de uma espiritualidade nova, merece estar entre os Doutores da Igreja. Quem sabe se um dia a Igreja não vai lhe conceder, postumamente, tão grande honra.

Não é por acaso que Feld, na sua obra monumental sobre o movimento franciscano, lembra a pintura de Ruben num subcapítulo que intitula "Teologia de Clara de Assis" e recorda, a propósito, que Bartoli, na sua biografia de referência, dá ao capítulo sexto o título de "A teologia de Clara"[362].

Não se trata, naturalmente, de uma teologia no sentido sistemático ou científico do termo. Mas Clara, como Francisco, consegue, nos seus *Escritos*, revelar-nos uma visão de conjunto dos mistérios

---

[361] Cf. FELD, H. *Franziskus von Assisi und seine Bewegung.* Op. cit., p. 442. • ZAVALLONI, R. *La personalità...* Op. cit. • BARTOLI, M. *Clara de Asís.* Op. cit., p. 173-192. O capítulo VI desta biografia de referência leva o título "Teologia de Santa Clara". Cf. TRIVIÑO, M.V. *La via de la beleza* – Temas espirituales de Clara de Asís. Madri: BAC, 2003. • LAINATI, C.A. *Santa Clara de Asís.* Op. cit.

[362] Cf. BARTOLI, M. *Clara de Asís.* Op. cit., p. 173-192.

divinos. Matura, um dos grandes exegetas dos textos de Francisco, resume assim a "teologia" de Francisco: "A sua 'teologia' é evangélica, na medida em que retoma, repete, celebra a palavra revelada, sem nada omitir dela e sem acrescentar-lhe demasiado da sua lavra"[363].

É neste sentido que aqui apresentamos os pontos fundamentais da espiritualidade de Santa Clara. Temos consciência de que não se trata de uma teologia enquanto discurso (*logos*), acerca de Deus, mas é certamente uma experiência mística, que nos fala de um encontro interior e unificante com Deus, o Deus da nossa fé, o Deus que em Nosso Senhor Jesus Cristo veio até nós em "*vestes de pobreza e humildade*".

---

[363] MATURA, T. *Francisco de Assis, mensagem dos seus Escritos*. Op. cit., p. 122.

II
A intuição fundamental

Bento XVI, no livro *Jesus de Nazaré*, comentando o *macarismo* "Bem-aventurados os puros de coração", reflete sobre como deve ser o coração humano para ver a Deus. E concluiu com palavras de Teófilo de Antioquia, do século II: "De fato, Deus é visto por aqueles que são capazes de o verem, desde que tenham os olhos da alma abertos [...]. Como um espelho resplandecente, assim o ser humano deve ter a alma pura"[364].

Só o ser humano, de coração puro, pode ver a Deus. Ratzinger concluiu o seu raciocínio, refletindo sobre como o olhar interior se livra das cataratas que turvam o seu coração, para concluir que a resposta é dada pela tradição mística do "caminho da purificação", que sobe à "união" com Deus[365].

Mas Ratzinger não esquece a especificidade da mística cristã, que percebe que o cristão só vê a Deus no seguimento de Cristo, na unificação com Ele. Comentando Fl 2,5-9, concluiu que, em Jesus, Deus revelou-se humilhando-se, descendo, despojando-se a si mesmo, tomando a condição de servo. Para Ratzinger "estas palavras assinalam uma viragem decisiva na história da mística. Mostram a novidade da mística cristã, que deriva da novidade da revelação em Jesus Cristo. Deus desce... até à morte na cruz. É precisamente assim que se revela na sua autêntica divindade. A subida para Deus acontece, quando o acompanhamos nesta descida"[366].

---

[364] Cf. RATZINGER, J. [BENTO XVI]. *Jesus de Nazaré*. Lisboa: Esfera dos Livros, 2007. O texto de Teófilo de Antioquia é citado na p. 133.

[365] Ibid.

[366] Ibid., p. 136.

É este mistério que Clara celebrou durante toda a vida. Para ela, este mistério de um Deus humilde resume-se na palavra *pobreza*, que exprime todo o seu pensamento teológico, toda a sua espiritualidade. Ser pobre, viver como pobre, para celebrar e agradecer a pobreza de Jesus Cristo, era para ela um privilégio, o único privilégio que pediu à Igreja.

Dessa forma, Clara entra na corrente dos movimentos pauperísticos, que na Idade Média ansiavam por regressar à simplicidade evangélica. Mas Clara era mais radical. Para ela, o Evangelho é Nosso Senhor Jesus Cristo, que nos revela os segredos de Deus, que nos revela a sua divindade. Nem uma só vez, nos seus *Escritos*, Clara fala de Jesus, mas sempre do pobre e humilde Jesus Cristo. Deus e homem, Deus que se revela através da humanidade de Jesus.

E vive a sua fé sob o signo do encanto perante a humildade e a pobreza de Jesus Cristo, tal como Francisco: *"Vede, irmãos, a humildade de Deus e derramai diante dele os vossos corações; humilhai-vos também vós, para que Ele vos exalte"*[367].

Contemplar com espanto e deslumbramento este mistério de pobreza e humildade era, para Clara, a razão de uma vida:

> *Contempla diariamente este espelho... contempla... a pobreza, pois está colocado no presépio e envolto em paninhos. Oh maravilhosa humildade! Oh admirável pobreza! O Rei dos anjos, o Senhor do céu e da terra reclinado num presépio*[368].

O encanto transforma-se em seguimento, como Clara dizia a Inês de Praga:

> *tornaste-te imitadora da altíssima pobreza, e em espírito de grande humildade e ardente caridade, seguindo as pegadas daquele que te achou digna para esposa*[369].

Acreditar no Evangelho é conformar com ele toda a vida, é seguir os passos de Jesus Cristo, *"o Filho de Deus que se fez nosso caminho"*[370]. O que Clara mais desejava é que a sua vida e a vida da sua comunidade, pela contemplação do espelho, fossem conformes com

---

[367] CO 28.
[368] 4CCL 15-19.
[369] 2CCL 7.
[370] TCL 5.

o Evangelho. Como afirma Bento XVI na *Deus Caritas Est*, "a verdadeira novidade do Novo Testamento não reside em novas ideias, mas na própria figura de Cristo, que dá carne e sangue aos conceitos – um incrível realismo"[371].

E o Evangelho não é um discurso sobre Deus. "A Palavra eterna, que se exprime na criação e comunica na história de salvação, tornou-se em Cristo um homem, 'nascido de mulher' (Gl 4,4). Aqui a Palavra não se exprime primariamente num discurso, em conceitos e regras; mas vemo-nos colocados, diante da própria pessoa de Jesus... a Palavra eterna fez-se pequena; tão pequena que cabe numa manjedoura. Fez-se criança, para que a Palavra possa ser compreendida por nós"[372].

Esta é a intuição fundamental que vai marcar o caminho espiritual de Clara e que se reflete nos seus *Escritos*.

1 A mística especulativa da "irmã cristã"

Se procuramos a palavra-chave para compreender a espiritualidade de Clara de Assis, essa palavra só pode ser *espelho*[373]. Vamos encontrar o tema do *espelho*, sobretudo ao longo das quatro cartas que escreveu a Santa Inês de Praga. O *espelho* (*speculum*) é símbolo, e a leitura do símbolo (*speculari*) é uma fonte de conhecimento.

O *espelho* entende-se aqui como algo que torna visível o que é invisível. No caminho para Deus, como escreve Boaventura no *Itinerário da mente para Deus*, há duas formas de inflamar os desejos, "*a saber, mediante o clamor da oração, que leva a romper em gritos, 'por força do gemido do coração', e mediante o fulgor da dispeculação,*

---

[371] BENTO XVI. *Deus Caritas Est*, 12.

[372] BENTO XVI, *Verbum Domini*, 11-12.

[373] Sobre a temática do *espelho* na mística de Santa Clara, cf. TRIVIÑO, M.V. *Espiritualidade de Santa Clara*. Braga: Editorial Franciscana, 1994. • TRIVIÑO, M.V. *La vía de la beleza*. Op. cit., p. 79-120. • BARTOLI, M. *Clara de Asís*. Op. cit., p. 174. • ZAVALLONI, R. *La personalità...* Op. cit., p. 209-222. • BRUNELLI, D. *O seguimento...* Op. cit., p. 169-232. • ROTZETTER, A. *Klara von Assisi...* Op. cit., p. 245-258. • SCHNEIDER, H. Mystische Begegnung nach der heiligen Klara. In: SCHNEIDER, H. (ed.). *Klara von Assisi...* Op. cit., p. 73-84.

pela qual a mente se volta para os raios da luz, de modo mais direto e intenso"[374].

Deus invisível pode ser reconhecido à luz do *espelho* que é a criação, que são os seres humanos e que é, sobretudo, Jesus de Nazaré. Para Clara, Jesus Cristo é o espelho da eternidade, onde podemos contemplar a imagem da essência divina:

> *Fixa o teu olhar no espelho da eternidade, deixa a tua alma banhar-se no esplendor da glória e une o teu coração Àquele que é encarnação da essência divina, para que, contemplando-o, te transformes inteiramente na imagem da sua divindade*[375].

Clara desejava que Inês e todas as irmãs se transformem em espelhos da glória de Deus, reflexos da sua presença, dentro e fora da comunidade:

> *Porque o Senhor não nos colocou como exemplo e espelho somente para os outros homens, mas também para as irmãs que o Senhor chamou à nossa vocação, de modo que também elas se convertam em exemplo e modelo das pessoas que vivem no mundo*[376].

2 Teologia da imagem

Para compreender melhor a linguagem de Clara devemos situá-la dentro da tradição cristã, onde a imagem é um conceito-chave da teologia mística. Vale a pena considerar aqui, em síntese brevíssima, os passos da teologia da imagem, com alguns textos dos Padres, para melhor ilustração e para percebermos que a espiritualidade de Clara tem as suas raízes na mais antiga tradição mística dos Padres da Igreja[377].

---

374 SÃO BOAVENTURA. *Itinerário da mente para Deus*. Trad. e notas de António Soares Pinheiro, com leitura introdutória de Maria Manuela Brito Martins. Porto: Centro de Estudos Franciscanos, 2009, p. 89. São Boaventura usa a palavra *speculatio* que é *traduzida* em todos os capítulos por *dispeculação*. O termo *especulação* não tem, no uso corrente, o sentido primitivo de *observar, investigar*. Para manter uma relação mais clara com o *speculum* e o sentido primitivo de *especulação*, optou-se, nesta tradução, pelo termo *dispeculação*.

375 3CCL 12-13.

376 TCL 19-20.

377 Sobre a teologia da imagem, cf. TRIVIÑO, M.V. *La via de la beleza...* Op. cit., p. 80-85, que nos remete para LOSSKY, V. *Teologia mística de la Iglesia de Oriente*. Barcelona: Herder, 1982. Seguimos o esquema da obra de Triviño.

2.1 O ser humano, homem e mulher, foi criado à imagem e semelhança de Deus

É o mandato bíblico: "Façamos o ser humano à nossa imagem, à nossa semelhança" (Gn 1,26-27). A ideia de sermos criados à imagem e semelhança de Deus pode ter várias interpretações, mas implica sempre a ideia de participação na vida divina, a capacidade de entrar em comunhão com Deus, de ser morada de Deus. "Não podemos definir em que consiste a imagem de Deus no homem. Não a podemos conceber de outra forma que não seja através da ideia de participação nos bens infinitos de Deus"[378]. É disso que falam alguns textos dos Padres.

> Se queres ver restaurada em ti aquela morada que Deus edificou no primeiro homem, adorna a tua casa com a modéstia e a humildade... Assim prepararás para o Senhor uma digna morada, assim terás um esplêndido palácio real para recebê-lo, e poderás tê-lo contigo na tua alma, transformada, pela graça, em imagem e templo da sua presença[379]

E quando Francisco escreve *"nada mais desejemos, nada mais queiramos, nada mais nos agrade e deleite senão o nosso Criador e Redentor e Salvador... que é a plenitude do bem, todo o bem, o bem completo, o verdadeiro e sumo bem..."*[380] e quando Clara escreve a Inês de Praga : *"Ama de todo o coração Aquele, cuja beleza o sol e a lua contemplam"*[381], estão concentrados no desejo de recuperar em si a semelhança da imagem divina.

Não é por acaso que São Francisco, o pobre, canta a beleza de Deus[382]. Umberto Eco, em obra recente, afirma que "a experiência do belo apresenta sempre um elemento de desinteresse"[383]. No espelho reflete-se a bondade e a beleza de Deus.

---

[378] LOSSKY, V. *Teologia mística...* Op. cit., p. 87. Apud TRIVIÑO, M.V. *La via de la beleza...* Op. cit., p. 81 [Trad. do autor].
[379] SÃO JOÃO CRISÓSTOMO. Supp., Hom, 6, De precacione. In: PG 64, p. 462-466.
[380] 1R 23,9.
[381] 3CCL 16.
[382] LD 5.
[383] ECO, U. *Aos ombros de gigantes* – Lições em La Milanesiana 2001-2015. Trad. de Eliana Aguiar. Lisboa: Gradiva, 2018, p. 66. À p. 65 afirma que "no decurso

A bondade convida-nos à gratidão pelos dons recebidos, aos quais nós não nos devemos apropriar; a beleza leva-nos ao deslumbramento, à contemplação e ao puro encanto por Deus mesmo e seus mistérios. O pobre agradece os dons que recebe de Deus e contempla, em pura gratuidade, a beleza de Deus.

2.2 A Deus ninguém o viu

Deformado pelo pecado, o ser humano precisa da purificação interior, para recuperar a sua natureza primitiva. Precisamos do amor vivificador do Espírito para nos purificarmos, como ensinam os Padres: *"Oxalá que, de rosto iluminado por uma consciência pura e refletindo como num espelho a glória do Senhor, possas caminhar de glória em glória, em Cristo Jesus nosso Senhor, a quem seja dada honra, poder e glória, pelos séculos dos séculos sem fim"*[384].

O rosto de Deus não se pode ver. Só podemos ter a experiência da sua presença amorosa.

2.3 O Filho é imagem do Deus invisível (Cl 1,15)

Só podemos recuperar a imagem se conhecermos o original. Em Jesus Cristo revela-se o verdadeiro rosto de Deus. Aqui começa a teologia da imagem e a espiritualidade do espelho. Olhar o Verbo da vida, que se manifestou em obras e palavras, é o caminho para recuperar a imagem de Deus em nós, como nos recorda Santo Astério de Amaseia:

> *Se quereis parecer-vos com Deus, uma vez que fostes criados à sua imagem, imitai o seu exemplo. Se sois cristãos, nome que é uma proclamação de caridade, imitai o amor de Cristo... Consideremos os evangelhos e, vendo neles, como num espelho, aquele exemplo de diligência e bondade, procuremos aprender estas virtudes*[385].

---

dos séculos elaborou-se uma distinção entre o que é belo e o que é bom. Se aquilo que considero bom... não me pertence, sinto-me empobrecido. No que diz respeito à beleza, pelo contrário, parece que o prazer com as coisas belas é decididamente separado da posse".

384 Das catequeses de Jerusalém. Cat. 22, Mistagógicas 4, 1.3-6.9. In: PG 33, p. 1.098-1.106.

385 Homilias de São Astério de Amaseia, século IV: Hom 13. In: PG 40, p. 355-358.

2.4 O crente torna-se ícone

A salvação consiste em restaurar a imagem divina que levamos impressa no nosso coração. Ser imitadores de Deus, ter os mesmos sentimentos que Jesus Cristo, é a meta da vida cristã, como nos lembra Basílio:

> E como os corpos límpidos e transparentes, sob a ação da luz, se tornam também eles extraordinariamente brilhantes e irradiam um novo fulgor, assim as almas que possuem o Espírito e por Ele são iluminadas se tornam também elas espirituais e irradiam sobre os outros a sua graça[386].

Clara não é original, quando segue no caminho da *especulação*. Está dentro da Tradição. A sua mística faz parte do patrimônio da Igreja. O que é original em Clara e Francisco está na imagem que contemplam, o *Cristo servo e humilde, pobre e crucificado*. À medida que contemplam esta imagem, transformam-se pelo Espírito em ícones da divindade.

3 Aspectos da teologia da imagem em São Francisco

Os aspectos da teologia da imagem, em São Francisco, encontram-se espalhados por todos os seus *Escritos*. Bastam alguns textos para percebermos e nos darmos conta desta realidade, nem sempre visível numa primeira abordagem:

> Onipotente, santíssimo, altíssimo e soberano Deus, Pai santo e justo, Senhor do céu e da terra, por ti mesmo te rendemos graças, porque por tua santa vontade e pelo teu único Filho com o Espírito Santo criaste todas as coisas espirituais e corporais e a nós, feitos à tua imagem e semelhança, nos colocaste no paraíso, donde decaímos por culpa nossa[387].

Fomos criados à imagem e semelhança de Deus. Por nossa culpa voltamos as costas a Deus, escondemo-nos de Deus, por entre as árvores e atalhos da vida e damos largas ao coração, donde brota tudo o que é mau, diz Francisco.

---

[386] SÃO BASÍLIO MAGNO. Tratado de sobre o Espírito Santo, cap. 9.22-23. In: PG 32, p. 107-110.

[387] 1R 23,1-2.

> *Olhai, ó cegos, que andais enganados pelos vossos inimigos, a carne, o mundo, e o diabo, porque ao corpo agrada cometer o pecado e repugna servir a Deus, pois que todos os vícios e pecados brotam e procedem do coração do homem...*[388].

Mas Deus, que não se vê, torna-se presente nas encruzilhadas da vida e não cessa de nos procurar, de marcar presença nas noites escuras, nas esquinas dos caminhos por onde nos perdemos.

> *O Senhor Jesus disse aos seus discípulos: – Eu sou o Caminho e a Verdade e a Vida. Ninguém vem ao Pai senão por mim. E já agora vós o conheceis e tendes visto. Disse-lhe Filipe: – Senhor, mostra-nos o Pai, e isso nos basta. E respondeu-lhes Jesus: – Há quanto tempo estou convosco, e ainda não me conheceis? Filipe, quem me vê a mim, vê o Pai*[389].

Francisco encontra o caminho na contemplação de Jesus Cristo, como caminho, verdade e vida[390]. Em Francisco encontramos uma teologia do caminho, que Clara recebe e transmite a suas irmãs:

> *O Filho de Deus fez-se nosso caminho, como nos mostrou e ensinou pela palavra e pelo exemplo o nosso bem-aventurado Pai São Francisco, seu apaixonado imitador*[391].

Ao contrário de Francisco, que buscava o rosto de Deus nos bosques e grutas da Úmbria, por onde semeou eremitérios que convidam à contemplação, Clara, encerrada no Convento de São Damião, embora convidasse as irmãs dos serviços externos a

> *louvar o Senhor pelas árvores belas, floridas e frondosas, e que ao olhar os seres humanos e as outras criaturas louvassem o Senhor, por todas e em todas as coisas*[392].

Ela como que ultrapassa todos os degraus do itinerário para Deus, concentrando-se no que passa para além do mundo sensorial, como descreve São Boaventura, no último capítulo do seu *Itinerário*:

> *Resta que (a mente) transcenda a dispeculação destas coisas, e passe não só para além do mundo sensorial, mas*

---

388 1CF 11-12; 2CF 45-47.

389 Ex 1,1-4.

390 Cf. ESSER, C. *Exortações de Francisco de Assis*. Braga: Editorial Franciscana, 1980. Essa teologia do caminho é apresentada por Esser na meditação sobre a Primeira Exortação de São Francisco.

391 TC 5.

392 PC 14,9.

também de si mesma. Nesta passagem, Cristo é o "caminho" e a "porta", a escada e o veículo... e sacramento escondido desde os séculos[393].

Clara sentia um gozo especial em escutar a Palavra de Deus, e comprazia-se em ouvir os pregadores eruditos. Numa dessas conferências, uma das irmãs viu um menino formoso ao colo de Clara, e a testemunha jurou que aquele menino era mesmo Jesus Cristo[394]. Bela imagem, reveladora do ambiente espiritual que se vivia em São Damião.

A Palavra que se escuta é o Menino de Belém, é o Caminho que nos ensina o amor de Deus e amor aos homens, como diz o Ir. Boaventura, em linguagem mais elaborada:

> Estes dois preceitos estão expressos no único esposo da Igreja, Jesus Cristo, que é ao mesmo tempo Deus e próximo, Senhor e irmão, rei e amigo, Verbo incriado e (Verbo) incarnado, nosso criador e (nosso) redentor, pois Ele é "o Alfa e o Ômega". É também o supremo Sacrossanto, que purifica, ilumina e plenifica a Igreja toda, sua esposa, com cada uma das almas santas[395].

Nos princípios da Ordem dos Frades Menores apareceram muitos livros intitulados "Espelho de perfeição". Como observa Esser, os franciscanos e as clarissas, contemplando o Espelho e seguindo o caminho e os passos de Jesus, tornavam-se, por isso, exemplo e espelho da perfeição de Jesus Cristo para todos os cristãos[396].

---

[393] SÃO BOAVENTURA. *Itinerário da mente para Deus*. Op. cit., p. 213. No último capítulo do *Itinerário*, Boaventura cita Dionísio e fala da *"Christianorum inspector theosophiae"*. O tradutor desta edição converteu *theosophiae* em *teognosia*, acrescentando que se trata do "conhecimento superior de Deus, sem nada de teúrgico nem ocultista. Esta *teognosia*, em que à 'dispeculação' racional se unem comunicações privilegiadas da graça, têm-na realizado os místicos cristãos ao longo de toda a história da Igreja". De certa forma, pensamos nós, o *Itinerário* de São Boaventura pode ser visto como a sistematização do caminho místico de Francisco e Clara. Cf. *Itinerário*. Op. cit., p. 219 nota 7.

[394] Cf. PCL X, 8.

[395] SÃO BOAVENTURA, *Itinerário...* Op. cit., p. 175. Para compreender melhor como a mística especulativa de Clara está em consonância com o pensamento franciscano, mormente do exemplarismo de Boaventura, cf. CARPENTER, C. *La théologie, chemin vers la sainteté selon saint Bonaventure*. Paris: Éditions Franciscaines, 2013, p. 95-123, sobretudo p. 114s.

[396] Cf. ESSER, C. *Exortações...* Op. cit., p. 185-186. Cf. tb. TC 19.

III
Nova espiritualidade

1 Oração e missão

A intuição fundamental, presente nos *Escritos* de Clara, está em consonância com o caminho percorrido por Francisco. Ambos perceberam a novidade da revelação de Deus, em Jesus Cristo. Deus desce, faz-se pobre e humilde ... até à morte de cruz. E desta maneira revela a sua divindade. Como diz Ratzinger, isto significa uma viragem na história da mística.

Muitos autores se referem ao encontro de Francisco com o crucifixo de São Damião como um momento marcante da espiritualidade franciscana. Trata-se da "redescoberta da *humanidade* de Cristo, que nos séculos precedentes tinha sido um pouco obscurecida pela *majestade* de Cristo"[397]. A isso Hubaut chama de *choque da Encarnação*, que Francisco contempla em três momentos extremos, o *Nascimento*, a *Morte* e a *Eucaristia*.

Para Francisco, ser cristão é encarnar o Evangelho na vida, é tornar a vida uma "exegese" do Evangelho[398]. Por isso, enviava os irmãos a viver o Evangelho na vida normal do povo, onde uns anunciavam a Palavra, e outros viviam de maneira simples no meio do povo:

> *Os que partem, de dois modos podem viver espiritualmente entre eles. O primeiro é não abrirem debates nem discussões, mas mostrarem-se submissos a toda a humana criatura por amor de Deus e confessarem que são cristãos. O outro modo é que, quando julgarem ser do agrado do Senhor, anunciem a Palavra de Deus e confessem que são cristãos*[399].

---

[397] HUBAUT, M. *O rosto humano de Deus...* Op. cit., p. 69.
[398] Cf. BENTO XVI, *Verbum Domini*, 83.
[399] 1R 16,5-7.

Nunca antes algum fundador de uma ordem religiosa tinha enviado os seus membros a encarnarem o Evangelho entre *"a gente vulgar e desprezível, entre pobres e fracos, os doentes e os leprosos e os mendigos dos caminhos"*[400]. Era uma evangelização realizada pela presença, pela inserção dos irmãos no meio da gente simples[401].

Para Francisco, o choque da Encarnação levou-o a uma nova forma de evangelizar. O mais importante da missão é ser uma palavra viva, uma vida que seja exegese da Palavra. Essa forma de viver muitas vezes suscitava admiração e não poucas vezes desprezo: *"Ou é gente que aderiu ao Senhor por amor de mais perfeição, ou tornou-se louca rematada"*[402]. Por outro lado, lendo a Regra dos Eremitérios, percebemos como a dinâmica missionária tinha também uma forte dimensão contemplativa.

A missão e a oração são as duas componentes inseparáveis da vida dos irmãos, como se pode verificar nas muitas recomendações de Francisco: *"Francisco disse aos seus companheiros: 'Irmãos, eu sei, Deus escolheu-nos para irmos, de quando em quando, pregar o caminho da salvação, dar às almas conselhos salutares, e, sobretudo, para nos entregarmos à oração e à ação de graças"*[403].

Contemplar os mistérios da Encarnação, no Menino de Belém, na vida pública, na cruz e na Eucaristia é a forma de oração franciscana. Na contemplação dos mistérios de Cristo, Francisco e Clara adoram o *"Filho do Deus Altíssimo"*, o *"Senhor da Glória"*, *"Aquele que contém em si todas as coisas"*, como Clara escreve nas cartas a Inês de Praga, mas também o *"Deus que tomou a carne da nossa frágil humanidade"*, da Segunda Carta aos Fiéis, escrita por Francisco.

É o *Cristo Senhor*, é *Jesus Cristo*, o Pantocrator que nos transmite a arte romana e os afrescos bizantinos, mas também o Jesus da nova espiritualidade, que começou a ser difundida desde São Bernardo: o

---

[400] 1R 9,2.

[401] Cf. AP 24.

[402] AP 16.

[403] TC 55. A *Florinha* XVI dá-nos conta de como Francisco hesitou entre a vida de missão entre o povo e a vida contemplativa e de como Fr. Silvestre, que vivia no eremitério e Santa Clara o ajudaram a perceber que devia pregar. De certa forma a pregação de Francisco e a contemplação de Clara são os dois aspectos da mesma vocação. Na Regra dos Eremitérios, Francisco tenta conciliar estas duas dimensões.

Cristo homem, que na sua humanidade nos revela os sentimentos do coração de Deus. É Jesus Cristo que se revela como Deus através do humano.

É um caminho novo, que integra duas correntes do cristianismo: "Francisco e Clara, cada um com a sua própria idiossincrasia, integram essas duas correntes do cristianismo. Não escreveram nenhum tratado sistemático de teologia, mas acolheram um Homem vivo, de que, com rara sutileza, captaram todas as características"[404].

2 Jesus Cristo é o espelho

O termo espelho é a chave para percebermos o caminho da contemplação de Clara. Também Francisco sublinha a importância de ser exemplo e espelho para os outros, como Clara lembra no Testamento[405].

Para Clara, o espelho é Jesus Cristo, espelho de Deus invisível, que se escuta e se olha, que se imita, como escreve a Inês de Praga:

> Ele é o esplendor da eterna glória, a luz da eterna luz, o espelho sem mancha. Contempla diariamente este espelho, ó rainha e esposa de Jesus Cristo. Observa nele o teu rosto, para que a grande variedade de virtudes, que embeleza o teu interior e exterior, seja como manto de flores, tal como convém à filha e esposa do Rei supremo[406].

O espelho é algo que torna visível o invisível. Deus só se pode tornar visível, como em espelho, na natureza, nos seres humanos, mas sobretudo em Jesus Cristo, "*a luz da eterna luz, o espelho sem mancha*". O espelho é toda a vida de Jesus. Para Clara, a contemplação através do espelho é escola diária, onde se contemplam os mistérios de Jesus Cristo e se aprendem as suas virtudes. A especulação de Clara é transformante:

---

[404] HUBAUT, M. *O rosto humano de Deus...* Op. cit., p. 92.

[405] Cf. TCL 19. Sobre a metáfora do espelho em Santa Clara, cf. BRUNELLI, D. *O seguimento...* Op. cit., p. 169-232. • BARTOLI, M. *Clara de Asís.* Op. cit., p. 173-192. • ZAVALLONI, R. *La personalità...* Op. cit., p. 209-222. • ROTZETTER, A. *Klara von Assisi...* Op. cit., p. 245-258. • TRIVIÑO, M.V. *Espiritualidade de Santa Clara.* Op. cit., p. 50-143. • TRIVIÑO, M.V. *La vía de la beleza.* Op. cit., p. 28-43 e 79-120. • SCHNEIDER, H. *Mystische Begegnung...* Op. cit., p. 73-84.

[406] 4CCL 14-17.

Fixa o teu olhar no espelho da eternidade, deixa a tua alma banhar-se no esplendor da glória e une o teu coração Àquele que é encarnação da essência divina, para que, contemplando-o, te transformes inteiramente na imagem da sua divindade[407].

O espelho é toda a vida de Jesus, o nascimento, a vida pública até o calvário, que Clara descreve quase poeticamente:

*Neste Espelho
poderás contemplar,
com a graça de Deus,
como resplandece
a bem-aventurada pobreza,
a santa humildade
e a inefável caridade.*

*Contempla,
no princípio deste Espelho,
a pobreza,
pois está colocado no presépio
e envolto em paninhos.
Oh maravilhosa humildade!
Oh admirável pobreza!
O Rei dos anjos,
o Senhor do céu e da terra
reclinado num presépio!*

*Contempla
Ao centro deste Espelho,
a humildade
e a santa pobreza.
Quantas tribulações
e sofrimentos não suportou
para resgatar o gênero humano!*

*Contempla
no fim deste Espelho,
a inefável caridade
que o fez sofrer
no patíbulo da cruz
a morte mais infame.*

*Este Espelho
suspenso da árvore da cruz,
adverte os transeuntes:*

---

407 3CCL 12-13.

*"Vós, que passais, contemplai e vede
se há dor semelhante à minha".
Respondamos com uma só voz
e um só espírito a este grito de dor:
"A pensar nisto sem cessar,
minha alma desfalece dentro de mim".*

*Desta maneira
o teu coração se inflame
de uma caridade cada vez mais forte,
ó rainha do Rei celeste*[408].

É a humildade de Deus, revelada no mistério da encarnação, que encanta e extasia Clara:

Oh maravilhosa humildade! Oh admirável pobreza! O Rei dos anjos, o Senhor do céu e da terra reclinado num presépio![409]

Quando Clara fala de pobreza, humildade, caridade, não está só exaltando as virtudes, mas está falando de expressões concretas do mistério da encarnação. É do mistério de *kenosis*, de que fala São Paulo: *"Ele que era de condição divina... esvaziou-se a si mesmo, tomando a condição de servo, fez-se um ser humano... humilhou-se e foi obediente até à morte e morte de cruz"*[410].

Para Clara, refletir-se no espelho, que é Jesus Cristo, é a sua atitude de vida. É viver segundo a forma do Evangelho. Por isso ela não fala em vida contemplativa, mas em vida evangélica. A comunidade de São Damião tinha como missão viver segundo a forma do Evangelho, e ser modelo e espelho, "exegese" da Palavra de Deus para toda a Igreja.

Para Bartoli é importante dar atenção às imagens de Jesus, que transpareciam da vida de Clara e que, muitas vezes, foram "vistas" e transmitidas, sobretudo pelas testemunhas do Processo e pelas cartas a Inês de Praga. Assim percebemos melhor o ambiente devocional que alimentava a vida espiritual da comunidade de São Damião[411].

---

408 4CCL 18-27.

409 4CCL 20-21.

410 Cf. Fl 2,5-8.

411 Cf. BARTOLI, M. *Clara de Asís*. Op. cit., p. 174s.

3 As imagens de Jesus na vida de Clara

Uma das imagens mais presentes na vida de Clara, segundo o testemunho das irmãs, era a imagem do *"santíssimo e amantíssimo Menino"*. A Ir. Francisca, filha de Capitâneo de Col de Mezzo, declarou no Processo:

> que, uma vez, no primeiro de maio, ela mesma viu um menino de rara e indescritível formosura sobre os joelhos de madona Clara, encostado ao peito. Ao vê-lo, a testemunha sentiu uma indizível suavidade e doçura, e ficou convencida de que aquele menino era, sem dúvida, o Filho de Deus[412].

Não é a única visão que se conta de Clara com o Menino nos braços; a cena como que se repete no fim da sua vida, na visão da mesma Ir. Francisca:

> Revelou também que numa ocasião, em que as irmãs pensavam que a bem-aventurada madre se aproximava do momento da morte, veio o sacerdote ministrar-lhe a Sagrada Comunhão do Corpo de Nosso Senhor Jesus Cristo. Nesse momento, a testemunha viu um grande resplendor sobre a cabeça da madre Santa Clara, que lhe pareceu ser um menino pequeno e formoso. E logo que comungou com muita devoção, como era seu costume, disse as seguintes palavras: "O Senhor me deu hoje tão grandes benefícios, que nem o céu e a terra se lhes podem comparar[413].

Na visão da Ir. Francisca, juntam-se duas dimensões do mistério da encarnação, o Menino de Belém e a Eucaristia, e a sua relação com a Palavra de Deus. É nessas imagens que transparece a alma de Clara, e de como era vista na comunidade de São Damião. Pelos dados da mesma testemunha, tudo isso deve ter acontecido depois da Páscoa de 1232, 21 anos antes da morte de Clara, o que revela bem como esta vivência marcou a tal ponto a comunidade que, 21 anos depois, ainda era recordada por mais que uma irmã, e testemunhada sob juramento[414].

---

412 PCL IX,4.

413 PCL IX, 10. Na tradução da edição portuguesa das FFII falta completar a frase com *"que lhe pareceu ser um menino pequeno e formoso"*.

414 Cf. PCL X,8.

A importância que Clara dá à figura do Menino de Belém é manifesta também na visão que teve, quando, a distância, assiste à celebração do Natal na Igreja de São Francisco, como conta a Ir. Filipa, uma das irmãs que dá um dos mais longos testemunhos do Processo:

> Madona Clara contava também como na noite de Natal do ano anterior, não podendo levantar-se, por causa da doença, para ir à capela e acompanhar as Matinas com as irmãs, ficou só. Então suspirou e disse: "Senhor Deus, deixaram-me aqui só contigo, neste lugar". E logo começou a escutar o órgão e os responsórios e todo o Ofício dos irmãos na Igreja de São Francisco, como se nela estivesse presente[415].

Neste milagre, o que deve ser ressaltado é a ligação muito peculiar de Clara ao mistério do Natal. Isto mesmo é salientado por outra testemunha, a Ir. Amada:

> Quanto ao milagre da mãe de Santa Clara, à visão do mamilo de São Francisco e do milagre da noite de Natal, confirmou também tudo o que disse a Ir. Filipa. Mas acrescentou que ouviu a madona Clara dizer que na noite de Natal tinha visto o presépio de Nosso Senhor Jesus Cristo[416].

Não admira que Clara, no capítulo sétimo da Regra diga que as irmãs que são enviadas a pedir esmola, não tenham vergonha, *"porque também o Senhor por nós se fez pobre neste mundo"*[417]. E no capítulo segundo, quando fala da maneira como as irmãs devem andar vestidas, não lhes fala nada sobre a forma do hábito, mas simplesmente lhes diz que olhem para o Deus Menino e que se inspirem nele:

> Por amor do Santíssimo e Diletíssimo Menino, envolto em pobres panos e reclinado no presépio, e de sua Santíssima Mãe, admoesto, suplico e exorto as minhas irmãs, que se vistam com trajes pobrezinhos[418].

Há autores que afirmam que, em Clara, a devoção à humanidade de Jesus, tão comum na Idade Média, é mais visível do que em São Francisco[419].

---

415 PCL III, 30. Cf. LCL 29; Fl 35. Foi influenciado neste texto que Pio XII, em 1958, proclamou Santa Clara padroeira da televisão.

416 PCL IV,10.

417 RCL VII,3. Cf. 2R VI,1-3.

418 RCL 2,25.

419 Cf. MATURA, T. *Francisco de Assis, mensagem dos seus Escritos*. Op. cit., p. 231.

Bartoli chama a atenção para esta passagem, porque ela nos mostra, por um lado, a semelhança da vivência espiritual de Clara com a de Francisco, e, por outro, o cunho feminino que Clara dá às palavras que usa: "A passagem (RCL 2, 25) é original de Clara, e não tem paralelo em nenhuma outra Regra utilizada pelas Irmãs Pobres. É significativo que empregue a expressão *'santíssimo e diletíssimo'* menino, porque se trata de uma expressão usada por Francisco no salmo que compôs para as vésperas da Natividade, no Ofício da Paixão, que Clara também rezava[420].

Mais uma vez notamos como a espiritualidade de Francisco tem paralelo em Clara, mesmo que ela, depois, lhe dê um cunho próprio, mais feminino, como convinha à sua condição. As fontes dão-nos inúmeros testemunhos da grande devoção e amor de Francisco pelo Crucificado, amor que culmina com os estigmas impressos, no Alverne, no corpo do *Poverello*[421].

Desse grande amor e devoção nasceu o *Ofício da Paixão* e a *Oração das Cinco Chagas*, que faziam parte das orações rezadas em São Damião por Clara e suas irmãs, como testemunham no Processo:

"E que ela (Clara) lhe ensinou... a ter sempre presente a memória da Paixão do Senhor"[422], e como dizia a Ir. Benvinda e confirmado pela Ir. Inês, Clara *"orava especialmente à hora Sexta, pois dizia que naquela hora foi o Senhor elevado na cruz"*[423].

A devoção à paixão do Senhor marcava os ritos comunitários próprios de São Damião, como testemunha a Ir. Angelúcia:

> Disse ainda que, uma vez, no tempo pascal, ouviu a madre Santa Clara cantar; "Vidi aquam egredientem de templo a latere dextro" (Vi a água que saía do lado direito do templo). E era tanta a alegria e ficou tão impressionada com o que sentia, que depois das refeições e depois de Completas, ao aspergir-se a si e às irmãs com água-benta, dizia-lhes: "Minhas irmãs recordai-vos sempre e tende presente esta

---

[420] BARTOLI, M. *Clara de Asís*. Op. cit., p. 179. Cf. OP, 15, 7. Nota-se o crescendo afetivo, como nota Bartoli. No OP diz-se "santíssimo e dileto Menino" e Clara escreve "Santíssimo e diletíssimo Menino".

[421] Cf. LM,13.

[422] PCL XI,2.

[423] PCL X, 3.

água bendita, que saiu do lado direito de Nosso Senhor Jesus Cristo, suspenso na cruz"[424].

Francisco sentia particular veneração pelo Crucificado. Os autores salientam[425] que havia no tempo de Francisco inúmeros livros litúrgicos para recitar as Horas. Mas é sintomático que Francisco tenha tido a necessidade de compor o *Ofício da Paixão*, para expressar a sua peculiar devoção à Paixão do Senhor. Era na recitação diária do *Ofício da Paixão* que Clara alimentava o seu amor pelo pobre e humilde Crucificado, amor que marcava o ritmo e os ritos da comunidade.

Além do *Ofício da Paixão*, Clara rezava frequentemente (*frequentius ruminabat*) a *Oração das Cinco Chagas*, e também usava *"uma corda de treze nós cingida ao corpo para lhe recordar as chagas do Senhor*[426].

Assim podemos concluir como Clara, partilhando o amor ao Crucificado com Francisco, lhe dá um cunho mais penitencial. "Em Francisco nunca encontramos qualquer complacência com o sofrimento, seja o próprio, seja o de Cristo na cruz[427].

---

424 TCL 10, 8.

425 Cf. BARTOLI, M. *Clara de Asís*. Op. cit., p. 180-184, que nos apresenta variada literatura sobre este ponto.

426 LCL 30; Cf. PC 10,10. O texto da *Oração das Cinco Chagas* não nos foi transmitido por nenhum texto das Fontes Franciscanas. Só em 1500 temos notícia desse texto numa biografia da Ir. Battista Alfani, que o publica na sua biografia de Clara. Infelizmente essa biografia perdeu-se. Mariano de Florença dá notícia do texto sem o publicar. Também Marcos de Lisboa (Crônica II, 132) afirma que o texto foi composto por Clara. Num livro de orações, de 1711, do Convento de Santa Clara de Florença, encontramos o texto em latim, que foi também publicado, em 1727, na biografia de Clara da autoria de José da Madrid. Lazzeri, tendo em conta estas duas versões e um texto latino da Biblioteca de Valterra, do princípio do século XVI, publicou o texto que tem servido de base para outras traduções. Cf. *Klara-Quellen – Die Schriften...* Op. cit., p. 1.106-1.111, que nos apresenta a tradução alemã e um resumo histórico com os dados bibliográficos atualizados.

427 O fato de Clara, além de recitar o *Ofício da Paixão* que lhe foi transmitido por Francisco, ter procurado rezar também a *Oração das Cinco Chagas* leva alguns autores, entre eles Bartoli, a considerar que podemos ver aqui algo de específico na espiritualidade e na devoção de Clara à cruz do Senhor, que não encontramos em São Francisco. Citando Van Khanh, no seu livro (*Cristo no pensamento de Francisco*) afirma-se "que, [Francisco] mesmo considerando os sofrimentos físicos e morais de Cristo, não se detém neles". Para Francisco, "seguir a Cristo comporta um aspecto que, até agora, não foi destacado suficientemente: unir-se a Cristo para orar ao Pai e orar ao Pai como Cristo e com a mesma oração de Cristo". Em Clara é mais visível a identificação com o sofrimento físico do Senhor, enquanto Francisco acentua mais

No espelho da eternidade, Clara contemplava, deslumbrada, o Cristo pobre e crucificado essa era a razão da sua alegria, alegria que transparece nas cartas a Inês de Praga.

4 Eucaristia, espelho quotidiano

Quando Clara exorta Inês de Praga à alegria, logo na primeira carta, está usando a mesma linguagem que Francisco usa, quando, na *Carta a toda a Ordem* e na *Primeira Exortação*, medita sobre a Eucaristia, começando por citar Jo 14,6-9: "*Eu sou o Caminho, a Verdade e a Vida...*"

Inês deve-se alegrar e rejubilar pelo divino alimento, que apareceu desprezível e pobre no seio da Virgem Maria.

> Se, pois, um tão grande Senhor desceu ao seio da Virgem Maria e apareceu desprezível, desamparado e pobre neste mundo, para que os homens pobres, desamparados e carenciados do divino alimento, *nele se tornassem ricos, possuindo o Reino dos Céus, alegrai-vos e rejubilai, enchei--vos de grande contentamento e de alegrias espirituais*[428].

Para Francisco, aquele que desceu ao seio da Virgem Maria é o mesmo que todos os dias desce sobre o altar e se torna alimento e caminho, verdade e vida.

> Eis que ele se humilha cada dia, como quando baixou do seu trono real a tomar carne no seio da Virgem; cada dia vem até nós em aparências de humildade, cada dia desce do seio do Pai, sobre o altar, para as mãos do sacerdote[429].

> Que o homem todo se espante, que o mundo todo trema, que o céu exulte, quando sobre o altar, nas mãos do sacerdote, está Cristo, o Filho de Deus vivo. Oh! Grandeza admirável, oh! Condescendência assombrosa, oh! Humildade sublime, oh! Sublimidade humilde, que o Senhor de todo o universo, Deus e Filho de Deus, se humilhe a ponto

---

a dimensão espiritual do sofrimento. Cf. BARTOLI, M. *Clara de Asís*. Op. cit., p. 180-184, esp. notas 29 e 31.

[428] 1CCL 19-21.

[429] Ex 1,16-19.

de se esconder, para nossa salvação, nas aparências de um bocado de pão[430].

Na espiritualidade franciscana, Belém, Calvário e Eucaristia, são os três momentos da encarnação. Para Francisco, a Eucaristia era a encarnação repetida todos os dias sobre o altar. "Cristo percorre o mesmo caminho, com toda a humildade e abaixamento, também no sacramento eucarístico, no qual se faz presente o sacrifício da sua vida, do qual participamos na mesma humildade e despojamento, na mesma obediência, e no qual igualmente derramamos o nosso coração diante de Deus"[431].

Francisco compara o nascimento de Jesus à Eucaristia. A função do sacerdote é contemplada numa perspectiva mariana. Tal como Maria, também o sacerdote tem a missão de fazê-lo descer e comunicá-lo ao mundo.

Lendo os testemunhos das irmãs e a Legenda de Celano, percebemos como Clara deu à vida uma dimensão eucarística. O IV Concílio de Latrão, 1215, definiu que a presença de Jesus na hóstia consagrada continuava, mesmo depois da celebração da Eucaristia. Isso contribuiu muito para uma grande mudança na espiritualidade eucarística. Francisco e Clara foram grandes dinamizadores desta nova espiritualidade.

Francisco exortava os ministros *"e a todos os que ministram tão santíssimos mistérios, considerem bem consigo... como são pobres os cálices e corporais e toalhas, nos quais se faz o sacrifício do Corpo e Sangue de Nosso Senhor Jesus Cristo"*[432]. Também o Convento de São Damião esteve na vanguarda da dinamização da devoção ao Corpo e Sangue do Senhor. Clara não se cansou de bordar jogos de corporais, para enviar às igrejas e capelas das redondezas:

> Assim conseguiu fazer mais de cinquenta jogos de corporais que, metidos em bolsas de seda ou púrpura, eram depois enviados às várias igrejas do vale e das montanhas de Assis.

---

430 CO 27. CF. Ex 1. A Primeira Exortação tem como pano de fundo o combate aos cátaros que defendiam que a matéria é má em si, e por isso combatiam a presença real do Senhor na Eucaristia. Cf. ESSER, C. *Exortações...* Op. cit., p. 11-41.

431 Ibid., p. 36-37. Sobre a dimensão eucarística da espiritualidade de Santa Clara, cf. tb. TRIVIÑO, M.V. *Espiritualidade de Santa Clara*. Op. cit., p. 87s.

432 CCL, 4.

> *Quando se preparava para a recepção do Sacramento da Eucaristia, desfazia-se em lágrimas, e ao aproximar-se a tremer, reverenciava tanto o Senhor escondido no Sacramento, como o Senhor glorioso, que governa o céu e a terra*[433].

Para Francisco e Clara, o pão partido é sinal de unidade e comunhão. Francisco termina a sua vida na terra com uma paraliturgia. Mandou que lhe trouxessem pão, que distribuiu pelos presentes, e que lhe lessem o texto do capítulo 13 de São João. *"Tudo isto ele fez, com efeito, em veneranda memória daquela ceia e para testemunhar a ternura que tinha pelos irmãos"*[434].

A Eucaristia recorda a última ceia e constrói a comunidade de irmãos e irmãs, que quer ser espelho para toda Igreja, que quer ser imagem de uma Igreja restaurada. Lendo a Regra de Clara, composta no fim da sua vida, percebemos que a forma de vida que propõe às suas irmãs nasce da contemplação do Senhor, que nos ensina todos os dias

> *a seguir sempre o caminho da santa simplicidade e humildade e pobreza, e que levem uma vida santa*[435].

Foi no assalto dos soldados muçulmanos a serviço do imperador, em setembro de 1240, que Clara mostrou como a sua vida estava marcada pela contemplação do mistério eucarístico. Colocando-se à frente das irmãs, disposta a dar a vida por elas, rezou, e os inimigos da cidade puseram-se em fuga, como testemunham três irmãs no Processo de Canonização:

> *Foi então que Santa Clara, embora gravemente doente, se levantou e, chamando todas as irmãs, as exortou a não terem medo. Feita uma oração, o Senhor libertou o mosteiro e as irmãs do perigo dos inimigos*[436].
>
> *Minhas filhas e irmãs, não tenhais medo. Deus está conosco, e por isso o inimigo não poderá vencer. Confiai no Senhor Jesus Cristo e Ele nos livrará. Eu quero ser a ga-*

---

433 LCL 28; PCL I, 11, II,12.

434 2C 217,4.

435 TCL 56.

436 PCL II,20.

rantia de que nada de mal vos acontecerá. Se eles vierem, colocai-me diante deles[437].

Perante tal perigo, madona Clara quis ser levada até à porta do refeitório, e mandou que colocassem à sua frente um pequeno cofre, onde se guardava o Santo Sacramento do Corpo de Nosso Senhor Jesus Cristo. Depois ajoelhou em oração e rezou assim: "Senhor, protege Tu mesmo estas tuas servas, que eu não sou capaz de as guardar"[438].

Temos os testemunhos de três irmãs, Benvinda, Filipa e Francisca, falando do mesmo acontecimento[439]. Apesar das diferenças que se notam, o importante é perceber que Clara se colocou perante os sarracenos, que rezou ajoelhada perante o cibório que lhe trouxeram, como que a dizer: "só sobre o meu cadáver", mostrando-se disposta a dar a vida pelas suas irmãs.

Comungar, contemplar e adorar o Santíssimo Corpo e Sangue do Senhor *"com olhos do Espírito"*, como diz Francisco na Primeira Exortação, é acreditar que *"é desta forma que o Senhor está sempre com os que creem nele, segundo Ele mesmo prometeu: – Eis que estou convosco até à consumação dos séculos"*[440], é perceber que a Eucaristia é o meio que Cristo escolheu para estar permanentemente no meio de nós, como espelho, onde se contempla o mistério de humildade e se aprende a dar a vida pelos irmãos.

Para Francisco e Clara, "os sacramentos estão dentro da lógica da Encarnação de Jesus. Não há senão uma única história da salvação e uma única revelação, que vai se desenrolando em diversas etapas. Em cada etapa o Deus da Aliança vai revelando e dando sinais de diversos modos. A nova presença de Cristo eucarístico é a última revelação de Deus Salvador, o último sinal do seu amor, do seu encontro com a humanidade"[441].

---

437 PCL III,18.

438 PCL IX,2. CF. LCL 21-22.

439 Cf. ROTZETTER, A. *Klara von Assisi...* Op. cit., p. 266-267. Pelos testemunhos percebe-se que a iconografia que mostra Clara empenhando a custódia para enfrentar o inimigo parece não corresponder ao que verdadeiramente aconteceu.

440 Ex 1,22.

441 HUBAUT, M. *O rosto humano de Deus...* Op. cit., p. 161. O autor nessa obra aprofunda a visão de Francisco sobre a Eucaristia ao longo das p. 149-186.

A única vez que Francisco usa o verbo contemplar refere-se ao mistério da Eucaristia: *"Os apóstolos, com a sua vista corporal, viam apenas a sua carne; mas, contemplando-o com os olhos do Espírito, acreditavam que Ele era Deus. De igual modo os nossos olhos de carne só veem ali pão e vinho; mas saiba a nossa fé firmemente acreditar que ali está vivo e verdadeiro o seu santíssimo Corpo e Sangue"*[442]. Contemplar é ver em profundidade, é ver além das aparências.

É na contemplação diária do mistério da Eucaristia que Francisco e Clara viam o mais profundo da presença humilde de Deus no nosso mundo. O novo estilo de vida religiosa implantado na Igreja por Francisco e Clara quer ser o espelho para todo o mundo do Deus, que em Jesus Cristo vem diariamente ao encontro da humanidade em vestes de humildade e pobreza.

Lembramos aqui a frase do livro de Ilia Delio: "Qui serait le monde, si les chrétiens croyaient réellement en un Dieu humble"[443]. Este desabafo de Ilia Delio mostra como continua atual a missão das fraternidades de Francisco e Clara. Assumindo a forma de vida do santo Evangelho de Nosso Senhor Jesus Cristo, querem ser sinal, através da vida, do Deus que, descendo até nós em vestes de humildade, nos mostra o caminho para subir até Ele. Esta é a missão do cristão.

> Clara é, antes de mais nada, a irmã cristã! E ser cristão é espelhar a imagem de Cristo, entrar na dinâmica de amor, que se dá e começa na Trindade... A Palavra de vida contempla-se na oração, celebra-se nos sacramentos e testemunha-se na vida. A estas facetas correspondem no espelho de Clara, o olhar contemplativo, o Corpo do Senhor e a missão eclesial. É um caminho, não uma receita, que se conhece à medida que se avança por ele. É uma dinâmica de amor e desejo, de jejum e de espera, de luz e beleza, de cruz e de glória[444].

---

[442] Ex 1,20-21.

[443] DELIO, I. *L'humilité de Dieu, une perpective franciscaines.* Op. cit., p. 45.

[444] TRIVIÑO, M.V. *Espiritualidade de Santa Clara.* Op. cit., p. 51. Cf. SCHNEIDER, H. Mystische Begegnung... Op. cit., p. 76-78. Aqui o autor refere o sentido da adoração eucarística. O Pão consagrado é o espelho que resume todo o mistério do pobre e humilde Jesus Cristo.

IV
Alguns aspectos da espiritualidade de Santa Clara

1 Contemplação transformante

> *E nós todos que, com o rosto descoberto, refletimos a glória do Senhor, somos transfigurados na sua própria imagem, de glória em glória, pelo Senhor que é Espírito* (2Cor 3,18).

O texto da Segunda Carta aos Coríntios é a chave para percebermos a oração e a fé de Clara. Como afirma Ratzinger, "Ter fé significa decidir que, no âmago da existência humana, há um ponto que não pode ser alimentado e sustentado pelo que é visível e tangível, mas que toca na fímbria daquilo que não é visível, a ponto de este se tornar tangível, revelando-se como algo indispensável à existência"[445].

A irmã cristã, Clara de Assis, ensina-nos o que é a oração cristã. No paganismo as relações do ser humano com a divindade começam sempre no ser humano, nas suas necessidades, problemas e medos. Ao experimentar as suas debilidades e fraquezas, o ser humano procura o auxílio do alto, abre-se à divindade, ou divindades, e pede auxílio. É uma oração a serviço do ser humano. É uma tentativa de colocar a divindade do lado do ser humano.

Na fé cristã, as relações entre Deus e o ser humano começam sempre em Deus. É Deus que procura, que fala, que envia. A atitude do crente não é falar, mas escutar, acolher, deixar a terra segura e caminhar no desconhecido, com confiança. Acreditamos porque Deus

---

[445] RATZINGER, J. *Introdução ao cristianismo* – Prelecções sobre o "Símbolo dos Apóstolos". Parede: Principia, 2005, p. 36.

fala. "A fé... é um fincar-se ou um colocar-se no chão da Palavra de Deus"[446]. Ter fé é acreditar que Deus falou e fala. Se Deus fala, nós acreditamos e abandonamo-nos confiadamente à sua Palavra. Se algo devemos pedir a Deus, como cristãos, então peçamos como Salomão: "Dá-me, Senhor, um coração que escute" (1Rs 3,5).

É natural que a vida consagrada faça do silêncio uma condição necessária para a vida espiritual. Da tradição cartuxa aprendemos: "...quem não faz silêncio não pode entender aquele que fala. Que a terra da minha alma se cale na vossa presença, Senhor, a fim de que eu entenda o que diz em mim o meu Senhor"[447].

Oramos, e quando o fazemos não é a partir do medo, tentando pôr Deus do nosso lado, como que a recordar a Deus as obrigações que deve ter para conosco. O cristão reza a partir da confiança, porque sabemos que Deus está do nosso lado, mesmo quando não nos resolve nenhum problema, por mais urgente que seja. Tolentino de Mendonça, numa entrevista televisiva, dizia que o cristão sabe que a "oração é inútil, não serve para nada, só para estar e criar confiança". Era esta a oração de São Francisco, quando na casa do Senhor Bernardo, durante toda a noite "...elevando os olhos e as mãos ao céu, com grandíssima devoção dizia só 'Meu Deus, meu Deus"[448].

Perante Deus que fala, a atitude do ser humano é sempre e só a de escutar e obedecer (ob-audire). No genuíno sentido da palavra, obediência é escutar o que vem de fora de nós. Para o cristão, orar é escutar o que vem do lado de Deus, sem outra pergunta do que aquela que Francisco fazia perante o crucifixo de São Damião: "Senhor, que queres que eu faça". Porque Deus, quando fala, não é para consolar, mas para enviar. É assim desde a primeira vez que Deus falou ao ser humano: "Abraão, deixa a tua terra..."

Na espiritualidade franciscana, a obediência não são atos isolados de submissão, mas uma atitude de vida. Entrar na fraternidade

---

[446] Ibid., p. 48.
[447] Apud TOLENTINO DE MENDONÇA, J. *Nenhum caminho será longo* – Para uma teologia da amizade. Prior Velho: Paulinas, 2012, p. 219.
[448] Fl II.

franciscana é *"ser recebido à obediência"*[449], isto é, na vida de relações fraternas (na vida religiosa tradicional havia *monges*, na fraternidade de Francisco e Clara há *irmãos* e *irmãs*).

A obediência franciscana, que não se vive na relação com autoridade (palavra que Francisco e Clara não usam a não ser referida à autoridade civil), não cria relações de dependência, mas relações fraternas, onde ninguém se deve *"chamar prior, mas todos, indistintamente, se chamem irmãos menores. E lavem os pés uns aos outros"*[450], e de *"boamente obedeçam uns aos outros, que esta é a verdadeira e santa obediência de Nosso Senhor Jesus Cristo"*[451]. Na fraternidade de Clara, *"os assuntos respeitantes à utilidade e bem espiritual da comunidade devem ser tratados em capítulo. Com efeito, muitas vezes é ao mais pequenino que o Senhor revela aquilo que mais convém"*[452].

Estamos citando Regras, as de Francisco e Clara, que não foram escritas depois do Concílio Vaticano II, mas no século XIII. São Regras que refletem o novo paradigma da vida religiosa, que não tem como referência a primeira comunidade de Jerusalém, que inspirou a vida religiosa dos séculos anteriores, durante o feudalismo, mas a pobreza e humildade de Jesus Cristo, que na sua humanidade nos revela a humildade e pobreza de Deus, que desce, que se humilha e vem ao nosso encontro.

Ilia Delio interpela-nos sobre como seria o mundo se os cristãos acreditassem realmente num Deus humilde. Francisco e Clara interpelam-nos, hoje, num momento de grande incerteza, quanto ao futuro da vida religiosa, sobre o que seria a vida religiosa se os religiosos acreditassem na pobreza e humildade de Jesus Cristo, e se as suas fraternidades se construíssem a partir deste novo paradigma, e se elas fossem a exegese desse Deus pobre e humilde.

Neste tempo, que é de crise e muita incerteza quanto ao futuro da vida religiosa, o problema não está no que fazemos ou devemos deixar de fazer, das obras que devemos ou não devemos manter, mas

---

449 1R 2,9; 2R 2,11; RCL 2,12.
450 1R 6,3.
451 1R 5,14.
452 RCL 4,17-18.

do que somos, da nossa maneira própria de estar na Igreja e no mundo e da missão eclesial específica que temos, muito além das obras e funções que exercemos.

Clara diria, somos como rezamos[453]. Percorrendo os *Escritos*, sobretudo o *Processo de Canonização* e as *cartas a Inês* de Praga, vemos como rezava a comunidade e como era a oração pessoal da irmã cristã.

Na comunidade de São Damião rezava-se o Ofício segundo os costumes dos irmãos menores:

> As irmãs que sabem ler rezem o Ofício divino, segundo o costume dos Frades Menores, lendo-o sem canto. Por isso, podem ter Breviários. Aquelas que, por motivo razoável, não puderem recitar o Ofício divino, rezem os Pai-nossos, como as outras irmãs. E as que não sabem ler, rezem vinte e quatro Pai-nossos por Matinas; cinco por Laudes; sete por Prima, Terça, Sexta e Noa; por Vésperas doze, e sete por Completas[454].

Clara não adotou a forma monástica do Ofício divino, mas o Breviário, usado também nas comunidades de Francisco. Também não diz que o Ofício deve ser cantado, como era, então, em todos os mosteiros de tradição beneditina. Na Regra de Inocêncio IV e de Urbano estava previsto o ofício cantado[455].

Também aqui Clara fazia questão de se distinguir da tradição beneditina. "Esta ausência de canto na oração sublinha fortemente a importância da palavra. Os salmos recitavam-se e o Evangelho lia-se em alta voz"[456]. Clara comprazia-se em convidar e ouvir bons pregadores, que lhe explicassem a Palavra de Deus:

---

[453] Sobre a oração de Clara cf. TRIVIÑO, M.V. Espiritualidade de Santa Clara. Op. cit., p. 72-87. • TRIVIÑO, M.V. *La via de la beleza*... Op. cit., p. 87s., cujo esquema seguimos. • BRUNELLI, D. *O seguimento*... Op. cit., p. 180s. • LAINATI, C.A. *Santa Clara de Asís*. Op. cit., p. 41-63. • URIBE, F. *Cristo en la experiencia y en las enseñanzas de Santa Clara*, n. 66, 1993, p. 437-464. • STUCHI, M.C. A vocação e missão das Irmãs Pobres. In: *Cadernos de Espiritualidade Franciscana*, n. 39, p. 43-60. • FONTOURA, M.O. Clara, modelo de vida contemplativa. In: *Cadernos de Espiritualidade Franciscana*, n. 0, p. 49-61. • BARTOLI, M. *Clara de Asís*. Op. cit., p. 145-151.

[454] RCL 3,1-4.

[455] RI, 2. Cf. RU 13.

[456] BARTOLI, M. *Clara de Asís*. Op. cit., p. 148.

> *Disse ainda a testemunha, que madona Clara sentia um gozo especial em escutar a Palavra de Deus. Embora não tivesse estudado letras, comprazia-se em escutar pregadores eruditos*[457].

Mas a vida de oração de Clara ia muito além da oração comunitária. Clara era uma mulher de oração intensa. "As perspectivas espirituais de Clara são globais: não se pode dizer que haja nela uma concentração 'contemplativa', no sentido que este termo vai ter a partir da tradição carmelita no século XVI"[458]. Nas *cartas* a Inês partilha o sentido que tem para si a oração e a contemplação.

Recordemos o texto da Carta aos Coríntios: "*E nós todos que, com o rosto descoberto, refletimos a glória do Senhor, somos transfigurados na sua própria imagem, de glória em glória, pelo Senhor que é Espírito*" (2Cor 3,18).

O texto expressa a diferença entre o rosto coberto e o rosto descoberto; assim se revela a chave do espelho da glória de Deus, que é o Filho, e que pode chegar a ser o crente pela ação transformadora do Espírito. O que se reflete é a glória de Deus.

Para exprimir a aproximação do mistério de Cristo, Clara escolheu o símbolo do espelho. "Este espelho é a forma, diríamos a gramática, em que Clara encontra o espaço semântico para dizer que ele é o Deus manifestado em Jesus Cristo. Neste espelho Clara procura passar do visível ao invisível, do conhecido ao desconhecido. Nele, a imagem do homem reflete-se na de Deus. Entra-se num relacionamento ternário entre Deus, Cristo e o homem"[459].

> "*Olha, medita e contempla, e que o teu coração se inflame na sua imitação*"[460]; "*fixa o teu olhar no espelho da eternidade, deixa a tua alma banhar-se no esplendor da sua glória e une o teu coração àquele que é a encarnação da*

---

457 PCL X,8.

458 MATURA, T. *Introduzione*, em *Clara de Assisi, Scritti*. Vicenza, 1986. Apud BARTOLI, M. *Clara de Asís*. Op. cit., p. 149, nota 12.

459 LEDOUX, C.M. *Clara de Assis...* Op. cit., p. 127. Nesse livro, a autora faz uma leitura filosófico-teológica das cartas de Santa Clara a Inês de Praga, tratando alguns temas que raramente são tratados por outros autores.

460 2CCL 20.

essência divina, para que, contemplando-o, transformes inteiramente na imagem da sua divindade"[461].

Para Clara, Jesus Cristo é o espelho sem mancha, que rompe barreiras no espaço e no tempo, e nos mostra o coração de Deus. É a imagem da beleza divina que a seduz. Como no Tabor, a beleza é a porta para Deus, é o belo que ilumina os nossos rostos, enche a nossa alma de doçura, e nos faz suspirar em desejos de assentar a tenda, simplesmente para estar e criar confiança, na pura gratuidade. "Viver é, para Clara de Assis, um encontro místico com Cristo. Mas ao voltar-se para Cristo ela sabe que não é ela que dá o primeiro passo. Ela vive da experiência de que foi Cristo que primeiro se voltou para ela"[462].

O que os nossos olhos veem no seu despojamento, através do véu da humanidade de Cristo, é a glória de Deus. Jesus é o espelho que se olha, que se ama, que se imita e nos transforma no espelho dele mesmo, até que a glória de Deus resplandeça em nós: *"Ele é o esplendor da eterna glória, a luz da eterna luz, o espelho sem mancha"*[463].

2 O que Clara contempla no espelho

A especulação ou a contemplação através do espelho, na doutrina de Clara, é importante para o dinamismo da oração e para a evolução interior daquele que olha o espelho. O que contempla Clara:

> *Contempla, no princípio deste espelho: a pobreza, pois está colocado no presépio e envolto em paninhos. Oh maravilhosa humildade! Oh admirável pobreza! O Rei dos anjos, o Senhor do céu e da terra reclinado num presépio!*
> *Ao centro deste espelho: considera a humildade e a santa pobreza. Quantas tribulações e sofrimentos não suportou, para resgatar o gênero humano!*
> *E no fim deste espelho: contempla a inefável caridade, que o fez sofrer no patíbulo da cruz a morte mais infame. Suspenso da árvore da cruz, este espelho adverte os*

---

[461] 3CCL 12-13.
[462] SCHNEIDER, H. Mystische Begegnung... Op. cit., p. 73 [Trad. do autor].
[463] 4CCL 14.

> *transeuntes: "Vós que passais, contemplai e vede se há dor semelhante à minha"*[464].

Na contemplação de Clara está o mistério total. As três partes, no princípio, no centro e no fim, são todo o mistério, a humildade, a pobreza e a caridade.

3 O que se aprende no espelho

Clara contempla, para que nela se reflita a imagem da divindade:

> *Fixa o teu olhar no espelho da eternidade, deixa a tua alma banhar-se no esplendor da glória e une o teu coração Àquele que é encarnação da essência divina, para que, contemplando-o, te transformes inteiramente na imagem da sua divindade*[465].

No espelho aprendem-se as três virtudes, que devem resplandecer nos Menores e nas Irmãs Pobres.

Procuram-se mediante o esforço e a ascese. Na realidade, são mais que virtudes: "Jesus Cristo é a pobreza, por isso ela é bem-aventurada. Jesus Cristo é a humildade, por isso ela é santa. Jesus Cristo é a caridade, por isso ela é inefável"[466].

Ter os mesmos sentimentos que Jesus Cristo é o objetivo da especulação mística de Clara. O que o cristão deve procurar é imitar os sentimentos de Jesus Cristo.

> *Contempla-o desprezado por teu amor e segue-o tornando-te desprezível por Ele neste mundo... Olha, medita e contempla, e que o teu coração se inflame na sua imitação.*
>
> *Se com Ele sofreres, com Ele reinarás; se com Ele chorares, com Ele exultarás; se com Ele morreres na cruz da tribulação, com Ele habitarás na glória dos santos, na mansão celeste, e teu nome será gravado no livro da vida e para sempre glorificado entre os homens*[467].

---

464 4CCL 19-28.
465 3CCL 12-13.
466 TRIVIÑO, M.V. *La via de la beleza*... Op. cit., p. 90.
467 2CCL 18-22.

4 Contempla com desejo de imitar

Para Clara, Jesus Cristo é o espelho da sua consciência. Ao contemplar o rosto de Cristo, descobre a verdade do seu rosto. É sob a luz do espelho que se conhece a si mesma, que aprende a humildade, a pobreza e a caridade. É só com o espelho que se compara e avalia. E, tal como Francisco, sentia que estava sempre a recomeçar no caminho, é um recomeçar diário:

> Contempla diariamente este espelho, ó rainha e esposa de Jesus Cristo. Observa nele o teu rosto, para que a grande variedade de virtudes que embeleza o teu interior e exterior seja como manto de flores, tal como convém à filha e esposa do Rei supremo[468].

Olhando a Cristo, aprende-se a não proferir nada mais que a Deus e a esperar tudo dele.

> Contempla, nobre rainha, o teu Esposo. Sendo o mais belo dos filhos dos homens, transformou-se, para tua salvação, no mais desprezível dos mortais... Se com Ele sofreres, com Ele reinarás; se com Ele chorares, com Ele exultarás; se com Ele morreres na cruz da tribulação, com Ele habitarás na glória dos santos, na mansão celeste[469].

Purificada pela contemplação, Clara transfigura-se, torna-se espelho de Cristo para toda a comunidade:

> Portanto, irmã caríssima, ou antes, veneranda senhora, sois esposa, mãe e irmã do meu Senhor Jesus Cristo e foste brilhantemente assinalada com o estandarte da virgindade inviolável e da santíssima pobreza. Fortalecei-vos, pois, no santo serviço, pelo qual vos haveis decidido, em ardente desejo de imitar a Cristo pobre e crucificado[470].

No *Processo de Canonização*, algumas irmãs descrevem como Clara regressava da oração, qual outro Moisés a descer do Tabor, resplandecente de glória:

> E quando voltava da oração, animava e confortava as irmãs com palavras de Deus, que sempre tinha nos lábios, nunca falando ou permitindo que se falasse sobre coisas

---

[468] 4CCL 15-17.
[469] 2CCL 20-21.
[470] 1CCL 12-13.

vãs e fúteis. E quando regressava da oração, as irmãs alegravam-se como se ela regressasse do céu[471].

Na contemplação, Clara aprendia as virtudes do Espelho sem mancha e praticava-as na vida. A verdadeira contemplação transforma e envia. "Nesta visão mística de Santa Clara, nota-se até que ponto o homem se conforma com Cristo, e até se "diviniza" e chega à comunhão mais íntima com Deus pela pobreza, humildade e amor"[472]. A oração leva à conversão, transforma-nos em atitudes novas:

> *A testemunha afirmou que, uma vez professa na religião, a mãe Santa Clara levou uma vida de tanta humildade, que até lavava os pés das irmãs. Uma vez, lavando os pés de uma irmã esmoler, inclinou-se para os beijar. Mas, como a irmã retirasse o pé um tanto bruscamente, feriu a boca da bem-aventurada mãe com alguma gravidade. Além disso, a bem-aventurada Clara servia a água às irmãs para lavarem as mãos, e durante a noite cobria-as, para as proteger do frio*[473].

O Deus pobre e humilde, contemplado no espelho, transforma-se em vida, faz com que cada irmã e cada comunidade se torne modelo e espelho para o mundo. Tal como no princípio da vida religiosa os Padres do Deserto se transformaram em ponto de referência para todos os cristãos, Clara tinha consciência de que as suas comunidades deviam se transformar em pontos de referência para toda a Igreja. Deviam ser sinal de que a Igreja se restaura à medida que contempla o seu Senhor e dele aprende o caminho da humildade e da pobreza:

> *Porque o Senhor não nos colocou como exemplo e espelho, somente para os outros homens, mas também para as irmãs que o Senhor chamou à nossa vocação, de modo que também elas se convertam em exemplo e espelho das pessoas que vivem no mundo. Tendo-nos o Senhor chamado a um estado tão sublime, a fim de se poderem modelar por nós as que devem servir de espelho e modelo aos outros, devemos bendizer e louvar o Senhor e fortalecer-nos nele, para praticarmos o bem cada vez melhor. Portanto, se a nossa vida corresponder a esta vocação, deixaremos aos outros um no-*

---

471 PCL I,9.

472 GRAU, E. La vida en pobreza de Santa Clara en el ambiente cultural y religioso de su tiempo. In: *Selecciones de Franciscanismo*, 40, 1985, p. 101.

473 PCL II, 3.

bre exemplo e ganharemos a eterna bem-aventurança, com um mínimo de esforço[474].

5 Um método de oração

Ao longo das cartas a Inês de Praga, Clara, ao considerar a oração, usa vários sinônimos: olhar – fixar – meditar – considerar – resplendecer – contemplar. A sua forma de rezar aproxima-se da *"lectio divina"*, da leitura orante da Palavra de Deus, nos seus quatro passos, muito nítidos na Quarta Carta[475].

5.1 Primeiro passo: a *lectio (4CCL 14-17)*

Clara convida Inês a olhar diariamente o espelho para recuperar a semelhança com Cristo. Neste primeiro passo, neste olhar (neste ler), o mais importante é deixar-se impressionar, como a esposa que espera o seu Senhor, por Aquele que *"é o esplendor da luz eterna, a luz da eterna luz, o espelho sem mancha"* (v. 14). Clara usa o termo *"intuere"*, um ver em profundidade, deixando-se encantar por Aquele *"Cuius affetus afficit"*, cujo amor nos encanta (v. 11).

Este primeiro olhar desperta o afeto. Depois de desafiar Inês para o olhar e ver *"a bem-aventurada pobreza, a santa humildade e a inefável caridade"* (v. 18), Clara trata-a como rainha e esposa de Jesus Cristo. Inês deve olhar o espelho sem mancha, para reconhecer a sua identidade como rainha e esposa. Assim, ela é embelezada no seu *"interior e exterior"* (v. 17), para que o exterior seja o reflexo do interior. A visão diária do espelho reflete-se no rosto e na vida.

5.2 Segundo passo: a *meditatio (4CCL 18-23)*

O olhar de Inês deve concentrar-se nas várias partes do espelho, que é Cristo, e centrar o seu olhar sobre as várias estações da vida de Cristo, como se de uma meditação de imagens se tratasse. Lembremo-nos que Clara meditou durante 40 anos em frente ao crucifixo

---

[474] TC 19-23.

[475] Sobre a *lectio divina* de Clara, cf. GOORBERGH, E. & ZWEERMAN, T. *Klara von Assisi...* Op. cit., p. 261-272. Seguimos o esquema apresentado nessa obra.

de São Damião. É uma espécie de ruminar perante um texto ou uma imagem, até se interiorizar.

Começa no princípio do espelho (19-21): a pobreza de Cristo no presépio, a maravilhosa humildade e a admirável pobreza. É a meditação sobre o mistério do Natal, que toca Clara no mais íntimo dela mesma. Inês é convidada, depois, a refletir (*considera*) o centro do espelho, o tempo entre o presépio e a cruz (v. 22), a humildade e a santa pobreza, e as quantas tribulações e sofrimentos. Nesse caminho, Clara vê o seu próprio caminho.

Depois de considerar, num crescendo do olhar, Inês deve contemplar (*contemplare*) a inefável caridade (v. 23). Ligando a contemplação à cruz de Cristo, deixa entrever que a contemplação pode passar por um sofrimento interior, uma experiência de morte. Clara mostra que no fim da caminhada está um Caminho, um convite a dar a vida por amor, amor que na tradição cristã se identifica com o Espírito Santo.

5.3 Terceiro passo: a oratio (4CCL 24-27)

O que se intuiu e se acolheu na *meditatio* exige uma resposta, quando os sentimentos e a razão são tomados pelo Espírito Santo. Depois do espaço de silêncio orante, que se impõe pela *lectio* e pela *meditatio*, ressoa a voz do espelho: *"Vós que passais, contemplai e vede se há dor semelhante à minha". Respondamos com uma só voz e um só espírito a este grito de dor: 'A pensar nisto sem cessar, minha alma desfalece e grita de dor'. Desta forma o teu coração se inflame de uma caridade cada vez mais forte, ó rainha do Rei celeste"* (v. 24-27). Tomado pela experiência da cruz, o ser humano, iluminado pelo Espírito, tenta responder com amor à caridade de Deus.

5.4 Quarto passo: a contemplatio (4CCL 28-34)

As inefáveis delícias tornam o seguimento de Cristo o único caminho a percorrer: *"Atrai-me a ti e correrei ao odor dos teus perfumes, ó celeste Esposo"* (v. 30).

O fim do caminho, a *contemplatio*, torna-se um dom do Espírito, que inflama o coração. O fim da contemplação é descrito como a introdução na sala do festim (v. 31). Clara termina este passo com uma das orações mais belas, inspirada no Cântico dos Cânticos:

> *Atrai-me a ti e correrei ao odor dos teus perfumes,*
> *ó celeste Esposo.*
> *Correrei sem desfalecer,*
> *até que me introduzas na sala do festim,*
> *até que a minha cabeça*
> *repouse sobre a tua mão esquerda,*
> *e a tua direita me abrace com ternura*
> *e me beijes com o ósculo suavíssimo da tua boca* (v. 30-32).

As comunidades de Clara não eram simples espaços de piedade, preenchidos com muitas devoções, mas espaços de contemplação e silêncio, onde a irmã, olhando o rosto de Jesus Cristo, confronta a sua vida e se torna cada vez mais um *"ícone da sua divindade"*, para toda a Igreja.

> O Filho é o espelho de onde temos de aprender os sentimentos de doçura e humildade. Ele é o ícone da beleza do Espírito Santo. Dentro da escola franciscana, Clara de Assis mostra a dimensão contemplativa, pela via do amor e da beleza, é a contemplação transformante. Olhar por amor e com amor, olhar para ser olhado e divinizado[476].

No Espelho da Eternidade, que é Jesus Cristo, Clara aprendeu a dinâmica da santidade de Deus. Muitos são os textos do Antigo e do Novo Testamento que nos revelam a santidade de um Deus que revela a sua identidade quando desce. *"Eu vi a opressão do meu povo que está no Egito, e ouvi seu clamor diante dos seus opressores; conheço os seus sofrimentos. Desci para libertá-lo... E agora vai..."* (Ex 3,7-10).

Deus revela a sua identidade, a sua santidade quando vê e ouve o clamor do seu povo e quando desce para enviar alguém.

Deus é santo quando desce, quando sai de si e vem ao encontro da humanidade. Em Jesus Cristo, é Deus que sai do alto dos céus e desce à condição humana para a salvar. A Igreja de Jesus Cristo só existe *em saída*, no encontro com o ser humano mais desfavorecido, mais necessitado de salvação.

Um cristão, uma comunidade religiosa, que não está *em saída* não é cristã. Na contemplação da santidade do Espelho que é Jesus

---

[476] TRIVIÑO, M.V. *La via de la beleza...* Op. cit., p. 119.

Cristo, Clara, a irmã cristã, aprendeu a dinâmica da *saída*, a dinâmica da misericórdia. O Deus que *ouve*, que *conhece*, que *desce* e *envia*, tal como se revelou a Moisés, é o Deus que ensina Clara a ser uma cristã contemplativa *em saída*.

Quando escreve a Inês de Praga tenta transmitir-lhe esta dinâmica da vida cristã: *olha, medita, contempla* e *imita*. Numa contemplação *em saída*, esta será a marca das comunidades das Irmãs Pobres de São Damião, que deu origem a um novo estilo de vida religiosa feminina na Igreja.

V
Dimensão mariana da espiritualidade de Santa Clara

Na espiritualidade franciscana, desde o princípio que o tema da Mãe de Deus se viveu como tipo e figura da Igreja. Foi assim desde o princípio, com Francisco e Clara. Para Francisco, Maria era a *"Virgem feita Igreja"*. Nos fins da Idade Média a espiritualidade mariana separou-se da cristologia e da eclesiologia e concentrou-se na exaltação da Virgem, exaltando as suas excelências e prerrogativas. No Vaticano II o tema de Maria voltou ao tratado sobre a Igreja (cap. 8).

Não vamos encontrar em Francisco uma doutrina sobre Maria. O que ele faz simplesmente é honrar Maria, dirigindo-lhe saudações e orações. A *Saudação à Bem-aventurada Virgem Maria* e a *Antífona do Ofício da Paixão* resumem toda a riqueza da espiritualidade mariana de Francisco[477].

Como observa Lehmann, o nome de Maria nos *Escritos* de Francisco anda sempre ligado à Santíssima Trindade ou ao "amado Filho Jesus"[478]. Lembremos os dois textos emblemáticos de Francisco:

Salve, Senhora santa Rainha, santa Mãe de Deus,
Maria, virgem convertida em templo,

---

[477] Texto FFI, 4. ed., p. 86. Nos manuscritos mais antigos pode-se ler *Virgo perpetua*, Virgem perpétua, em vez de *Virgo ecclesia facta*, Virgem feita Igreja. A ideia de Maria como Igreja e a Igreja como Maria aparece na Patrística e foi acentuada no Concílio Vaticano II. Cf. LEHMANN, L. *Das Testament eines Armen* – Die Schriften des Franz von Assisi. Werl: Dietrich-Coelde-Verlag, 1999, p. 88. • AGO, L.M. *"Salutatio Beatae Mariae Virgine" di San Francesco di Assisi*. Roma: Monfortane, 1998. É um estudo muito cuidado sobre a *Saudação à bem-aventurada Virgem Maria*, onde toda essa problemática é aprofundada.

[478] Cf. LEHMANN, L. A devoção a Maria em Francisco e Clara de Assis. In: *Cadernos de Espiritualidade Franciscana*, n. 30, p. 17.

*e eleita pelo santíssimo Pai do céu,
consagrada por Ele com o seu santíssimo amado Filho
e o Espírito Santo Paráclito;
que teve e tem toda a plenitude da graça e todo o bem!
Salve, palácio de Deus!
Salve, tabernáculo de Deus!
Salve, casa de Deus!
Salve, vestidura de Deus!
Salve, mãe de Deus!*

Antífona: *Santa Virgem Maria, não veio a este mundo mulher semelhante a ti, filha e serva do Rei altíssimo, o Pai celeste, mãe do nosso Santíssimo Senhor Jesus Cristo, esposa do Espírito Santo, roga por nós juntamente com São Miguel Arcanjo e todas as Virtudes do céu e todos os Santos, a teu santíssimo e dileto Filho, nosso Senhor e Mestre.*

Lehmann acentua, a propósito, que Francisco é o primeiro, na Igreja do Ocidente, que emprega a expressão *"esposa do Espírito Santo"* referida a Maria, que também a Clara e às clarissas na *"Forma de Vida"*: *"Pois que, por inspiração divina vos fizestes filhas e servas do altíssimo e soberano Rei e Pai celestial, e vos tornastes esposas do Espírito Santo, eu quero e prometo, em meu nome e em nome dos meus irmãos, ter sempre para convosco, como tenho para com eles, diligente cuidado e solicitude"*[479].

O tema dos dois textos emblemáticos de Francisco sobre Maria, *Saudação à Bem-aventurada Virgem Maria* e a *Antífona do Ofício da Paixão*, e da *Forma de Vida* escrita por Francisco para as Irmãs de São Damião, revela a dimensão trinitária da vida segundo a forma do santo Evangelho, tendo Maria como modelo, como afirma Matura no seu último livro: o texto da *Forma de vida*, "...retoma os temas neo-testamentários da filiação divina (Jo 1,12; Gl 4,6) e faz alusão a Maria serva, disponível ao Espírito (Lc 1,35-38). De uma forma desconhecida da tradição bíblica, Francisco atribui aqui ao Espírito o papel de Esposo. O essencial para ele é afirmar que a vida das irmãs as faz entrar no mistério mais profundo e no mais central da revelação cristã: as relações com o Pai e o Espírito. O Filho não é mencionado explici-

---

[479] RCL 6,3-4

tamente; só a menção do "santo Evangelho" o sugere"[480]. A dimensão trinitária da vida do cristão está presente em quase todas as cartas de São Francisco.

> *E todos os que assim procederem, e perseverarem até ao fim, sobre eles repousará o espírito do Senhor e neles fará morada e mansão. E serão filhos do Pai celeste, cujas obras fazem. E são esposos, irmãos e mães de Nosso Senhor Jesus Cristo. Somos esposos, quando pelo Espírito Santo a alma se une a Nosso Senhor Jesus Cristo. Somos seus irmãos, quando cumprimos a vontade de seu Pai que está nos céus; somos mães, quando o levamos no coração e no corpo pelo divino amor e pela pura e sincera consciência, e quando o damos à luz pelas santas obras, que devem brilhar aos olhos de todos para seu exemplo*[481].

Como nota Lehmann, "é evidente que também aqui a mística se converte em missão: a ideia de levar Jesus ao mundo, isto é, de o ter como filho, constitui não só um motivo de imensa alegria, mas também um estímulo para a ação"[482].

É notório que esta linguagem vai se tornar a linguagem de Clara, quando, no Testamento, afirma que as irmãs devem brilhar como exemplo para toda a Igreja[483].

Clara, tal como Francisco, aderiu à mãe de Deus como figura e tipo da Igreja. Esta era a base da sua espiritualidade mariana. Numa linguagem mais feminina, logo na Primeira Carta a Inês, saúda a "Senhora Inês" e veneranda Senhora: "sois esposa, mãe e irmã do meu Senhor Jesus Cristo" (v. 12). E na mesma carta apresenta a Virgem Maria como modelo da irmã pobre:

> *Se, pois, um tão grande Senhor desceu ao seio da Virgem Maria e apareceu desprezível, desamparado e pobre neste mundo... Vós que preferistes o desprezo do mundo às hon-*

---

[480] MATURA, T. *Crer em Deus para crer no homem*. Braga: Editorial Franciscana, 2017, p. 53-54. Não é certamente por acaso que algumas cartas de São Francisco começam com a invocação trinitária: "Em nome do Pai e do Filho e do Espírito Santo".

[481] 2CF 48-53.

[482] LEHMANN, L. A devoção a Maria em Francisco e Clara de Assis. Op. cit., p. 37.

[483] TCL 19-22.

> rarias mundanas... mereceis ser chamada irmã, esposa e mãe do Filho do Pai altíssimo e da Virgem gloriosa[484].

Na contemplação do espelho, Clara aprofunda a sua vivência mariana. No espelho, Maria, a Virgem pobrezinha, está sempre presente, desde o presépio até à cruz: *"Medita sempre o mistério do Calvário e os sofrimentos da Mãe ao pé da cruz"*[485].

Mas é na terceira carta que o pensamento de Clara se manifesta de maneira mais elaborado:

> Ama, repito, Aquele Filho do Deus altíssimo nascido da Virgem, que o concebeu sem deixar de ser virgem. Vive unida à Mãe dulcíssima, que deu à luz o Filho que nem os céus puderam conter. E, todavia, ela o levou no pequeno claustro do seu ventre sagrado e o formou no seu seio de donzela[486].

A única vez que Clara usa o termo claustro é para destacar o papel de Maria, Virgem feita Igreja, mãe de Jesus que o gerou no seio de donzela. A maternidade de Maria é fonte de maternidade espiritual, mas uma maternidade fecunda, de que Clara fala logo na primeira carta a Inês:

> Preferistes abraçar com todo o afeto da alma e coração a santíssima, escolhendo um esposo de linhagem mais nobre, o Senhor Jesus Cristo, que guardará incólume a vossa virgindade[487].

A virgindade de que fala Clara não é uma virgindade estéril, mas uma virgindade a serviço do nascimento de Jesus no mundo. A clausura de Clara, como já assinalamos atrás, não está nas paredes e na segurança

---

484 Cf. 1CCl 19-24.

485 5CCL 12. Sobre a espiritualidade mariana de Santa Clara, cf. BRUNELLI, D. *O seguimento...* Op. cit., p. 125-168. • TRIVIÑO, M.V. *Espiritualidade de Santa Clara.* Op. cit., p. 178-196. • ZAVALLONI, R. *La personalità...* Op. cit., p. 214-234. • BARTOLLI, M. *Movimento Religioso Femminile e Franciscanesimo nel Secolo XIII.* Op. cit., p. 188-192. • TRIVIÑO, M.V. *La via de la beleza...* Op. cit., p. 185-215. • TRIVIÑO, M.V. Maria na espiritualidade de Santa Clara. In: *Cadernos de Espiritualidade Franciscana*, n. 0, p. 33-48. • FONTOURA, M.O. Clara de Assis, a "mulher evangélica" do século XIII. In: *Cadernos de Espiritualidade Franciscana*, n. 23, p. 5-30. • VOS, A. Spiritualität: Klara von Assisi und die evangelisch Tradition. In: SCHNEIDER, H. (ed.). *Klara von Assisi...* Op. cit., p. 279-291. Sobre a dimensão esponsal, p. 288-290. • KREIDLER-KOSS, M. "Ich halte dich für eine Gehilfin Gottes selbst" – Die Fauenfreudenschaft der heiligen Klara von Assisi. In: *WiWei*, 63, 2000, p. 4-31.

486 3CCL 17-19.

487 1CCL 6-7.

das portas, mas no coração de cada irmã, nesse espaço aberto para acolher e fazer nascer, espiritualmente, Aquele que Maria levou fisicamente no seu seio. Levar no seu coração Aquele que nem os céus puderam conter, torna o ser humano a mais digna de todas as criaturas.

> *Creio firmemente que, pela graça de Deus, a alma fiel se torna a mais digna de todas as criaturas, mesmo maior que o céu. Só a alma crente se transforma em sua mansão e seu trono pela caridade, de que estão privados os ímpios. É a Verdade que o testemunha: "Quem me ama será amado por meu Pai. Eu o amarei e viremos a Ele e faremos nele a nossa morada".*
>
> *Tal como a Virgem das virgens o trouxe materialmente no seu seio, assim também tu o podes trazer, sem dúvida alguma, de maneira espiritual, no teu corpo casto e virginal, seguindo as suas pegadas, sobretudo a sua humildade e pobreza. Desta maneira poderás conter Aquele que a ti e a todas as criaturas contém, e possuir plenamente o bem mais precioso, comparado com as riquezas transitórias deste mundo*[488].

Na primeira carta, Clara fala de um triplo parentesco a Inês com Maria de Nazaré: *irmã, esposa e mãe* do Filho do Pai altíssimo e da Virgem gloriosa. "Maria simboliza para Clara a plenitude e a dignidade da vida humana, que na sua insignificância, recebe de Deus todo o valor. Maria simboliza a grande proximidade do ser humano com Deus. Foi em Maria que Deus, pela primeira vez, se dignou fazer habitação na alma crente"[489].

Não admira que Clara aconselhe a Inês o seguimento de Maria, a Virgem pobrezinha. É de assinalar que Clara fala mais vezes em Maria, como modelo de seguimento na pobreza e humildade, do que Francisco fala no seguimento de Cristo[490].

Por mais insignificante que o ser humano se sinta, ele é santificado e dignificado por Deus, que nele faz sua morada. Este é o ponto do que podíamos chamar a antropologia de Clara. Neste ponto, Clara parece mais otimista do que Francisco.

---

[488] 3CCL 21-27.

[489] KREIDLER-KOSS, M. "Ich halte dich für eine Gehilfin Gottes selbst"... Op. cit., p. 29.

[490] Ibid., p. 29-30, que lembra Mariana Schlosser, num artigo publicado em 1990.

Francisco acentua que por nossa culpa *"somos asquerosos, miseráveis, e contrários ao bem, mas prontos e inclinados para o mal..."* Perante a bondade, que é Deus, *"que nos faz e nos fez todo o bem, a nós miseráveis e mesquinhos, corruptos e fétidos, ingratos e maus"*[491].

Clara parece ter uma visão mais positiva do ser humano, quando afirma que *"pela graça de Deus, a alma fiel se torna a mais digna de todas as criaturas, mesmo maior que o céu".*

> A antropologia de Clara é aqui surpreendente. Esta imagem de Deus no ser humano poderia dar a impressão de que Deus se inferioriza, de que o homem é de algum modo maior do que Ele. Mas a grandeza de Deus revela-se na sua humilhação e, na humilhação de Deus, o homem é elevado à sua verdadeira grandeza[492].

Apesar da falta de um pensamento antropológico estruturado, parece claro que Clara tem uma visão rica e positiva do ser humano. Quando Deus assume a condição humana, o corpo humano recebe para Clara uma dignidade infinita. O corpo humano pode conter Deus. É na meditação sobre a Encarnação de Deus em Jesus Cristo que Clara compreende um pouco melhor a dignidade e a nobreza de todo o ser humano, como sacramento da presença divina[493]. "Lendo os *Escritos* de Clara, pode-se ter a mesma impressão que Matura, a quem parece 'positiva' e até 'otimista' a imagem que Clara tem do homem; a caducidade e a precariedade estão muito menos acentuadas do que em Francisco"[494].

1 Clara, imagem de Maria

A *Virgem pobrezinha* é, para Clara e Francisco, a Mãe da Igreja, a peregrina da fé. Na escola de Maria, vemos Clara a contemplar os mistérios da Mãe do Senhor, e aprende o que é viver como a "outra Maria" o mistério do corpo do Senhor, que é a Igreja.

Na iconografia, Clara é representada como a Virgem cristófora, que manifesta e leva em suas mãos o corpo do Senhor, tal como Maria,

---

[491] 1R 22, 6; 23,8.

[492] LEDOUX, C.M. *Clara de Assis...* Op. cit., p. 101.

[493] Cf. ibid., p. 106-107.

[494] SCHLOSSER, M. Madre, hermana, esposa – Contribución a la espiritualidade de Santa Clara. In: *Selecciones de Franciscanismo*, 71, 1995, p. 267.

arquétipo da Igreja, que, conformada a Cristo, leva Cristo. Ainda antes de nascer, Jesus é levado apressadamente pelas montanhas (Lc 1, 39). Na Bula de Canonização, proclama Clara como modelo da Igreja:

> Ela foi o alto candelabro de santidade, que resplandece vigorosamente na casa do Senhor, a cuja chama viva acorreram e acorrem numerosas virgens, para nela acenderem as suas lâmpadas. No campo da fé, ela plantou e cuidou a vinha da pobreza, onde cresceram viçosos e ricos frutos de salvação. No campo da Igreja cultivou o jardim da humildade, marcando os limites com toda a espécie de provações, mas onde brota grande riqueza de virtudes[495].

As irmãs que testemunharam no Processo diziam que, depois de Maria, não houve santa mais santa do que Clara. A Ir. Cristina afirmava:

> ...que de maneira nenhuma sabia explicar a santidade de vida e perfeição de madona Clara. Mas não duvidava que a sua vida fora de graças, virtudes e santas obras. Acreditava firmemente que tudo o que se possa dizer da santidade de uma mulher, depois da Virgem Maria, se pode afirmar também de Clara com toda a verdade. Mas seria incapaz de descrever todas as suas virtudes e graças[496].

As suas irmãs sentiam que Maria era para Clara a imagem que tentava reproduzir. Num hino, que se diz ser de Alexandre IV, Clara é cantada como *Matris Christi vestigium*. É o melhor que se pode afirmar da santidade de uma mulher consagrada.

Quando lemos o Processo de Canonização, vê-se que as testemunhas sentiam que no rosto e atitudes de Clara se refletia a imagem e o toque da ternura de Deus. Maria é modelo e espelho para Clara: é modelo de santidade, é cheia de graça, plenamente possuída pelo Espírito, totalmente em comunhão com o Senhor; é espelho de virtudes, sobretudo da santa pobreza.

São Boaventura dizia que a santidade de Francisco está na transfiguração interior, que o configurou com Cristo pobre e crucificado: *"Foi assim que o amor a Cristo, autêntico e profundo, transformou Francisco numa imagem do mesmo Cristo"*[497]. Pelo amor fraterno e

---

[495] BCL 12.
[496] PCL 5,2.
[497] Lm 6.4,4.

materno, onde se faz brilhar a obra de Deus, Francisco se transformou em "outro Cristo", e Clara em "outra Maria".

Assim, no Convento de São Damião escutava-se a Palavra, e Clara gostava de ouvir pregadores doutos. E a Palavra encarnava-se na fraternidade, em atitudes e gestos concretos.

A Ir. Inês, no Processo, dá testemunho de uma visão, a que já fizemos referência, que mostra simbolicamente como em São Damião se atualizava o Evangelho. Recordemos a passagem do Processo:

> Disse ainda a testemunha, que madona Clara sentia um gozo especial em escutar a Palavra de Deus. Embora não tivesse estudado letras, comprazia-se em escutar pregadores eruditos. Um dia, pregando Fr. Filipe de Atri, a testemunha pôde observar, junto de Santa Clara, um menino muito formoso, que aparentava 3 anos. E suplicando a Deus no seu interior que tudo aquilo não fosse um engano, ouviu uma voz interior que dizia: "Eu estou no meio deles", dando a entender que aquele menino era mesmo Jesus Cristo, e que está presente quando os pregadores proclamam a Palavra e os ouvintes a escutam com devoção...
> Viu depois um outro grande resplendor, não da mesma cor do anterior, mas roxo, do qual saíam chispas de fogo, que envolveram completamente a santa e lhe cobriram a cabeça. Interrogando-se quanto ao significado de tal visão, uma voz interior deu-lhe a resposta: "O Espírito Santo descerá sobre ti"[498].

É quase uma cena da Anunciação: Fr. Filipe anuncia a Palavra; o Senhor cumpre a Palavra e torna-se presente; Clara, como "outra Maria", escuta a palavra com fé viva e a descida do Espírito. Do que se fala é da disposição que devemos ter no acolhimento da Palavra, e de como a Palavra deve encarnar na vida da fraternidade e fazer nascer o Senhor pelo Espírito que desce sobre nós. É a "cristologia da Palavra" de que fala Bento XVI[499].

Aqui se fundamenta a maternidade espiritual. A maternidade corporal de Maria em relação a Jesus prolonga-se na maternidade espiritual dos crentes congregados em Igreja. "Clara vive a mística da maternidade espiritual, que lhe permite realizar-se plenamente como mulher que se sente mãe; esta maternidade espiritual concretiza-se

---

[498] PCL X,8.
[499] BENTO XVI. *Verbum Domini*, 11.

no cuidado das irmãs, na ternura a Inês, quando lhe escreve, e na devoção ao Menino Jesus"[500].

> Declarou também que, uma vez, no primeiro de maio, ela mesma viu um menino de rara e indescritível formosura sobre os joelhos de madona Clara, encostado ao peito. Ao vê-lo, a testemunha sentiu uma indizível suavidade e doçura, e ficou convencida de que aquele menino era, sem dúvida, o Filho de Deus"[501].

Ser imagem da Mãe de Deus, não significa uma imitação moral (o silêncio, a prudência, a obediência ou a humildade de Maria, como nós a imaginamos), mas um deixar-se marcar pela Palavra de Deus.

Aqui se fundamenta também a *santidade teologal*, diferente da santidade moral. Muitas vezes entendemos por santidade uma vida íntegra, virtuosa. Essa santidade até pode ser vivida por um ateu.

A Virgem Maria é imagem da santidade teologal, a santidade perfeita, enquanto é templo de Deus, vestidura de Deus, casa de Deus, cheia do Espírito Santo, e assim se faz espelho da ternura e do amor de Deus. Ela é esposa do Espírito Santo (como Francisco chamava a Clara), que guarda e medita a Palavra de Deus, que escuta e acolhe, que deixa que a Palavra se realize nela, que encarne.

Este é o caminho da santidade teologal, do ser verdadeiramente cristão. E é um convite à purificação da piedade mariana de muitas comunidades cristãs. "Uma pessoa pode recordar com muito afeto a Virgem Maria, e honrá-la com muitas orações; mas tudo isso pode quedar-se na mera devoção, na ordem moral. A santidade teologal exige uma fé como Maria. Uma coisa é recitar, cantar, ouvir, pregar a Palavra. Outra coisa é obedecer a essa Palavra e acreditar que ela nos implica hoje"[502]. Para Francisco e Clara, "a piedade mariana não é, em absoluto uma devoção suplementar; ao contrário, está vitalmente integrada na contemplação do mistério da salvação, na sua vida cristã e na sua missão"[503].

---

[500] ZAVALLONI, R. *La personalità...* Op. cit., p. 233 [Trad. do autor].
[501] PCL IX,4.
[502] TRIVIÑO, M.V. *La via de la beleza...* Op. cit., p. 197 [Trad. do autor].
[503] HUBAUT, M. Francisco y Clara contemplan el mistério de Maria. In: *Selecciones de Franciscanismo*, 52, 1989, p. 22 [Trad. do autor].

Por isso as irmãs de Clara não a comparavam a nenhuma outra santa, só à Virgem Maria. Era isso o que a Ir. Benvinda sentia, estando presente na hora da morte de Clara:

> Parecia-lhe sobretudo que a gloriosa Senhora, a Bem-aventurada Virgem Maria, se preparava para vestir a nova santa com os melhores vestidos. E enquanto se extasiava nesta visão, viu de repente, com os seus olhos corporais, uma multidão de virgens vestidas de branco e coroadas, que se aproximavam e entravam pela porta do quarto, onde jazia a madre Santa Clara... Em seguida a Virgem das virgens, aquela que de entre todas sobressaía, inclinou o seu rosto para o rosto ou sobre o peito de Santa Clara...[504].

Os rabinos diziam que Moisés foi arrebatado, em Nebos, por um beijo de Deus: Deus se inclinou sobre ele, o beijou e aspirou o seu espírito. O beijo é a imagem mística da adesão e da união mútuas.

A Ir. Benvinda "viu" como a vida de Clara terminou com o beijo de Maria, que a chama e introduz na presença de Deus. Para quem vive unido a Maria, a morte é a irmã que chama para a plenitude, é o culminar da vida: *"Graças, Senhor, por me haverdes criado"*. Na hora da morte, clara dá a última lição de vida.

"A primeira mulher franciscana, Clara de Assis, Santa Clara, honrou o Senhor na pobreza... Identificada interiormente com a Mãe dulcíssima, a Virgem do *Magnificat*, edificou a Igreja das bem-aventuranças. Quando chegou ao fim do caminho, sem contas pendentes, entregou o seu espírito e deu graças pela vida"[505]. Na Bula da Canonização é assim cantada:

> Alegre-se, pois, a Madre Igreja, que gerou e formou uma tal filha, a qual, por sua vez, mãe fecunda de virtudes, inspirou muitas seguidoras na vida religiosa, formando-as na perfeição do serviço de Cristo. Rejubile também o povo fiel, por esta irmã e companheira, que o Senhor e Rei dos céus escolheu para esposa e introduziu triunfalmente no seu altíssimo e glorioso palácio. Rejubile também a multidão dos santos ao celebrar na pátria celeste as novas bodas da esposa do Rei[506].

---

504 PCL XI,4.
505 TRIVIÑO, M.V. *La via de la beleza...* Op. cit., p. 215.
506 BCL 24.

Nova cronologia da vida de Santa Clara[507]

(Com as fontes que fundamentam a datas)

1193: Nascimento de Clara, em Assis, filha da nobre Hortulana e do cavaleiro Favarone di Offreducio di Bernardino. Ainda (PCL II, 2). Teve duas irmãs, Catarina (1195) e Beatriz (antes de 1205). Provavelmente não houve irmãos. As moças cresceram fechadas no castelo, que pertencia a uma das vinte famílias mais aristocráticas de Assis (PCL XII, 1-7).

1199: Depois de Assis ter destruído as muralhas dos Staufer, começaram as lutas entre os *minores* (burgueses) e os *maiores* (nobres). As famílias dos nobres, entre eles a família de Clara, refugiaram-se em Perúsia (PCL II, 2).

1205: Depois de meses de diálogo sobre um tratado de paz, assinado em 1203, as famílias nobres regressam a Assis, depois de os burgueses reconstruírem os seus castelos (Tratado de Paz).

1206: No início do ano, Francisco di Pietro de Bernardone separa-se da cidade, do pai, da família e da cidade. Clara vive fechada no seu castelo e acompanha a cena do despojamento de Francisco perante o bispo de Assis. Nos 2 anos seguintes, Francisco dedica-se à restauração de algumas capelas e anda a pedir pela cidade (Cronologia de Francisco).

1208: Quando Francisco, no princípio do ano, descobre a *vita evangelica*, começa a receber os primeiros irmãos. Rejeitados em Assis, passam a viver no Vale de Rieti (Cronologia de Francisco).

1209: Os irmãos regressam a Assis, depois de o Papa Inocêncio III, em maio de 1209, ter aprovado projeto de vida e de lhes ter dado autorização para casar. A família arquiteta vários casamentos, mas a filha recusa qualquer projeto de casamento (Cronologia de Francisco).

---

[507] Seguimos a Nova Cronologia da vida de Clara proposta em KUSTER, N. & KLEIDER-KOS, M. Neue Chronologie... Op. cit. Vol. 51, p. 207-326.

1209/1210: Entre os primeiros irmãos da nova fraternidade, está Fr. Rufino, primo de Clara. A filha dos Favarone alcança, por esta altura, a idade para se casar (PCL XIX, 2).

1210/1211: Bona de Guelfucio faz de intermediária para os primeiros contatos de Clara com a fraternidade de Francisco. Há alguns encontros secretos. Clara vende o seu dote e parte do dote de Beatriz. Bona parte para uma peregrinação a Roma (PCL XVII, 7; XII, 3; XVII, 6).

1211: No dia 27 de março, durante a missa dos ramos, o bispo de Assis dá-lhe um sinal forte. Na noite seguinte Clara foge de casa para sempre, saindo pelos muros de Assis. Os irmãos acompanham-na até à Porciúncula e, numa cerimônia simples, Francisco corta-lhe os cabelos e ela recebe as vestes da penitência, começando a sua forma própria do seguimento de Jesus Cristo pobre (PCL II, 2; PCL XII, 4).
No dia seguinte, 28 de março, Francisco acompanha Clara à Abadia de São Paulo das Abadessas. Protegida pelo direito de asilo, Clara, como irmã de serviços da abadia, resiste a várias tentativas dos parentes, que queriam resgatá-la (PCL XII, 4; LCL 9).
Por volta de 4 de abril, Francisco, Filipe Longo e Bernardo acompanham Clara para a comunidade das beguinas de Santo Ângelo de Panzo, que viviam no sopé dos Carceri. Clara reza pela *conversão* da sua irmã Catarina (PCL XII, 5; LCL 10; LCL 24).
A 12 de abril, Catarina junta-se a Clara, e depois de resistir aos parentes com todas as forças, Francisco corta-lhe os cabelos (LCL 24-25).
Nessa ocasião junta-se a elas Pacífica de Guelfucio. As três companheiras fundam uma nova comunidade. Clara entra, *"una cum paucis sororibus"*, promete obediência a Francisco e entra na sua fraternidade. As irmãs mudam-se para São Damião, provavelmente um antigo pequeno hospital, cuja capela Francisco restaurou no seu tempo de eremita (PCL I, 3; PCL XII, 5; TCL 25-32 e dados arqueológicos).
Em setembro, Benvinda de Perúsia, a primeira irmã de uma cidade vizinha, entra na pequena comunidade (PCL II, 1). Antes tinha entrado na comunidade, Filipa de Leonardo de Gislerio, como terceira irmã. As atas do Processo enganam-se na data (PCL III, 1(data) PCL III, 8 (número).

1212: Há provas de que no verão já se encontravam em São Damião os primeiros irmãos esmoleres que apoiavam as irmãs. As irmãs presenciaram o primeiro milagre da pobreza (almotolia do azeite). A Ir. Balbina, que mais tarde vai dirigir a fundação de Vallegloria, entra na comunidade. Francisco tenta chegar à Síria (PCL I, 15; TCL 29; PCL I, 15; 1C 33).

1212-1214: Francisco resume a forma de vida das irmãs numa forma resumida (*forma vivendi*), à qual Clara se mantém fiel durante 40 anos e que incorpora no coração da sua Regra (RCL 6,2-4; PCL V, 4).

1214: Entrada na comunidade das irmãs Cecília di Gualteri Cacciaguerra de Spello e da Ir. Cristiana de Cristiano de Parisse algum tempo antes (PCL VI, 1. 5; PCL 4).

Francisco planeja uma viagem à Espanha e pressiona Clara para assumir a direção da comunidade que já tinha oito irmãs: Clara, Inês (Catarina), Pacífica, Filipa, Benvinda, Balbina, Cristiana e Cecília (PCL I, 6).

1214-1216: Clara obtém de Inocêncio III o Privilégio de Pobreza e consegue, assim, o reconhecimento da sua Forma de Vida para além da Diocese de Assis (PP I; LCL 14; TCL 42-43).

1216: Em outubro, Tiago de Vitry relata, numa carta, que contatou muitas comunidades de *"sorores minores"* na Úmbria, que *"durante a noite serviam nos hospícios"* e que, à noite, recolhiam a casa (Vitry FFI).

1217?: Guido II e Francisco tentam convencer Clara, que dormia num colchão de vergas, para amenizar os jejuns (PCL I, 8; II, 8; IV, 5; PCL X, 7; VII, 4).

Nessa ocasião entra na comunidade a parenta de Clara, Balbina de Martino da Coccorano PCL VII, 1.

Hugolino de Segni, legado papal, começou a cuidar de algumas comunidades femininas, que apareceram na Toscana e na Úmbria (BF I 1-2; *iter storico* 121-122).

Francisco conhece o Cardeal Legado, em Florença (1C 74).

1218: A 27 de agosto, o papa apoia a política de Hugolino em relação às irmãs (BF I 1-2).

1219: Em maio, Cristina de Bernardo da Suppo entra na comunidade (PCL XIII, 2).

Na mesma ocasião entra também Inês de Oportulo de Bernardo, de Assis, e provavelmente Lucia de Roma e Benvinda de Diambra, em São Damião (PCL IX-XIII).

Em julho, o Cardeal Hugolino de Segni, apresenta uma Regra para as comunidades da Toscana, que as coloca dependentes do papa e a quem é exigida a estrita clausura (RH; BF I 11-15).

Hugolino aceita em 26 de julho e o papa aprova a 9 de dezembro, para as irmãs de Monticelli (sob a influência de Clara), em Florença, *"Observantias nihilominus regulares, quas iuxta Ordinem Dominorum Sanctae Mariae de Sancto Damiano de Assiso"*, professada por estas irmãs. Assim reconhece uma alternativa à Regra de Hugolino (BF I 3-59; *Iter storico* 122-127).

1220: Entre 22-29 de março, Hugolino passa a Semana Santa em São Damião. Profundamente impressionado, o poderoso cardeal irá, a partir de então, fazer tudo para integrar a comunidade de Clara no grupo de comunidades por ele orientadas, e fazer de São Damião o centro de referência de todas essas comunidades (Crônica dos 24 Ger 127s.; *Iter storico* 127s.; *Iter Storico* 52).

Regressando do Oriente, Francisco apoiará Clara contra as tentativas de Hugolino de equiparar São Damião às comunidades por ele orientadas (Crônica de Jordão 14; Estêvão de Narni).

As Irmãs de São Damião temiam que Clara desse largas ao seu desejo de procurar o martírio em Marrocos, a exemplo dos Protomártires da Ordem dos Menores (PCL VI, 15; PCL VI, 6; VII, 2).

O mais tardar nesse ano entra em São Damião Inês de Oportulo de Bernardo de Assis, Clara usa um cilício, que Inês lhe pediu para usar (PCL X, 1-2).

22 de setembro: Os Frades Menores, a cuja *Ordem* Clara se sente integrada (testemunho de Balbina), são obrigados a instaurar noviciado (BF I 6; PCL VII, 2).

1222: 19-24 de setembro, o Papa Honório III concede a exempção às comunidades das Irmãs Pobres de Lucca, Siena, Perúsia, que já tinha concedido em 9 de setembro a Monticelli, em Florença. Nasce assim uma União de conventos reconhecida pelo papa (BFI 10-15).

1223: A nova Ordem de Honório III instala-se em Foligno, com a concessão da exempção à comunidade de Santa Maria de la Carità (*Iter storico* 168).

Em 29 de novembro, a Ordem dos Frades Menores é aprovada pela Igreja. Clara sentiu durante toda a vida que pertencia à Ordem dos Menores (BFI 15; Crônica de Jordão 29).

1224: Clara adoece até o fim da sua vida, e aceita diminuir as penitências. O seu colchão passou a ser de palha (PCL I, 17; X, 7).

1225: A Ir. Angelúcia de Angeleio, de Espoleto, entrou em São Damião. Neste ano, Francisco enviou cinco candidatas para São Damião (PCL XIV 1-2; PCL VI 15).

1226: Muito doente, Francisco regressa a Assis. Escreve para Clara o seu testamento (Última vontade) e, depois da morte, o funeral passa em São Damião (1C 116-117, CA 13; TCL). Ortulana confidencia, nessa ocasião, a visão que teve no nascimento de Clara (PCL VI, 12).

1227: A 19 de março, o Cardeal Hugolino foi eleito papa, Gregório IX. Nesse verão o papa escreve a várias das suas comunidades, agradecendo orações (BF I 33).
Em 14 de dezembro, Gregório IX encarrega os Frades Menores da assistência espiritual (*cura monialium*) de todas as comunidades por ele fundadas. Os Frades Menores resistem aos seus intentos (BF 36-36).

1228: A parente de Clara e irmã da Ir. Balbina, Amata de Martino da Coccorano, entra em São Damião. A outra Balbina orienta a comunidade de Vallegloria, em Spello (talvez já em 1227, seguramente em 1231 (PCL IV, 1; Lazzeri 45-50).
12 de abril. A nova ordem do papa ultrapassa os Pireneus. Gregório IX concede a sua Regra e a exempção, que não prevê a pobreza radical, ao Convento de Santa Maria de las Virgines (RH (1228); Iter storico 128-138).
A 16 de julho, o Papa Gregório IX canoniza São Francisco, em Assis (1C 126; AP 46s.).
Na mesma ocasião visita São Damião, onde tem um confronto com Santa Clara, que se declara contra a inclusão da sua comunidade nas comunidades de Hugolino (LCL 14; PCL I, 13; II, 2; III, 14).
18 de agosto: Contrariando os desejos de Clara, o Cardeal Reinaldo, nomeado protetor das Ordens femininas, coloca o Convento de São Damião à frente dos 28 conventos das mais variadas observâncias (*Iter storico* 138-140).
Clara consegue, a 17 de setembro, a aprovação do Privilégio de Pobreza, garantindo assim a originalidade do seu carisma. O documento original tem um endereço aberto (não menciona cargo, nem convento) (PP; *Iter storico* 140-141).

1229: A irmã mais nova de Clara, Catarina, entra em São Damião, onde já estava Hortulana (PCL XII, 7).
A 16 de junho (uma) Ir. Inês e as irmãs de Monteluce recebem o Privilégio de Pobreza. Também aqui aparece uma direção anacrônica (não se fala em cargo nem em convento).
Em novembro seguinte vai um Privilégio de Pobreza dirigido à Abadessa Inês e seu convento, o que já em 1222 é tratado como *monasterium* pela Cúria Romana (BFI 50; BF 13-15).

A 8 de setembro, o Bispo Gerardo permite que São Michel de Trento possa viver segundo a Regra de Hugolino, donde, no entanto, sai o capítulo sobre a pobreza. Gregório IX confirma esta permissão (*Iter storico* 49).

1230: Numa explicação sobre a Regra dos Frades Menores, Gregório IX afasta os Frades Menores do Convento de São Damião. Clara ameaça com uma greve de fome, e consegue anular a decisão (BFI 68-70; LCL 37).

1231: Gregório IX usa pela primeira vez o nome *"Ordo Sancti Damiani"* para a associação de conventos de clausura estrita, ao qual Faenza também pertence. Este nome programático aplica-se definitivamente através de uma carta de 2 de dezembro (*Iter storico* 157; BFI 13; BFI 206-207).
Isabel da Hungria morre, a 17 de novembro, no seu hospital de Marburgo. Através dela os franciscanos instalaram-se na Turíngia. Em Praga, Inês da Boêmia segue os passos da prima e chama os franciscanos para Praga, e funda o hospital de Francisco.

1232: Durante uma pregação de Fr. Filipe Longo, Clara é vista com o Menino Jesus. Em maio, a Ir. Francesca de Capitaneo da col de Mezzo entra em São Damião (PCL X, 8; PCL IX, 1; *Iter storico* 78-85).

1234: Em Praga, Inês, a filha do rei, escolhe a vida de pobreza. Embora tivesse sido aconselhada primeiro pelo Papa Gregório IX e, depois, pelos franciscanos, mais tarde deixou-se inspirar pela comunidade de São Damião (1CCL; *Iter storico* 81s.).

1236: Gregório IX insiste com os fiéis para apoiarem as "irmãs reclusas de São Damião", às quais Clara se recusa a aceitar tanto o nome, como o espírito (BFI 206-207; FFII; 2CCl, 4CCL; RCL).

1237: No Convento de São Damião vivem 50 irmãs, que assinam o contrato de venda. Talvez nessa ocasião aconteceu o milagre do pão para 50 irmãs (PCL V, 16).

1238: Inês de Praga consegue de Gregório IX o Privilégio da Pobreza (BFI 236-237).
Pouco tempo depois, Inês de Praga não consegue ver aprovado o seu projeto de Regra. Nessa ocasião Clara mantém correspondência com Inês (2CCL) e volta a dirigir-se a ela, depois de uma carta muito dura de Gregório IX (3CCL). Na carta *"Deus Pater"*, Gregório IX, dirigindo-se a Inês, mostra desprezo pela Forma de Vida de São Damião.

Ao mesmo tempo, afirma que foi Francisco que fundou a associação de conventos, que mais tarde Hugolino chamou de "Ordem de São Damião" (*Iter storico* 85-89; 2CCL; 3CCL; BFI 240-245; *Iter storico* 145-148; Carta *"Deus Pater*-FFII".

1239: Com a saída de Fr. Elias de ministro geral, no capítulo de Pentecostes, São Damião perde um apoio importante. Salimbene, Eclestone 81s.; 2CCL.
Em São Damião, a Ir. Benvinda de Diambra adoece por 12 anos (PCL XI, 1).

1240: Em setembro, soldados sarracenos do exército de Frederico II assaltam São Damião. Clara, confiando na presença de Jesus na Eucaristia, venceu os inimigos (PCL III, 18; PCL IX, 2).

1241: A Ir. Balbina de Martino da Coccorano é curada pela segunda vez por Clara. Não se pode datar a presença da Ir. Pacífica de Guelfucio nos conventos de Arezo e de Vallegloria, em Spello. Uma outra Balbina morre como abadessa de Vallegloria (PCL VII, 12; PCL VII, 11; PCL I 14-15; *Lazzeri* 45-46).
Vitale d'Aversa levanta o cerco sobre Assis, e a cidade atribui isso às orações de Clara (PCL III, 19; IX, 3). Em 21 de fevereiro, a Cúria Romana começa a perseguir grupos de *"minoretae* ou *Cordulate"*, que andam descalças *"através das cidades e das dioceses"*, querendo imitar a vida dos irmãos (BFI 290). A 22 de agosto morre Gregório IX. O seu sucessor Celestino IV morre também passado pouco tempo, durante o seu pontificado de 25 de outubro a 10 de novembro de 1241 (*Iter storico* 183).

1243: A longa sede vacante aliviou um pouco a política em relação à vida religiosa. Inocêncio IV foi eleito em 25 de junho de 1243. Com medo do imperador, fixou-se em Lião e, pessoalmente, não conhece São Damião (*Iter storico* 91s.; *Iter storico* 105).

1245: O novo papa continua a política de Gregório IX, quanto às religiosas. Em 16 de outubro volta a entregar aos Frades Menores a assistência espiritual de toda a Ordem de São Damião. Em 13 de novembro volta a obrigar a Regra de Hugolino a todos esses conventos (BFI 387-388; BFI 394-399; *Iter storico* 183).

1246: Clara não sofre nada com uma pesada porta que lhe caiu em cima. Na altura do incidente viviam em São Damião pelo menos três irmãos (PCL XIV, 6; PCL XV, 2; PCL V, 4).

1247: A 6 de agosto, desde Lião, o Papa Inocêncio IV publica uma modificada Regra de Hugolino (Regra de Inocêncio IV) para toda a Ordem de São Damião, onde se define que todas as "irmãs reclusas" como franciscanas. Muitos conventos não aceitaram esta nova Regra. Provavelmente foi nesse ano que Clara começou a escrever a sua Regra (RI-FFII; BFI 476-483; *Iter storico* 96-98; *Iter storico* 105-107). A Ir. Francesca de Capitaneo adoece, por 6 anos (PCL IX,7).

1248: Perante a recusa por parte dos Frades Menores de aceitar a assistência espiritual dos conventos da Ordem de São Damião, esse trabalho foi novamente confiado ao Cardeal Reinaldo, em 28 de outubro (BF Suppl. 13-14; BF Suppl. 19).

1249: Cura de cinco demônios de uma mulher de Pisa. A fama dos dons de cura de Clara vai para além da Úmbria (PCL IV, 20; PCL VII, 14).

1250: Por influência da Ordem de São Damião e dos Frades Menores, acentua-se, em 20 de abril, no norte da Itália, a perseguição às "sorores minores", que andam em grupo atrás dos irmãos. Em 30 de setembro, a perseguição chega a Salamanca (BFI 556).
Como muitas comunidades da Ordem de São Damião recusavam a Regra de Inocêncio, o papa retirou-lhe a obrigatoriedade (BF Suppl. 22-24).
Cerca de 11 de novembro, Clara, gravemente doente, agradece a comunhão, e a Ir. Francesca tem, nessa altura, a visão de uma luz e diz que viu o Menino Jesus (PCL IX, 10).

1251: A cúria papal, depois da morte do Staufer Frederico II, regressa à Itália e instala-se em Perúsia, em novembro (*Iter storico* 106s.).
O Cardeal Reinaldo visita, pouco depois, Clara, em Assis, que lhe pede para aprovar a sua Regra (LCL 40).
Em setembro a Ir. Benvinda aparece curada, depois de 12 anos doente (PCL V, 1).

1252: No verão, a Ir. Cristiana de Cristiano é curada da surdez, que já durava há um ano (PCL V, 1).
A 16 de setembro, Reinaldo, como cardeal protetor, autoriza que seja seguida a Regra de Clara. Mas ela insiste, que deseja a aprovação do papa (*Sinossi*; RCL Pról; *Iter storico* 107-109).
Muito doente, entre 24/25 de dezembro, Clara participa a distância na liturgia do Natal em São Francisco. Segundo a Ir. Amata, Clara viu mesmo o presépio (PCL III, 30; PCL VII, 9; PCL IV, 16).

1253: Vendo a morte aproximar-se, Clara manda chamar a sua Ir. Inês de Monticelli e escreve a última carta a Inês de Praga. Ainda sem a certeza da aprovação da sua Regra, pelo papa, Clara escreve o Testamento, onde recorda a todos a originalidade do seu carisma (4CCL; LCL 43; 4CCL, TCL). Inocêncio IV muda-se com a Cúria de Perúsia para Assis, em 27 de abril. A 6 de outubro passou a residir no *"palazzos apostolicus"* no Convento São Francisco (Vita Innocentii IV). Em maio, o biógrafo do papa assinala uma primeira visita a Clara.

Entre 6 a 8 de agosto faz uma segunda visita a Clara, e é levado a aprovar a Regra de Clara (PCL III, 24). A 8 de agosto, sexta-feira, visão da Ir. Benvinda, de Diambra, da visita de Maria e outras figuras celestes ao leito de morte de Clara, que a consolam na hora da morte (PCL XI, 4; PCL III, 20, XI, 3).

A 9 de agosto, Inocêncio IV, num processo rápido, aprova a Regra de Clara. Assim, reconhece a espiritualidade e a *"ordo sororum pauperum"* (RCL orig.). A 10 de agosto, Clara recebe e beija a Bula de aprovação da regra (PCL III, 32). A 11 de agosto, Clara diz as últimas palavras à Ir. Inês de Oportulo (PCL X, 10).

Clara morre na segunda-feira de tarde, na presença de sua irmã e dos freis Leão, Junípero, Ângelo, Tancredo. A Ir. Francesca de Capitaneo ficou curada nesse momento de uma doença grave. Os cidadãos de Assis dirigem-se a São Damião para venerar Clara (PCL XI, 4; PCL IX, 7; LCL 45-47).

No dia 12 de agosto, o papa e a cúria tomam parte no funeral de Clara. A cidade leva o corpo de Clara para a Igreja de São Jorge, ficando sepultada na campa que recebeu o corpo de Francisco, até à construção do mausoléu de Santa Clara. Depois de 1257 foi construída a nova basílica (LCL 47-48). Muitos milagres são sentidos, por intercessão de Clara (PCL XX, 9). Em setembro, foi curada uma francesa (Legenda latina-34).

A 1º de outubro, a Irmã Bendita, sucessora de Clara, inicia negociações com o cabido de São Rufino, relativas à compra de um terreno que englobava a Igreja de São Jorge. As negociações arrastaram-se por vários anos, o que levou à intervenção papal (BFII 23; BFII 82, 338-340).

A 18 de outubro, Inocêncio IV abre o Processo de Canonização, encarregando o bispo de Espelo de presidir ao interrogatório das testemunhas (BFI 684; Bula original).

Em meados de novembro morre Inês, a irmã de Clara (PCL 15; VI 15).
As testemunhas foram ouvidas entre 24 e 29 de novembro, na Igreja de São Paulo, sob a presidência do Bispo Bartolomeu (PCL, Prolg).

1255: O Cardeal Reinaldo, agora eleito Papa Alexandre IV, canoniza Clara, em Agnani. A Bula festiva é de 15 de agosto e dá uma visão da vida de Clara, na perspectiva do papa (FFII; LCL 62; Boccali).

1255/1256: Redação da Legenda oficial da nova santa, provavelmente por Tomás de Celano, encomendada por Alexandre IV (LCL; *Iter storico* 85).

1257: Alexandre IV alarga o combate às *"sorores minores"* à França e Espanha, sem muito êxito. Em 1261 o combate alastrou à Alemanha (BFII 183-184; BFII 417).

1259: Boaventura, mestre de Paris e ministro geral, escreve uma carta às "Irmãs Pobres" do Convento de Assis. A carta dá para perceber que Boaventura não tinha muitos conhecimentos sobre o espírito de São Damião (Boaventura, Opera VIII, 473.474).

1260: Transladação do corpo de Santa Clara para a nova basílica (BFII 242).
As suas irmãs mudam-se de São Damião para o novo protomosteiro, em 1257, quando começou a construção (*Iter storico* 185; BFII 242).

1263: A política papal em relação às religiosas chegava ao seu cume: Todos os conventos fundados desde 1211 uniram-se numa única Ordem, que tinha Santa Clara como padroeira, a Ordem de Santa Clara (clarissas) (BFII 509-521; *Iter storico* 117, 185).

1266: A 31 de dezembro, Clemente IV autoriza o convento das clarissas de Assis a viver segundo a Regra de Clara (BFIII 107; *Iter storico* 117).

1283: Um artista desconhecido pinta um quadro para a basílica de Assis. É considerada a primeira biografia da santa (pintura).

1288: A 26 de maio, sendo Nicolau IV o primeiro papa franciscano, o Mosteiro de Assis renuncia ao *Privilégio de Pobreza*. Como clarissas da primeira Regra, passam a poder receber propriedades, aproximando-se das clarissas de Urbano IV, da segunda Regra (BFIV 26).

Referências

Obras consultadas e obras citadas

ALIGHIERI, D. *Divina comédia*. Trad. de M. Braga. Lisboa: Sá da Costa, 2010 [Paraíso, XI, 14-21].

AZEVEDO, D. *São Francisco de Assis: fé e vida*. 2. ed. Braga: Editorial Franciscana, 2004.

BARTOLI, M. *Clara de Asís*. Oñate: Aránzazu, 1992.

_____. *Movimento religioso femminile e franciscanesimo nel secolo XIII* – Acti del VII Congresso Internazionale, 11-13/10/1979. Assis, 1980.

BENTO XVI, *Santas da Idade Média* Braga: Editorial Franciscana, 2013.

_____. *Figuras Franciscanas*. Braga: Editorial Franciscana, 2010.

_____. *Verbum Domini*, 2010.

BISSONNETTE, C. *O Privilégio da Pobreza (1216)*: estudo e reflexão. [s.n.t.], 2018 [Org. de M.M.B. Martins].

BRUNELLI, D. *O seguimento de Jesus Cristo em Clara de Assis*. Petrópolis: Vozes, 1998.

CARPENTER, C. *La théologie, chemin vers la sainteté selon Saint Bonaventure*. Paris: Éditions Franciscaines, 2013.

CASTILLO, J.M. *O futuro da vida religiosa*: das origens à crise atual. São Paulo: Paulus, 2018.

Catequeses de Jerusalém – Cat. 22: Mistagógicas 4, 1. 3-6.9. In: *PG*, 33, p. 1.098-1.106.

CHENU, M.D. *La teologia nel medioevo*. Milão: Jaca Book, 1972.

CREMASCHI, C.G. *Clara de Assis, um silêncio que grita* – Biografia histórica. Braga: Editorial Franciscana, 2013.

DELIO, I. *L'Humilité de Dieu* – Une perspective franciscaine. Paris: Éditions Franciscaines, 2011.

DUBY, G. *O tempo das catedrais e a sociedade*, 980-1420. Lisboa: Estampa, 1993.

ECO, U. *Aos ombros de gigantes* – Lições em La Milanesiana, 2001-2015. Trad. de E. Aguiar. Lisboa: Gradiva, 2018.

ELM, K. Agnes von Prag und Klara von Assisi – Na Frantisku und San Damiano, János Bak septuagenário. In: SCHMIES, B. (org.). *Franziskanische Forschungen*. Vol. 51. Münster: Aschendorff, 2011.

ENNEN, E. *Frauen im Mittelalter*. Munique, 1991.

ESSER, C. *Exortações de Francisco de Assis*. Braga: Editorial Franciscana, 1980.

FELD, H. *Franziskus von Assisi und seine Bewegung*. Darmstadt: Primus.

FÉLIX LOPES, F. As primeiras clarissas de Portugal. In: *Coletânea de Estudos*, 2. série, ano III, n. 1, 1952.

FONTOURA, O. M. *As clarissas na Madeira* – Uma presença de 500 anos. Funchal: Centro de Estudos de História do Atlântico/Secretaria do Turismo e Cultura da Madeira, 2000.

FORBES, P. *Klara von Assisi begegnen*. Trier: Paulinos, 2017.

FREEMAN, G.P. Klaras Kloster als Modell für die ersten Damianitinnen. In: SCHNEIDER, H. (ed.). *Klara von Assisi – Gestalt und Geschichte*. Mönchengladbach: Kühlen, 2013, p. 31-61.

FRESNEDA, F.M. Comentário al testamento de Santa Clara – Parte I: Comentário teológico. In: *Selecciones de Franciscanismo*, n. 128, 2014.

_____. El testamento de Santa Clara – Parte II: Comentário teológico. In: *Selecciones de Franciscanismo*, n. 129, 2014.

GARRIDO, J. *Francisco de Assis*: itinerário espiritual, problemas e perspetivas. Braga: Editorial Franciscana, 2008.

GEMELLI, A. *O franciscanismo*. Petrópolis: Vozes, 1944.

GOMES TEIXEIRA, V. *O maravilhoso no mundo franciscano português da Baixa Idade Média*. [s.l.]: Granito, 1999.

GONNET, G. La donna nel Movimenti Pauperístico – Evangelici. In: *Movimento religioso femminile e franciscanesimo nel secolo XIII* – Acti del VII Congresso Internazionale. Assis, 1980.

GOORBERGH, E. Die Lebensform des Ordens der Armen Schwestern: ein spirituelles Umgestaltungsmodell. In: SCHNEIDER, H. (ed.). *Klara von Assisi – Gestalt und Geschichte*. Mönchengladbach: B. Kühlen, 2013.

GOORBERGH, E. & ZWEERMAN, T. *Klara von Assisi* – Licht aus der Stille: zu ihren Briefen an Agnes von Prag. Coelde, 2001.

GRUNDMAN, H. *Religiöse Bewegung im Mittelalter*. Darmstadt, 1961.

HANZ, H. H., HANNES, P. *História Universal Comparada V.* Trad. de A. Rabaça e F. Sousa. Lisboa: Resomnia, 1987.

HARDIK, L. Zur Chronologie im Leben der hl. Klara. In: *Franziskanische Studien*, 35, 1953.

HUBAUT, M. *O rosto humano de Deus* – Uma achega Franciscana. Braga: Editorial Franciscana, 2015.

_____. *São Francisco e a alegria de viver o Evangelho*. Braga: Editorial Franciscana, 2008.

IRIARTE, L. *Francisco e Clara de Assis: à escuta da Palavra*. Braga: Editorial Franciscana, 2000.

_____. *Letra y Espírito de la Regla de Santa Clara*. Valencia: Asís, 1994.

JEANNET, C.-P. *Santa Clara de Assis*. Braga: Editorial Franciscana, 1994.

KOCH, G. *Die Frau im mittelalterlichen Katharismus und Valdensertum...* [s.n.t.].

KREIDLER KOS, M. Die Frauenfreudschaft der heiligen Klara von Assisi – Klara von Assisi, zwischen Bettelarmut und Beziehungsreichtum: Beiträge zur neueren deutschsprachigen Klara-Forschung. In: SCHMIES, B. (org.). *Franziskanische Forschungen*. Vol. 51. Münster: Aschendorff, 2011.

_____. *Lebensmutig, Klara von Assisi und ihre Gefährtinnen*. Ed. Echter, 1215.

KREIDLER-KOS, M.; KUSTER, N. & RÖTTGER, A. "Den armen Christus arm umarmen" – Das bewegte Leben der Klara von Assisi: Antwort der aktuellen Forschung und neue Frage. In: *Wissenschaft und Weisheit*, n. 66/1, 2003.

KREIDLER-KOS, M.; RÖTTGER, A. & KUSTER, N. *Klara von Assisi*: Freundin der Stille, Schwester der Stadt, Topos-Kevelaer, 2015, p. 103-106.

KÜNG, H. *O cristianismo-essência e história*. Trad. de G.C. Franco. Lisboa: Círculo de Leitores, 2012.

KUSTER, N. Stadt und Stille – Klaras gemeinschaft im Spannungsfelde von Mystik und Politik. In: SCHNEIDER, H. (ed.). *Klara von Assisi* – Gestalt und Geschichte. Mönchengladbach: B. Kühlen, 2013.

_____. *Franz und Klara von Assisi* – Eine Doppelbiografie. Ostfildern: Grünewald, 2012.

_____. Was Franziskus und Klara von Assisi verbindet – Neuere Interpretationem zwischen unzertrennlicher Freundschaft und brüderlichem Desinteresse. In: SCHMIES, B. (org.). *Franziskanische Forschungen*. Vol. 51. Münster: Aschendorff, 2011.

_____. "Qui divina inspiratione..." – San Damiano zwischen Sorores Minores und dem päpstlichen Ordo Sancti Damiani. In: SCHMIES, B. (ed.). *Franziskanische Forschungen* Vol. 51. Münster: Aschendorf, 2011.

_____. Klaras San Damian in der Franziskusvita des Thomas von Celano. In: SCHMIES, B. (ed.). *Franziskanische Forschungen*. Vol. 51. Münster: Aschendordorff, 2011.

_____. Il "Prilegio della Povertá di Innocenzo III e il 'Testamento'" di Chiara: autentico o raffinate falsificazione? In: *Forma Sororum*, 36, 1999.

KUSTER, N. & KLEIDER-KOS, M. Neue Chronologie zu Clara von Assisi – Klara von Assisi, zwischen Bettelarmut und Beziehungsreichtum: Beiträge zur neueren deutschsprachigen Klara-Forschung. In: SCHMIES, B. (org.). *Franziskanische Forschungen*. Vol. 51. Münster: Aschendorff, 2011.

LAINATI, C.A. *Santa Clara de Asís*. Madri: Encuentro, 2004.

_____. *Santa Clara de Asís*: contemplar la beleza de un Dios Esposo. Madri: Encuentro, 2004.

_____. *Die heilige Klara von Assisi, mit einer Kurzbiographie der heiligen Agnes von Assisi*. Dietrich-Coelde-Verlag, 1987.

LECLERC, E. *Retorno ao Evangelho*: a gesta de Francisco de Assis. Braga: Editorial Franciscana, 2002.

LECLERCQ, J. *Movimento religioso femminile e franciscanesimo nel secolo XIII* – Acti del VII Congresso Internazionale, 11-13/10/1979. Assis: Societá Internazionale di Studi Francescani, 1980, p. 61-99.

LEHMANN, L. *Klara-Quellen*. Kevelaer: Butzon-Bercker, 2013.

_____. *Das Testament eines Armen* – Die Schriften des Franz von Assisi. Werl: Dietrich-Coelde-Verlag, 1999.

LEDOUX, C.M. *Clara de Assis*: mensagem dos seus Escritos. Braga: Editorial Franciscana, 2002.

LORENZO, M. *"Salutatio Beatae Mariae Virgine" di San Francesco di Assisi*. Roma: Monfortane, 1998.

LOSSKY, V. *Teologia mística de la Iglesia de Oriente*. Barcelona: Herder, 1982.

MALECZEK, W. *Klara von Assisi* – Das "privilegium Paupertatis" Innocenz III und das Testament der Klara von Assisi: Überlegung zur Frage der Echtheit. Roma, 1995 [Biblioteca Seraphico-capuccina, 47].

MANSELLI, R. *Franziskus, der solidarische Bruder*. Benzinger, 1984.

MARENESI, P. *La clausura di Chiara d'Assisi*: Un valore o una necessità? Assisi, 2012.

MARKERT, C. "O beata paupertatis" – Zur Auslegung der Armut in den Briefen der hl. Klara an Agnes von Prag. In: SCHMIES, B. (org.). *Franziskanische Forschungen*. Vol. 51. Münster: Aschendorff, 2011.

MARKOVA, A. Die bekannte und unbekannte Agnes von Prag. In: SCHNEIDER, H. (ed.). *Klara von Assisi – Gestalt und Geschichte*. Mönchengladbach: B. Kühlen, 2013, p. 165-178.

MATURA, T. *Crer em Deus para crer no homem*. Braga: Editorial Franciscana, 2017.

_____. *Francisco de Assis*: mestre da vida espiritual. Braga: Editorial Franciscana, 2012.

_____. *São Francisco, a herança e os herdeiros*. Braga: Editorial Franciscana, 2009.

_____. *Francisco de Assis*: mensagem dos seus Escritos. Braga: Editorial Franciscana, 2002.

_____. Introduzione. In: *Chiara de Assisi, Scritti*. Vicenza, 1986.

MERLO, G.G. *Francisco de Asís* – Historia de los Hermanos Menores y del franciscanismo hasta los comienzos del siglo XVI. Arantzazu, 2005.

MONTES, J.S. *Clara de Asís, herencia y tarea*. Madri: Publicaciones Claretianas, 1993.

MONTES MOREIRA, A. História da Ordem de Santa Clara em Portugal. In: *Las Clarisas en España y Portugal* – Congreso Internacional. Salamanca, 1993, Actas I.

MORAW, F.P. Heiliges Reich. In: *Lexikon des Mittelalters*. Vol. 4. Munique/Zurique: Artemis, 1977/1999.

PAOLAZI, C. El testamento de Clara de Asís: pruebas internas de autenticidade. In: *Selecciones de Franciscanismo*, n. 127, 2014.

PAPA FRANCISCO. *"Alegrai-vos e exultai"*.

PINTO REMA, H. *História e evolução da Ordem de Santa Clara* – Presença e influência no mundo; presença e influência em Portugal. In: *O grito do silêncio* – Clara de Assis. Lisboa: Seminário da Luz, 1993.

PUJAL, T. Novedad de la forma de vida de Santa Clara. In: *Selecciones de Franciscanismo*, n. 174, 2013.

RATZINGER, J. [BENTO XVI]. *A teologia da história de São Boaventura*. Trad. de M.M.B. Martins. Braga: Editorial Franciscana, 2017.

_____. *Jesus de Nazaré*. Lisboa: Esfera dos Livros, 2007.

_____. *Introdução ao cristianismo* – Prelecções sobre o "Simbolo dos Apóstolos'. Parede: Principia, 2005.

ROTZETTER, A. Zugedachte und vollzogene Kirchlichkeit bei den Schwestern von San Damiano. In: SCHNEIDER, H. (ed.). *Klara von Assisi* – Gestalt und Geschichte. Mönchengladbach: B. Kühlen, 2013.

_____. *Klara von Assisi, die erste franziskanische Frau*. Friburgo: Herder, 1993.

SABATIER, P. *Das Leben des Heiligen Franz von Assisi*. Zurique: Europäische Bücher, 1919.

SANTOS DA SILVA, Á.C. *O homem nos Escritos de São Francisco*. Braga: Editorial Franciscana, 2015.

SÃO ASTÉRIO DE AMASEIA, século IV. Hom. 13. In: *PG*, 40, p. 355-358.

SÃO BASÍLIO MAGNO. O Tratado sobre o Espírito Santo, cap. 9, 22-23. In: *PG*, 32, p. 107-110.

SÃO BOAVENTURA. *Itinerário da mente para Deus*. Trad. e notas de A.S. Pinheiro, com leitura introdutória de M.M.B. Martins. Porto: Centro de Estudos Franciscanos, 2009.

SÃO JOÃO CRISÓSTOMO, século IV. Supp., Hom. 6: De precacione. In: *PG*, 64.

SCHNEIDER, H. Mystische Begegnung nach der heiligen Klara. In: SCHNEIDER, H. (ed.). *Klara von Assisi* – Gestalt und Geschichte. Mönchengladbach: B. Kühlen, 2013.

SCHNEIDER, R. *Santa Isabel da Hungria (Santa Isabel da Turíngia)*. Castelo Branco: Evoramons, 2005.

THAI-HOP, P. *Domingos de Gusmão e a opção pelos pobres* [Disponível em http://www.dominicanos.org.br].

THOMPSON, A. *São Francisco de Assis, uma nova biografia*: o homem por trás da lenda. Lisboa: Casa das Letras, 2012.

TOLENTINO DE MENDONÇA, J. *Nenhum caminho será longo* – Para uma teologia da amizade. Prior Velho: Paulinas, 2012.

TRIVIÑO, M.V. *São Francisco e Santa Clara de Assis*. Braga: Editorial Franciscana, 2010.

_____. *La via de la beleza* – Temas espirituales de Clara de Asís. Madri: BAC, 2003.

_____. *Espiritualidade de Santa Clara*. Braga: Editorial Franciscana, 1994.

URIBE, F.E. *Núcleos del carisma de San Francisco de Asís* – La identidade franciscana. Vitoria-Gastei: Efarantzazu, 2017.

VAIANI, C. Santa Clara de Asís en sus escritos – II: Testamento. In: *Selecciones de Franciscanismo*, n. 31, 2002, p. 222-257.

VAUCHEZ, A. *Francisco de Assis, entre história e memória*. Instituto Piaget, 2013.

VIVET, J.P. *Les Mémoires de l'Europe*. T. 1. Paris, 1970.

VOS, A. Spiritualität: Klara von Assisi und die evangelische Tradition. In: SCHNEIDER, H. (ed.). *Klara von Assisi – Gestalt und Geschichte*. Mönchengladbach: B. Kühlen, 2013.

ZAVALLONI, R. *L'uomo e il suo destino nel pensiero franciscano*. Assis: Porziuncola, 1994.

_____. *La personalità di Chiara d'Assisi*. Assis: Porziuncola, 1993.

Fontes franciscanas

Chiara de Assisi, Scritti. Vicenza, 1986.

Claire d'Assise: ecrits, vies, documents. Paris: Cerf/Éditions Franciscaines, 2013.

Fontes Franciscanas I – São Francisco de Assis: escritos, biografias, documentos. 4. ed. Braga: Editorial Franciscana, 2017.

Fontes Franciscanas II – Santa Clara de Assis: escritos, biografias, documentos. 2. ed. Braga: Editorial Franciscana, 1996.

François d'Assise: écrits, vies, témoignages – Source Franciscaines I. Paris: Cerf/Éditions Franciscaines, 2010.

François d'Assise: écrits, vies, témoignages – Source Franciscaines II. Paris: Cerf/Éditions Franciscaines, 2010.

Franziskus-Quellen – Die Schriften des heligen Franziskus, Lenbensbeschreibungen, Chroniken und Zeugnisse, uber ihn und seine Orden. Editores: D. Berg e L. Lehmann. Kevelaer: Butzon & Berker, 2009.

GRAU, E. & SCHLOSSER, M. *Leben und Schriften der heiligen Klara von Assisi*. Kevelaer: Coelde, 2001.

HERRANZ, J.; GARRIDO, J. & GUERRA, J. *Francisco y Clara de Asís, Escritos*. Aranzazu, 2013.

Klara-Quellen – Die Schriften der heligen Klara, Zeugnisse zu ihrem Leben und ihrer Wirkungsgeschichte. Ed. de J. Schneider e P. Kevelaer: Butzon & Berker, Coelde, 2013.

OMAECHEVARRIA, I. *Escritos de Santa Clara y documentos contemporâneos*. 3. ed. Madri: BAC, 1993.

Revistas com artigos sobre Santa Clara, acessíveis ao público português

Selecciones de Franciscanismo (SF)

ACCROCCA, F. Clara y la Orden Franciscana. In: *Selecciones de Franciscanismo*, n. 103, 2006.

ALVAREZ GÓMEZ, J. La pobreza contestatária en torno de Pedro Valdés y Francisco de Asís. In: *Selecciones de Franciscanismo*, n. 47, 1987.

ASSALDONK, O. Clara, mujer de discretión. In: *Selecciones de Franciscanismo*, n. 66, 1993.

_____. Amistad entre Francisco y Clara. In: *Selecciones de Franciscanismo*, n. 62, 1992.

_____. El Spírito Santo en los Escritos en la vida de Santa Clara. In: *Selecciones de Franciscanismo*, n. 20, 1978.

BARTOLI, M. Clara de Asís – Reflexiones sobre el debate historiográfico más recente. In: *Selecciones de Franciscanismo*, n. 110, 2008.

_____. El ideal medieval de la cortesia en Francisco y Clara de Asís. In: *Selecciones de Franciscanismo*, n. 108, 2007.

_____. Clara, Testigo de Francisco. In: *Selecciones de Franciscanismo*, n. 86, 2000, p. 221-226.

BLASTIC, M.W. La cristologia de los escritos de San Francisco y Santa Clara. In: *Selecciones de Franciscanismo*, n. 40, 2011.

BOCCALI, G. Canto de exortación de S. Francisco para las "Probezillas" de S. Damián. In: *Selecciones de Franciscanismo*, n. 34, 1983.

BOSCH, A. La alegria en las cartas de St. Clara. In: *Selecciones de Franciscanismo*, n. 45, 1986.

BRUNETTE, P. Francisco y Clara. In: *Selecciones de Franciscanismo*, n. 83, 1999.

CHENU, M.-D. Coyuntura y Carisma en Francisco de Asís. In: *Selecciones de Franciscanismo*, n. 30, 1981.

ESSER, K. Los escritos de S. Francisco a Sta. Clara. In: *Selecciones de Franciscanismo*, n. 34, 1983.

_____. Francisco de Assís y los cátaros. In: *Selecciones de Franciscanismo*, n. 13/14, 1976.

FRESNEDA, F.M. Comentário al testamento de Santa Clara – Parte I: Comentário teológico. In: *Selecciones de Franciscanismo*, n. 128, 2014, p. 169-212.

GRAU, E. La vida en pobreza de Santa Clara en el ambiente cultural y religioso de su tiempo. In: *Selecciones de Franciscanismo*, n. 40, 1985.

_____. El "Privilegio de Pobreza" de Santa Clara. In: *Selecciones de Franciscanismo*, n. 20, 1978.

_____. Santa Clara de Asís y sus hermanas. In: *Selecciones de Franciscanismo*, n. 18, 1977.

GUIDA, M. "Se non per laude tantum Sancta Madre" – El Processo de Canonización de Clara de Assis, I. In: *Selecciones de Franciscanismo*, n. 27, 2014, p. 109ss.

_____. "Se non per laude tantum Sancta Madre" – Las hermanas menores en Processo de Canonización de Clara de Assis, II. In: *Selecciones de Franciscanismo*, n. 28, 2014, p. 247ss.

HUBAUT, M. Francisco y Clara contemplan el mistério de Maria. In: *Selecciones de Franciscanismo*, n. 52, 1989.

KOSER, C. El privilegio de la Pobreza de las clarisas. In: *Selecciones de Franciscanismo*, n. 22, 1979.

LAINATI, C.A. La segunda Orden franciscana. In: *Selecciones de Franciscanismo*, n. 66, 1993.

_____. La clausura, expression del mistério pascual. In: *Selecciones de Franciscanismo*, n. 65, 1991.

_____. Una "lectura" de Clara de Asís a través de las fuentes. In: *Selecciones de Franciscanismo*, n. 25/26, 1980.

_____. La regla franciscana y la II Orden. In: *Selecciones de Franciscanismo*, n. 10, 1975.

_____. Clara aconseja a Francisco. In: *Selecciones de Franciscanismo*, n. 5, 1973.

_____. Clara, la mujer de la esperanza. In: *Selecciones de Franciscanismo*, n. 5, 1973.

_____. Uma mulher, Santa Clara de Assis. In: *Selecciones de Franciscanismo*, n. 0, p. 19-32.

LEHMANN, L. La autenticidade del testamento de Santa Clara: una comparación com sus cartas. In: *Selecciones de Franciscanismo*, n. 136, 2017.

_____. Saludo de despedida – El "canto de exhortación", de San Francisco a las Damas Pobres de San Damian. In: *Selecciones de Franciscanismo*, n. 72, 1995.

_____. La bendictión de Santa Clara. In: *Selecciones de Franciscanismo*, n. 69, 1994.

LOPEZ, S. La cristologia de la Forma de Vida de Santa Clara de Assis. In: *Selecciones de Franciscanismo*, n. 122, 2012.

_____. Virgen santa y gloriosa en la experiencia cristiana de Francisco y Clara. In: *Selecciones de Franciscanismo*, n. 103, 2009.

_____. La visión creyente des las criaturas en la experiencia cristiana de Francisco y Clara. In: *Selecciones de Franciscanismo*, n. 109, 2008.

_____. La visión creyente del hombre en la experiencia cristiana de Francisco y Clara. In: *Selecciones de Franciscanismo*, n. 99, 2004.

_____. La confesión-contemplación de Dios uno y trino – Padre, Hijo y Espíritu Santo en la experiencia de Francisco e de Clara. In: *Selecciones de Franciscanismo*, n. 82, 1999.

_____. El seguimento de Jesuscristo hermano en la experiencia cristiana de Francisco y Clara – La fraternidade-sororidad-relación. In: *Selecciones de Franciscanismo*, n. 70, 1995.

_____. La Eucaristia en la experiencia de Francisco y Clara. In: *Selecciones de Franciscanismo*, n. 72, 1995.

_____. El seguimento de Jesuscristo en la experiencia de Francisco y Clara. In: *Selecciones de Franciscanismo*, n. 64, 1993.

_____. El seguimento de Jesuscristo orante en la experiencia de Francisco y Clara. In: *Selecciones de Franciscanismo*, n. 65, 1993.

_____. Lectura teológica de la Carta III de Santa Clara. In: *Selecciones de Franciscanismo*, n. 66, 1993.

_____. Lecura teológica de la Carta IV de Santa Clara. In: *Selecciones de Franciscanismo*, n. 66, 1993.

_____. La eclesia como medio de salvación en los escritos de Francisco e Clara. In: *Selecciones de Franciscanismo*, n. 61, 1992.

_____. La Palabra del Señor en la experiencia cristiana de Francisco y Clara. In: *Selecciones de Franciscanismo*, n. 62, 1992.

_____. La confesión-contemplación de Jesuscristo, Dios y ombre verdadeiro, en la experiencia de Francisco y de Clara. In: *Selecciones de Franciscanismo*, n. 63, 1992.

_____. Lectura teológica de la carta I de Santa Clara. In: *Selecciones de Franciscanismo*, n. 55, 1990.

_____. Clara, émula de Francisco. In: *Selecciones de Franciscanismo*, n. 40, 1985.

_____. Lectura cristológica de los escritos y biografias de Francisco y de Clara. In: *Selecciones de Franciscanismo*, n. 39, 1984.

_____. Lectura teológica del Testamento de Santa Clara. In: *Selecciones de Franciscanismo*, n. 11, 1982, p. 299-312.

_____. La oración en San Francisco y Santa Clara. In: *Selecciones de Franciscanismo*, n. 31, 1982.

_____. Lectura teológica del Testamento de Santa Clara. In: *Selecciones de Franciscanismo*, n. 32, 1982.

MARCHITIELLI, E. La alianza nupcial com Cristo en las Cartas de Santa Clara de Asís. In: *Selecciones de Franciscanismo*, n. 84, 1999.

MERINO, J.A. Clara, paradigma del encuentro. In: *Selecciones de Franciscanismo*, n. 70, 1995.

OMAECHEVARRIA, I. La Regla y las Reglas de la Orden de Santa Clara. In: *Selecciones de Franciscanismo*, n. 18, 1977.

POMPEI, A.M. Fr. Elias de Asís y la Orden Franciscana en el 750 aniversario de su muerte. In: *Selecciones de Franciscanismo*, n. 96, 2003.

PUJOL, T. Novedad de la Forma de vida de Santa Clara. In: *Selecciones de Franciscanismo*, n. 124, 2013.

RECASENS, J. Las cartas de Clara: una referencia jubilar. In: *Selecciones de Franciscanismo*, n. 89, 2001.

SAGAU, E. El camino franciscano según Santa Clara de Asís. In: *Selecciones de Franciscanismo*, n. 133, 2016.

SAINT-MARIE, H. Presencia de la Regla Benedictina en la Regla de Santa Clara. In: *Selecciones de Franciscanismo*, n. 58, 1994.

SANS, J. Clara y Francisco de Asís. In: *Selecciones de Franciscanismo*, n. 66, 1993.

SCHLOSSER, M. Madre-Hermana-Esposa: contribución a la espiritualidade de Santa Clara. In: *Selecciones de Franciscanismo*, n. 71, 1995.

SCHMUCKI, O. "Audite Poverella" – El redescubierto "canto de exortatión de S. Francisco para las Damas de San Damián". In: *Selecciones de Franciscanismo*, n. 37, 1984.

SOR MARÍA ISABEL. El Cristo de Santa Clara. In: *Selecciones de Franciscanismo*, n. 46, 1987.

PONS, C.M. El movimento franciscano y lo feminino. In: *Selecciones de Franciscanismo*, n. 91, 2002.

PUJAL, T. Novedad de la forma de Vida de Santa Clara. In: *Selecciones de Franciscanismo*, n. 2, 2013.

TRIVIÑO, M.V. El silenciamento de Clara de Asís. In: *Selecciones de Franciscanismo*, n. 108, 2007.

_____. "Sorores pobres", un titulo que define un carisma. In: *Selecciones de Franciscanismo*, n. 104, 2006.

_____. La hermana muerte en los escritos de Santa Clara. In: *Selecciones de Franciscanismo*, n. 97, 2004.

_____. El Tránsito de la dama pobre Santa Clara. In: *Selecciones de Franciscanismo*, n. 98, 2004.

_____. El pan de Clara. In: *Selecciones de Franciscanismo*, n. 96, 2003.

_____. La misión eclesial de las Damas Pobres. In: *Selecciones de Franciscanismo*, n. 66, 1993.

_____. Compasión de Clara de Asís. In: *Selecciones de Franciscanismo*, n. 43, 1986.

_____. Santa Clara de Asís, vista por sus hermanas. In: *Selecciones de Franciscanismo*, n. 45, 1986.

_____. El cantar de los cantares en la Carta IV de Santa Clara. In: *Selecciones de Franciscanismo*, n. 31, 1982.

_____. Vocación eclesial de la clarisa. In: *Selecciones de Franciscanismo*, n. 33, 1982.

_____. La Liturgia de las Horas de las clarisas. In: *Selecciones de Franciscanismo*, n. 28, 1981.

_____. El gozo de Clara de Asís en su primera Carta a Inés de Praga. In: *Selecciones de Franciscanismo*, n. 29, 1981.

_____. El amor hasta el extremo de Clara de Asís. In: *Selecciones de Franciscanismo*, n. 25/26, 1980.

_____. El compartir esponsal de la pobreza de Clara de Asís. In: *Selecciones de Franciscanismo*, n. 14, 1979.

URIBE, F. El itinerário histórico de la Regla de Santa Clara de Asís, una prueba de fidelidade evangélica. In: *Selecciones de Franciscanismo*, n. 25, 1996, p. 405-432.

_____. Cristo en la experiencia y en las enseñanzas de Santa Clara. In: *Selecciones de Franciscanismo*, n. 66, 1993.

VAIANI, C. Clara en sus Escritos I. In: *Selecciones de Franciscanismo*, n. 91, 2002.

_____. Clara en sus Escritos II. In: *Selecciones de Franciscanismo*, n. 92, 2002.

_____. Clara en sus Escritos III. In: *Selecciones de Franciscanismo*, n. 93, 2002.

_____. Clara en sus Escritos IV. In: *Selecciones de Franciscanismo*, n. 94, 2003.

_____. "Santa Clara de Asís en sus escritos, II: Testamento. In: *Selecciones de Franciscanismo*, n. 31, 2002.

VANIER, J. Francisco y Clara. In: *Selecciones de Franciscanismo*, n. 118, 2011.

Cadernos de Espiritualidade Franciscana (CEF) 1994 e 2011

AZEVEDO, D. O rosto de Jesus em Santa Clara, projetado no nosso mundo. In: *Cadernos de Espiritualidade Franciscana*, n. 24, p. 5-18.

BARTOLI, M. O léxico pedagógico nos escritos e documentos biográficos relativos a Santa Clara. In: *Cadernos de Espiritualidade Franciscana*, n. 22, p. 17-28.

_____. A menoridade em Clara de Assis. In: *Cadernos de Espiritualidade Franciscana*, n. 23, p. 31-43.

BOCCALI, G. O "Processo de canonização" de Santa Clara de Assis. In: *Cadernos de Espiritualidade Franciscana*, n. 30, p. 5-14.

CORREIA PEREIRA, J.A. Santa Clara, uma resposta evangélica num tempo de mudança. In: *Cadernos de Espiritualidade Franciscana*, n. 21, p. 43-68.

CREMASCHI, G. Formação inicial das Irmãs Pobres: desde Santa Clara até hoje. In: *Cadernos de Espiritualidade Franciscana*, n. 40, p. 27-41.

DALARUM, J. Francisco e Clara, masculino-feminino em Assis no século XIII. In: *Cadernos de Espiritualidade Franciscana*, n. 39, p. 27-41.

FONTOURA, M.O. Clara de Assis, a "mulher evangélica" do século XIII. In: *Cadernos de Espiritualidade Franciscana*, n. 3, p. 5-30.

_____. Oração contemplativa, visão de Santa Clara. In: *Cadernos de Espiritualidade Franciscana*, n. 7, p. 19-38.

IR. MARIA DO LADO. O carisma contemplativo e a presença franciscana hoje. In: *Cadernos de Espiritualidade Franciscana*, n. 21, p. 37-42.

IR. SAINT JEAN. A pessoa humana, Igreja e o mundo na visão profética de Santa Clara. In: *Cadernos de Espiritualidade Franciscana*, n. 7, p. 39-54.

LAMELAS, I.P. Clara, a força evangelizadora de uma vida. In: *Cadernos de Espiritualidade Franciscana*, n. 18, p. 5-18.

_____. Clara, cofundadora do franciscanismo. In: *Cadernos de Espiritualidade Franciscana*, n. 24, p. 31-47.

LEHMANN, L. A devoção a Maria em Francisco e Clara de Assis. In: *Cadernos de Espiritualidade Franciscana*, n. 30, p. 17.

_____. A devoção a Maria em Francisco e Clara de Assis. In: *Cadernos de Espiritualidade Franciscana*, n. 30, p. 15-43.

MARIE AIMÉE DU CHRIST. Carisma profético de Clara para a mulher de todos os tempos. In: *Cadernos de Espiritualidade Franciscana*, n. 1, p. 36-51.

MARTINS, P.J. Santa Clara de Assis – Apontamentos da sua vida e obra. In: *Cadernos de Espiritualidade Franciscana*, n. 25, p. 31-54;

NEGREIROS, M. Igreja e mundo em Santa Clara. In: *Cadernos de Espiritualidade Franciscana*, n. 3, p. 49-55.

OTÍLIA MARIA. Clara, modelo de vida contemplativa. In: *Cadernos de Espiritualidade Franciscana*, n. 0, p. 49-61.

_____. Encanto de Clara de Assis ante a criação. In: *Cadernos de Espiritualidade Franciscana*, n. 3, p. 39-48.

STUCHI, M.C. A vocação e missão das Irmãs Pobres. In: *Cadernos de Espiritualidade Franciscana*, n. 39, p. 43-60.

TRIVIÑO, M.V. Maria na espiritualidade de Santa Clara. In: *Cadernos de Espiritualidade Franciscana*, n. 0, p. 33-48.

_____. A irmã morte nos Escritos de Santa Clara. In: *Cadernos de Espiritualidade Franciscana*, n. 24, p. 19-29.

_____. Irmãs Pobres, um título que define uma Forma de Vida. In: *Cadernos de Espiritualidade Franciscana*, n. 28, p. 27-38.

Crónica de Jordão de Giano. In: *Cadernos de Espiritualidade Franciscana*, n. 34.

_____. O livro que dá forma à vida claustral – A Regra de Santa Clara. In: *Cadernos de Espiritualidade Franciscana*, n. 40, p. 5-25.

Índice

Sumário, 7

Apresentação, 9

Prólogo, 13

Siglas e abreviaturas, 17

Introdução, 21

Parte I – Época, 25
I – O feudalismo, 27
   1 As estruturas do sistema feudal, 27
   2 Império cristão do Ocidente, 30
   3 As estruturas da Igreja do Ocidente, 33
   4 Apogeu e decadência, 37
   5 Vida religiosa no feudalismo, 38
II – Decadência do sistema feudal, 40
   1 Do feudo à comuna, 40
      1.1 As cidades e os mercadores, 40
      1.2 As comunas, 42
   2 Os perigos da nova sociedade, 44
   3 Consequências para a Igreja, 45
III – Movimento pauperístico, 48
   1 Perigo de heresias, 49
   2 Aspectos positivos do movimento pauperístico, 51
   3 Nova Forma de Vida apostólica, 52
IV – A mulher nos movimentos penitenciais, 55
   1 O movimento das beguinas, 58
V – O movimento franciscano, 62
   1 Quando o Senhor lhe deu irmãs, 67
   2 O caminho de Clara, 68

Parte II – Carisma, 75
Introdução, 77
I – As etapas de um carisma, 79
   1 Uma cidade brilhante, 79
II – Na casa materna (1193-1211), 84
   1 O contexto familiar de Clara, 84
   2 Da casa materna para a vida, 89
   3 A fuga para a liberdade, 93
   4 Um aliado fiel, 98
III – Uma nova comunidade em São Damião (1211-1226), 105
   1 Espaço acolhedor e aberto, 109
   2 Novos espaços para a mulher – As comunidades do Cardeal Hugolino, 116
   3 Doença de Clara e morte de Francisco, 120
IV – São Damião, a defesa de um carisma (1227-1241), 126
   1 Relação entre Clara e Gregório IX, 126
   2 A liberdade de ser pobre, a defesa do carisma, 128
   3 Uma aliada de grande envergadura, 134
V – Fidelidade ao carisma comum (1241-1247), 143
   1 Fidelidade ao carisma de Francisco, 144
   2 Fidelidade à intuição e unidade primitiva, 147
   3 Um Testamento de fidelidade, 149
VI – Uma Forma de Vida reconhecida pela Igreja (1247-1253), 153
   1 Um novo paradigma da vida religiosa, 156
   2 Desenvolvimento posterior, 161

Parte III – Espiritualidade, 165
Introdução, 167
I – Pensamento teológico de Santa Clara, 170
II – A intuição fundamental, 172
   1 A mística especulativa da "irmã cristã", 174
   2 Teologia da imagem, 175
      2.1 O ser humano, homem e mulher, foi criado à imagem e semelhança de Deus, 176
      2.2 A Deus ninguém o viu, 177

    2.3 O Filho é imagem do Deus invisível (Cl 1,15), 177
    2.4 O crente torna-se ícone, 178
  3. Aspetos da teologia da imagem em São Francisco, 178
III – Nova espiritualidade, 181
  1 Oração e missão, 181
  2 Jesus Cristo é o espelho, 183
  3 As imagens de Jesus na vida de Clara, 186
  4 Eucaristia, espelho quotidiano, 190
IV – Alguns aspectos da espiritualidade de Santa Clara, 195
  1 Contemplação transformante, 195
  2 O que Clara contempla no espelho, 200
  3 O que se aprende no espelho, 201
  4 Contempla com desejo de imitar, 202
  5 Um método de oração, 204
    5.1 Primeiro passo: a *lectio* (4CCL 14-17), 204
    5.2 Segundo passo: a *meditatio* (4CCL 18-23), 204
    5.3 Terceiro passo: a *oratio* (4CCL 24-27), 205
    5.4 Quarto passo: a *contemplatio* (4CCL 28-34), 205
V – Dimensão mariana da espiritualidade de Santa Clara, 208
  1 Clara, imagem de Maria, 213

Nova cronologia da vida de Santa Clara, 219

Referências, 229

Conecte-se conosco:

 facebook.com/editoravozes

 @editoravozes

 @editora_vozes

 youtube.com/editoravozes

 +55 24 2233-9033

www.vozes.com.br

Conheça nossas lojas:

www.livrariavozes.com.br

Belo Horizonte – Brasília – Campinas – Cuiabá – Curitiba
Fortaleza – Juiz de Fora – Petrópolis – Recife – São Paulo

EDITORA VOZES LTDA.
Rua Frei Luís, 100 – Centro – Cep 25689-900 – Petrópolis, RJ
Tel.: (24) 2233-9000 – E-mail: vendas@vozes.com.br